बज़्मे-ज़िन्दगी : रंगे-शायरी

'फ़िराक़' गोरखपुरी : शायरी-संचयन

बज़्मे-ज़िन्दगी : रंगे-शायरी

रघुपति सहाय 'फ़िराक़' गोरखपुरी

चयन एवं लिप्यन्तरण

डॉ. जाफ़र रज़ा

भारतीय ज्ञानपीठ

पन्द्रहवाँ संस्करण : 2018
सोलहवाँ संस्करण : 2022

सोलहवें संस्करण की प्रकाशित प्रतियाँ : 600

भारतीय ज्ञानपीठ
राष्ट्रभारती/लोकोदय ग्रन्थमाला : ग्रन्थांक 310

समनुदेशिती
वाणी प्रकाशन ग्रुप
4695, 21-ए, दरियागंज, नयी दिल्ली-110 002
फोन : 011-23273167, 23275710
ईमेल : sales@vaniprakashan.in

ISBN : 978-81-263-3059-1

बज़्मे-ज़िन्दगी : रंगे-शायरी
(शायरी)
फ़िराक़ गोरखपुरी

BAZME-ZINDAGI : RANGE-SHAIRI
(Urdu Poems)
by Firaq Gorakhpuri

मुद्रक : आर. टेक ऑफ़सेट प्रिंटर्स, दिल्ली-110 032

आवरण चित्र : पुष्पकणा मुखर्जी

Sixteenth Edition : 2022

Price : INR. 240

प्रस्तुति

प्रथम संस्करण से

'बज़्मे-ज़िन्दगी : रंगे-शायरी' का प्रकाशन उस अवसर पर हो रहा है जब 27 नवम्बर 1970 को रघुपति सहाय 'फ़िराक़' गोरखपुरी को उनकी उर्दू काव्यकृति 'गुले नग़्मा' के लिए पुरस्कार-समर्पण-समारोह आयोजित है।

यह पाँचवाँ समारोह है। प्रत्येक समारोह के अवसर पर भारतीय ज्ञानपीठ ने पुरस्कृत कृति का हिन्दी अनुवाद प्रकाशित किया है, या, यदि पुरस्कृत कृति हिन्दी की हुई तो, उसका अनुवाद अन्य भारतीय भाषाओं में तथा अँगरेज़ी में प्रस्तुत करने का प्रयास किया है। इस प्रकार इस शृंखला में अब तक भारतीय ज्ञानपीठ, शंकर कुरुप की मलयालम काव्य-कृति 'बाँसुरी' (ओटक्कुष़ल्), ताराशंकर बन्द्योपाध्याय के बाँग्ला उपन्यास 'गणदेवता', डॉ. के. वी. पुट्टप्पा और डॉ. उमाशंकर जोशी की क्रमशः कन्नड़ और गुजराती काव्य-कृतियाँ 'श्री रामायण दर्शनम्' एवं 'निशीथ', और सुमित्रानन्दन पन्त के काव्य-संकलन 'चिदम्बरा' के मलयालम, बाँग्ला, कन्नड़, गुजराती, मराठी, तेलुगु और अँगरेज़ी अनुवाद पाठकों को भेंट कर चुकी है। 'फ़िराक़' की पुरस्कृत कृति 'गुले नग़्मा' का हिन्दी रूपान्तरण यद्यपि प्रकाशित हो चुका है, किन्तु 'फ़िराक़' के कृतित्व का जितना बड़ा अवदान उर्दू शायरी को प्राप्त हुआ है, उसका पूरा और प्रामाणिक आकलन अपेक्षित लगा। इस उद्देश्य की पूर्ति के लिए हमने 'फ़िराक़' साहब से अनुरोध किया। उन्होंने सहर्ष हमारा प्रस्ताव स्वीकार किया और उनके परामर्शानुसार प्रयाग विश्वविद्यालय के उर्दू विभाग के प्राध्यापक डॉ. जाफ़र रज़ा ने एक प्रारम्भिक संचयन (शब्दार्थ सहित) तैयार किया। डॉ. रज़ा ने जो हिन्दी काव्य के भी गम्भीर-अध्येता हैं, 'गुले नग़्मा' के हिन्दी रूपान्तरण की पाण्डुलिपि भी तैयार की थी, अतः उन्हें मालूम था कि हिन्दी में 'फ़िराक़' के काव्य-कृतित्व का प्रतिनिधित्व करनेवाले संकलन की कमी को पूरा करने के लिए नये संकलन में क्या-कुछ, और विशेष होना चाहिए। भारतीय ज्ञानपीठ को यह गर्व है कि उसने सबसे पहले प्रचुर मात्रा में उर्दू काव्य को देवनागरी लिपि में प्रकाशित किया, और इस लिपि में प्रस्तुत करने का श्रेय काव्यमर्मज्ञ श्री अयोध्याप्रसाद गोयलीय को है, जो ज्ञानपीठ के मन्त्री रह चुके हैं। गोयलीयजी द्वारा प्रस्तुत इस प्रकार के प्रथम संकलन 'शेरो-शायरी' का प्रधान सम्पादकीय जब मैंने लोकोदय ग्रन्थमाला का सम्पादक होने के नाते लिखा था तब से अब तक हिन्दी पाठकों

के सामने उर्दू का काव्य सैकड़ों छोटे-बड़े संग्रहों और संकलनों के रूप में इतनी व्यापकता से आ चुका है कि हिन्दी-उर्दू का अन्तर अब न भाषा का अन्तर रहा और न लिपि का ही, क्योंकि देवनागरी लिपि ने उर्दू-काव्य के लिए भी अपने-आपको प्रतिष्ठित कर लिया है।

उर्दू और हिन्दी काव्य की आत्मा और उसकी भाषा किस सीमा तक एक हो सकती है और भारतीय सन्दर्भ में किस प्रकार वह एक हो गयी है, इसका प्रमाण 'फ़िराक़' की क्रान्तिकारी शायरी है। उस शायरी का प्रामाणिक प्रतिनिधित्व करने के लिए तथा पुरस्कार-समर्पण समारोह को विशेष सार्थकता देने के लिए इस संकलन 'बज़्मे-ज़िन्दगी : रंगे-शायरी' का प्रकाशन आयोजित हुआ। डॉ. रज़ा की प्रारम्भिक पाण्डुलिपि का सम्पादन करते समय मैंने यह प्रयत्न किया है कि संकलन में ऐसी चुनी हुई नयी सामग्री भी अधिक-से-अधिक मात्रा में आये जो अब तक के प्रकाशनों में विशिष्ट हो; तथा सामग्री की प्रस्तुति इस प्रकार हो कि 'फ़िराक़' साहब ने उर्दू शायरी का जो कायाकल्प किया है, वह प्रक्रिया स्वयं मुखरित हो। पुस्तक का नामकरण 'बज़्मे-ज़िन्दगी : रंगे-शायरी' 'फ़िराक़' साहब के उस शेर पर आश्रित है जो उनके जीवन के व्यापक परिवेश का, उनके काव्य की उपलब्धि का दर्पण है :

'फ़िराक़े-हमनवा-ए-मीर-ो-ग़ालिब अब नये नग़्मे
वो बज़्मे-ज़िन्दगी बदली, वो रंगे-शायरी बदला

संकलन का प्रारम्भ 'फ़िराक़' की रुबाइयों के विभाजन को व्यक्त करनेवाले जिन शीर्षकों से हो रहा है—सुन्दरम्, सत्यम्, शिवम् तथा अन्य—वे वर्गीकरण की बारीक़ रेखाओं को नहीं, 'फ़िराक़' के काव्य की आत्मा को ध्वनित करते हैं—उनका काव्य जो भारतीय साहित्य की मूल उद्भावनाओं को आत्मसात् करता है और भारतीय जीवन के परिवेश को, उसके यथार्थ को, उसमें व्याप्त नयी चेतनाओं और प्रेरणाओं को प्रतिबिम्बित करता है।

इस संकलन का एक अन्य महत्त्वपूर्ण अंग है, स्वयं 'फ़िराक़' साहब की लिखी भूमिका 'मैं और मेरी शायरी', जिसमें की कुछ पंक्तियाँ यूँ हैं : "यह मेरी दृढ़ और अटल राय है कि उर्दू लिपि या नागरी लिपि में इस संग्रह से पहले मेरे जितने संग्रह प्रकाशित हो चुके हैं, इस संग्रह का पल्ला उन सब पर भारी है। यह संग्रह मेरी कविताओं का प्रतिनिधि संग्रह है। जिसने इसे पढ़ लिया, उसने मेरी कविता का हीरा या मुख्य तत्त्व पा लिया।"

—लक्ष्मीचन्द्र जैन

1970

मैं और मेरी शायरी

प्रथम संस्करण से

मैं 28 अगस्त 1896 ई. को गोरखपुर में पैदा हुआ। मेरे पिता थे बाबू गोरखप्रसाद जो उस समय से लेकर 1918 तक, जब उनकी मृत्यु हुई, गोरखपुर और आस-पास के ज़िलों में सबसे बड़े वकीले-दीवानी थे। मैं कई लेहाज़ से एक असाधारण बालक था। घर और घरवालों से असाधारण हद तक गहरा और प्रबल प्रेम था। सहपाठियों और साथियों से भी ऐसा ही प्रेम था। मुहल्ले-टोले के लोगों से अधिक-से-अधिक लगाव था। मैं इस लगाव-प्रेम की तीव्रता, गहराई, प्रबलता और लगभग मुझे हिला देनेवाले तूफ़ानों को जन्म-भर भूल नहीं सका। इतना ही नहीं, घर की हर वस्तु—बिस्तर, घड़े, दूसरे सामान, कमरे, बरामदे, खिड़कियाँ, दरवाज़े, दीवारें, खपरैल—मेरे कलेजे के टुकड़े बन गये थे। मुहल्ले की गलियाँ, मुहल्लेवालों के घर, पेड़ और चबूतरे सभी मेरे ख़ून, मेरी नाड़ी, मेरे दिल की धड़कन बन गये थे। तरकारियों और फ़स्लों में दिया जानेवाला पानी, जीव-जन्तुओं का अपने बच्चों को दूध पिलाना, चिड़ियों के चहचहे और उनकी उड़ान, लोगों के दुःख-सुख की कहानी मुझे आनन्दित या दुखी करके जड़ से हिलाकर रख देती थीं। लोकगीत, तुलसी-कृत रामायण के पाठ, सूर और मीरा के पद और दूसरे गीत नश्तर की तरह मेरे दिल में उतर जाते थे। माँ-बाप, अध्यापकों और साथियों से मैं कुछ नहीं कहता था, मन-ही-मन मैं सभी बातों से तड़प-तड़पकर रह जाता था।

रात को जब सोता था, तो नींद ज़रा देर से आती थी। जहाँ मैं सोता था, उस बरामदे के सामने दूर तक मैदान था, खेत थे और बड़े-बड़े पुराने पेड़ थे। इन सब पर रात का परदा गिर पड़ता था तो रात की रहस्यमयता में मैं डूब जाता था। रात का अन्धकार और उस अन्धकार की गहराई, तारों की झिलमिलाहट, रात के धुँधलके में स्थूल वस्तुओं की अपनी परछाईं—ये सब दृश्य मुझ पर छा जाते थे और मुझे एक विचित्र दशा में डाल देते थे।

मौसमों का जुलूस मुझे बहुत प्रभावित करता था। बरसात, जाड़ा और तपती हुई गरमी, सूर्योदय और सूर्यास्त, मुझे एक प्रभावशाली मानवीय नाटक की तरह प्रभावित करते थे। मैं पेड़ों में भी किसी प्राणी के धड़कते हुए दिल का अनुभव करता था। लहलहाते हुए खेतों में मैं फ़स्लों की नहीं, जीवन की लहलहाहट और लहर देखता था। जिन दृश्यों से मैं गुज़रता था, उन्हें छाती से लगा लेने को जी चाहता था। इन

तमाम बातों को लड़कपन बीत जाने के पचास बरसों के बाद अपनी एक कविता 'हिंडोला' मैं मैंने व्यक्त कर दिया है।

जब मैं लगभग 9-10 बरस का हो गया तो मुझे स्कूल में दाख़िल कर दिया गया। स्कूल में भी और घर पर भी पढ़ाने को मुझे सौभाग्य से बहुत योग्य अध्यापक मिले। बचपन में पढ़ी जानेवाली किताबों में ही जहाँ-जहाँ शैली और भाषा का रचाव या सौन्दर्य था, वह रचाव और सौन्दर्य मेरे दिल में डूब जाता था। आवाज़ की पहचान और परख मुझमें बचपन ही से थी। मातृभाषा की शिक्षा ने खड़ी बोली का रूप धारण कर लिया था और खड़ी बोली का प्रचलित, स्वाभाविक, सर्वव्यवहृत, सबसे उन्नत और विकसित रूप उर्दू थी। मुझे हिन्दी भी पढ़ायी गयी थी, उर्दू के साथ-ही-साथ। लेकिन हिन्दी खड़ी बोली के रूप में मुझे उर्दू से कम जानदार और कम रची, कम स्वाभाविक और बिलकुल अप्रचलित नज़र आयी। ये बातें तो मेरे लड़कपन की हैं। पचासों बरस बाद मुझे यह अनुभव हुआ कि स्वभावगत खड़ी बोली के उर्दू रूप में यानी उसके स्वाभाविक गद्य में वे खटके हैं, वे तार-सम हैं, वे खनक हैं, जो आप-से-आप उर्दू कविता के शब्द-क्रमों और छन्दों के साँचों में ढल जाते हैं। अभ्यस्त और सिद्धहस्त हाथों में ये खटके और ये तार-सम एक रवानी पैदा कर देते हैं, एक गति और बहाव पैदा कर देते हैं, जिसे 'बन्दिश की चुस्ती' कहते हैं और जो उर्दू की लाखों पंक्तियों को सुनते ही ज़बान पर चढ़ा देती है।

इन स्पष्ट सचाइयों के होते हुए मैं कविता-प्रेम के मुआमिले में उर्दू की तरफ़ झुक सकता था। मेरे लड़कपन में या शुरू जवानी तक, खड़ी बोली की हिन्दी कविता ने या तो जन्म नहीं लिया था या बिलकुल बचपन की हालत में थी। लेकिन अगर मुझे शुरू जवानी में या होश सँभालते छायावादी या आज के खड़ी बोली-हिन्दी-कवियों की रचनाएँ हाथ आ जातीं, तो वे मुझे कदापि खींच न पातीं, उनमें खड़ी बोली का चमत्कार है ही नहीं।

मैंने 1913 ई. में जुबली हाई स्कूल, गोरखपुर से हाई स्कूल पास किया। मैंने और दूसरों ने पिताजी को यह राय दी कि मुझे प्रान्त के सबसे सुप्रसिद्ध विद्यालय म्योर सेण्ट्रल कॉलेज, इलाहाबाद में दाख़िल कर दिया जाये। ऐसा ही हुआ और रहने के लिए मैंने हिन्दू बोर्डिंग हाउस पसन्द किया, जो आज महामना पं. मदनमोहन मालवीय कॉलेज कहा जाता है। मैं उम्र के 17वें साल में था। जहाँ तक अँगरेज़ी भाषा का सम्बन्ध है, मेरी शिक्षा की नींव की ईंटें ऐसी ठीक और जँची-तुली रखी गयी थीं कि छठे दर्जे से अब तक मुझे याद है कि मैंने अँगरेज़ी लिखने में व्याकरण या शब्द-प्रयोग की कोई ग़लती नहीं की। इस हद तक तो मुझे अँगरेज़ी भाषा आ ही गयी थी! कॉलेज में आकर लॉजिक (न्यायशास्त्र), इतिहास और अँगरेज़ी साहित्य के गद्य-पद्य की ऐसी किताबें पढ़ने को मिलीं, जिनसे मेरे अँगरेज़ी ज्ञान को असाधारण बढ़ावा मिला और मैं अँगरेज़ी में निबन्ध इत्यादि लिखने का अभ्यास अपने अन्दर पैदा करने लगा। अभी उर्दू-शायरी

मैं केवल पढ़ता ही था, उर्दू में शायरी करता नहीं था। अभी मैं एफ. ए. में ही था कि मेरे पिताजी को, परिवार को और मुझे धोका देकर मेरा ब्याह करा दिया गया। यह ब्याह मेरे जीवन की एकमात्र दुःखान्त और विनाशकारी दुर्घटना साबित हुआ।

इस दुर्घटना के बाद से ही मेरे शरीर, मेरे दिल, मेरे दिमाग़, मेरी आत्मा में विनाशकारी भूकम्प, ज्वालामुखियों का फटना, घृणा और क्रोध के तूफ़ान उठते रहे हैं। इनका मुक़ाबिला करते हुए, विषपान करते हुए और नफ़रत के अग्निकुण्ड में जलते हुए, मैं अब तक जीता रहा हूँ! मैं अपने लिए वही चाहता था, जो हिन्दू-शास्त्रों में एक सन्तोषजनक जीवन के सम्बन्ध में कहा गया है—यानी एक ऐसी अर्धांगिनी, जिसे मैं पसन्द कर सकूँ और प्यार कर सकूँ और जो मुझे भी अपना प्यार दे सके। और ऐसी ही सन्तान भी, मैं चाहता था। अपनी सन्तान को यह जानते हुए भी कि वो मेरी सन्तान है, मैं अपनी सन्तान नहीं मान सका! सफल और सन्तोषजनक घरेलू जीवन से बढ़कर मैं किसी और अवस्था को समझ नहीं सकता था और न मान सकता था। मेरी उजड़ी ज़िन्दगी और विषम जीवन की सफलता, विद्या-प्राप्ति जीवन के किसी क्षेत्र में ख्याति, उसका बदला नहीं हो सकती। फिर भी मैंने इसका प्रयास किया और करता रहा हूँ कि अपने वास्तविक जीवन से साहित्य, दर्शन, मानवकल्याण और समाज की उन्नति में जेह्नी तौर पर दिलचस्पी लेता रहूँ। बचपन में ही जो गम्भीरता मेरी अर्धचेतना में आ चुकी थी, वही जीवन की न टाली जानेवाली मुसीबतों में आगे आयी। मैं अध्ययन और मनन के दरवाज़े से अपनी गला घोंटनेवाली ज़िन्दगी को छोड़कर भागने की कोशिश करता रहा हूँ। मैं अपनी कविता को जिसे असाधारण लोकप्रियता मिल चुकी है, पंकज यानी कमल का वह फूल समझ रहा हूँ, जिसकी जड़ें कीचड़ में हों।

ब्याह होने के बाद पूरे साल-भर मुझे नींद न आयी। न दिन को, न रात को। मैं हैरत करता हूँ कि मैं पागल क्यों नहीं हो गया या मर क्यों नहीं गया। वरन् मुझको अपने नरकवत् जीवन का बड़ा महँगा दाम देना पड़ा। बी. ए. में मुझे संग्रहणी का असाध्य रोग हो गया, जिससे वैद्यराज स्व. श्री त्र्यम्बक शास्त्री ने मुझे बचाया। एक साल बी. ए. में पढ़ना छोड़ देना पड़ा। मुझे बहुत-से लोग एक हँसमुख और ज़िन्दादिल आदमी समझते हैं। मेरी ज़िन्दादिली वह चादर है, वह परदा है, जिसे मैं अपने दारुण जीवन पर डाले रहता हूँ। ब्याह को छप्पन बरस हो चुके और इस लम्बे अरसे में एक दिन भी ऐसा नहीं बीता कि मैं दाँत पीस-पीसकर न रह गया हूँ। मेरे सुख ही नहीं, मेरे दुख भी मेरे ब्याह ने मुझसे छीन लिये। पिता-माता, भाइयों-बहनों, दोस्तों—किसी की मौत पर मैं रो नहीं सका।

मैं पापिन ऐसी जली कोयला भई न राख।

अध्ययन और मनन-चिन्तन ने मुझे दुःख से मुक्त तो नहीं कर दिया लेकिन कुछ सँभाले ज़रूर रखा। बी. ए. पास करने के पहले ही मेरे पूज्य पिताजी की मृत्यु हो चुकी थी लेकिन बी. ए. के नतीजे में मैं पूरे सूबे में चौथे नम्बर पर पास हुआ

था और मुझे डिप्टी-कलक्टरी और आई. सी. एस. के लिए चुन लिया गया था लेकिन घरेलू जीवन इतना उजाड़ हो चुका था कि मैंने उसे और उजाड़ बनाने में ही अपना कुशल समझा। सब बड़े ओहदों और पदों से इस्तीफ़ा देकर मैं 1920 ई. में स्वराज्य-आन्दोलन में कूद पड़ा और डेढ़ बरस के लिए जेल भी भुगता। जेल से छूटकर जब आया, तो पं. जवाहरलाल नेहरू ने मुझे अखिल भारतीय काँग्रेस के दफ़्तर में 'अण्डर सेक्रेटरी' की जगह दिला दी। सेक्रेटरी वो स्वयं थे। इस तरह कई वर्ष बीत गये। अपना दुःख तो बयान ही कर चुका हूँ। घर बिलकुल बे-रुपये-पैसे का हो चुका था। कुछ जायदाद ज़रूर बच गयी थी। मैं ख़ुद नहीं बता सकता कि इस दस-बारह बरस के अरसे में मैंने अपना और एक अनाथ परिवार का पालन-पोषण कैसे किया। ख़ैर जो गुज़रना था गुज़र गया। जब पं. जवाहरलाल नेहरू यूरोप चले गये तो मैं भी काँग्रेस के अण्डर-सेक्रेटरी के पद से अलग हो गया और कुछ कॉलेजों में अध्यापक की हैसियत से दो-तीन साल काम करता रहा और उसी हैसियत से प्राइवेट तौर पर आगरा विश्वविद्यालय से प्रथम श्रेणी और प्रथम स्थान में एम. ए. पास किया। एम. ए. का नतीजा निकलते ही मेरी मातृ-संस्था इलाहाबाद युनिवर्सिटी ने मुझे अँगरेज़ी का अध्यापक बे-अर्ज़ी दिये ही नियुक्त कर दिया। बी. ए. करने के 12 बरस बाद दर-ब-दर की ठोकरें खाकर मुझे यह स्थान मिला, जहाँ थोड़ा-बहुत आर्थिक चिन्ताओं से छुटकारा मिला। तमाम परेशानियों के होते हुए अध्ययन, चिन्तन और विवेक का सिलसिला जारी रहा। मैं किताबों का कीड़ा कभी नहीं रहा। जितना पढ़ता था, उससे कई गुना ज़्यादा सोचता-विचारता था।

युनिवर्सिटी में अध्यापक का पद ग्रहण करने के बाद मुझे चुनी हुई किताबों के अध्ययन, जीवन और जीवन की समस्याओं पर मनन-चिन्तन, अपने मानसिक जीवन की पृष्ठभूमि को भरपूर बनाने, अपनी रचना और लेखन-शैली को क्रमशः अधिक विकसित करने का अवसर मिलने लगा। अँगरेज़ी साहित्य और विश्व-साहित्य के पठन-पाठन से मेरी लेखन-शैली में प्रौढ़ता आती गयी। मुझे उर्दू कविता को अधिक रचाने और सँवारने के मौक़े हाथ आने लगे। यूँ तो युनिवर्सिटी-अध्यापक का पद ग्रहण करने से तेरह-चौदह बरस पहले ही उर्दू-काव्य रचना का अभ्यास प्राप्त करना मैंने शुरू कर दिया था। यहाँ एक महत्त्वपूर्ण तात्त्विक सत्य को बता देना आवश्यक समझता हूँ। मुझे, उर्दू-काव्य साहित्य में, और गद्य साहित्य में भी, अच्छी-से-अच्छी और सुन्दर-से-सुन्दर, ऊँची-से-ऊँची चीज़ें मिल चुकी थीं और मिलती रहती थीं। इन बातों के होते हुए भी मुझे मजमूई हैसियत से एक असन्तोष का आभास होता रहता था। शायद इस कारण से कि मेरे अन्दर हिन्दू विचारों और हिन्दू संस्कृति की गहरी-से-गहरी, बहुमूल्य-से-बहुमूल्य सचाइयाँ और अनुभूतियाँ विद्यमान थीं जो उर्दू कविता में कम ही मिलती थीं। हिन्दू संस्कृति का मिज़ाज और उस मिज़ाज की ध्वनि, उर्दू कविता में

कदाचित् ही मिलती थी। अलबत्ता खड़ी बोली की शैली, उर्दू कविता में बहुत रचे हुए ढंग से और रंगारंग तरीक़ों से उपलब्ध थी।

जीवन का काव्यात्मक और कलात्मक अनुभव प्राप्त करना और दूसरों तक इस अनुभव को पहुँचाना साहित्य का एकमात्र लक्ष्य है। हिन्दू संस्कृति और इस संस्कृति के मिज़ाज ने मुझे यह अनुभव कराया कि प्रेमी-प्रेमिका का सम्बन्ध, घरेलू जीवन, सामाजिक जीवन, प्रकृति के दृश्य, धरती, नदियाँ, सागर, पहाड़, लहलहाते खेत, बाग़ और जंगल, अग्नि, हवा, सूर्य, चन्द्रमा, सितारे, मौसमों का जुलूस—किसी भी ईश्वर-पैग़म्बर, धार्मिक ग्रन्थ, काबा या काशी से कहीं अधिक दिव्य और पवित्र हैं। भौतिकता के चमत्कार के अनुभव को ही मैं उच्च-से-उच्च आध्यात्मिकता महसूस करता था। जिसे हम भौतिक कहते हैं वही दिव्य भी है और उसके अतिरिक्त कोई विचार दिव्य नहीं है। लेकिन जिस ठण्डे रूप से मैं यह बातें कह रहा हूँ अगर यही बातें इसी ढंग से मैं कविता में कहता, तो मुझे सन्तोष न होता। मैं जिन विषयों पर काव्य-रचना करना चाहता था—स्वर, ध्वनि और संकेत के सहारे उन्हें काव्यात्मक और कलात्मक बनाकर दिव्य भी बनाता था। साथ-ही-साथ ठेठ मानवता का लबोलहज़ा भी अपनी कविता में मुझे पैदा करना था। कविता में बातें कहनी पड़तीं लेकिन यह भी देखना और करना होता है कि :

बात पहुँचती है कहाँ से कहाँ

ऐसा करने ही से सत्य का अधिक-से-अधिक साक्षात्कार होता है और फिर वह और अधिक रहस्यमय तथा संगीतमय बन जाता है। मुझे उस ज़मीन को, जिसे उर्दू के बड़े-बड़े कवियों ने अपने कलेजे के ख़ून से सींचकर तैयार किया था, फिर से गोड़ना और जोतना था। अपनी कविता की शैली को मुझे एक सहज सुझाव देना था। उसके साथ-ही-साथ मानवता और दिव्यता प्रदान करनी थी। जिन विषयों को मुझे वाणी देनी थी, वे अनित्य होते हुए भी अमृतपान कर चुके हैं और अमरत्व पा चुके हैं। दिव्यता, भौतिकता से पृथक् वस्तु नहीं है। यही अनुभव अनेक पहलुओं से व्यक्त करना—मेरे लिए कविता का मुख्य लक्ष्य रहा है।

साधारण-से-साधारण विषयों को सुगम-से-सुगम भाषा में और स्वाभाविक-से-स्वाभाविक शैली में इतना उठा देना कि पंक्तियों की उँगलियाँ सितारों को छू लें, यही उच्चतम काव्य-रचना है। मैं प्रकृति या परमाणुओं के अतिरिक्त आत्मा या परमात्मा के अलग और स्वतन्त्र अस्तित्व को नहीं मानता। संस्कृत काव्य में रसों का सिद्धान्त भौतिकता में निहित गुणों के अनुभव करने-कराने का ही दूसरा नाम है। देखना यही रहता है कि ये रस किन गहराइयों से निकलते हैं। क्या वे केवल होंठ और जीभ को ही छू पाते हैं या हमारी चेतना के तालुओं को भी छू लेते हैं! अब मैं एक ऐसी बात कहने का साहस करूँगा जो कुछ लोगों को शायद चकित कर दे। साहित्य बनता तो शब्दों से है, लेकिन ये शब्द जब एक नीरवता में लय-लीन हो जायें, जब शेर विस्मृत

हो जाये और उससे उत्पन्न होनेवाली एक अकथनीय स्थिति पैदा हो जाये, वही स्थिति साहित्य और काव्य की सबसे बड़ी देन है। महाभारत का युद्ध तो हम कविता का सहारा लिये बिना भी लड़ सकते हैं। औद्योगिक क्रान्ति, फ्रांस की क्रान्ति, रूस की क्रान्ति, चीन की क्रान्ति को साहित्य और कविता का बहुत कम सहारा लेना पड़ा। महान्-से-महान् कार्य, जो संसार में हो रहे हैं, वह साहित्य के सहारे नहीं हो रहे हैं। साहित्य किसी राजनीतिक दल का सदस्य नहीं है। वह इतिहास का स्वयंसेवक भी नहीं है। साहित्य हमारी चेतना की वह तपस्या है, वह साधना है, जिससे हमारी विश्व या आत्मचेतना दिव्य बन जाये। चेतना-प्राप्ति किसी दूसरे उद्देश्य या लक्ष्य का साधन मात्र नहीं है बल्कि वह स्वयं अपना लक्ष्य है। बर्नार्ड शॉ ने अपने एक नाटक में उस समय का चित्रण किया है, जब मनुष्य विकास और उन्नति की अन्तिम मंज़िलों तक पहुँच चुकेगा। यहाँ पहुँचकर बर्नार्ड शॉ एक सवाल उठाता है—उस स्थिति को प्राप्त करके या उस सिद्धि को पाकर मनुष्य क्या किया करेगा? जवाब देता है कि वह जीवन कारोबारी जीवन नहीं होगा। राजनीति, अर्थशास्त्र और दौड़-धूप के कामों से वह जीवन मुक्त होगा। वह जीवन एकमात्र विचारों और अनुभवों में निमग्न रहेगा। साहित्य हमें उस कर्म और कार्य-मुक्त, बन्धनग्रसित जीवन से छुटकारा दिलाने में सहायक होता है। ज्ञान-ध्यान आडम्बर नहीं है, हम भले उन्हें ज्ञान-ध्यान से रहित होकर एक आडम्बर बना दें। अपना एक शेर मुझे याद आया :

जाओ न तुम इस बेख़बरी पर कि हमारे
हर ख़्वाब से इक अह्द की बुनियाद पड़ी है।

यहाँ 'अह्द' का मतलब 'युग' है। दुनिया और मानवजाति कर्म के बन्धन ग्रहण करके आगे बढ़ती है और आगे बढ़ती जायेगी और ज्यूँ-ज्यूँ आगे बढ़ती जायेगी, कर्म हलका होता जायेगा और कम-से-कम होकर रह जायेगा। विज्ञान और वैज्ञानिक आविष्कारों की उन्नति इसी ओर संकेत कर रही है। मशीनों ने इसीलिए जन्म लिया है कि मनुष्य को कम-से-कम शारीरिक बल लगाये बिना ही सब कुछ मिलता रहे और जो कुछ वह चाहता है, सब कुछ होता रहे। कर्म का महत्त्व एक बीच की मंज़िल है।

मैंने अपनी रचना में यही प्रयास किया है कि हम काव्यात्मक और कलात्मक चेतना से, मनन और विवेक से ऐसे अनुभव प्राप्त कर सकें जिससे संसार से अलग किसी ख़ुदा, ईश्वर, मज़हब, पूजा-पाठ, सिज्दा-दण्डवत् या साम्प्रदायिकता का कोई स्थान न हो। हिन्दू-विचार साम्प्रदायिक विचार नहीं है। किसी विशेष जाति या सम्प्रदाय को दूसरी जातियों और सम्प्रदाय से अलग करके हिन्दू-विचारों का निर्माण नहीं हुआ है। जब ये विचार ईश्वरवादिता से मुक्त हैं, तो सम्प्रदायवादिता में कैसे जकड़े रह सकते हैं! मेरी कविताओं की अपील सार्वजनिक है। आज यूरोप, अमरीका और दूसरे देशों में भी भारतीय विचारधारा का गहरा अध्ययन किया जा रहा है।

ऐसा नहीं है कि मैंने सामाजिक या राजनीतिक जागृति पैदा करने के लिए कविताएँ रची ही न हों, 'धरती की करवट', 'मार्क्स और लेनिन की सेवाएँ', 'इकाबे-बीन रोटियाँ', 'हिंडोला' मेरी वे कविताएँ हैं, और मेरी बहुत-सी रुबाइयाँ मेरी वे रचनाएँ हैं जिनमें कर्म के महत्त्व को समझने के लिए समाज को ललकारा गया है, लेकिन यहाँ भी चिन्तन और मनन कलात्मक हैं। ये कविताएँ सामयिकता से ऊपर के स्तरों को छूती हैं। इनमें कर्म के लिए उपदेश नहीं है बल्कि कर्म अपनी सीमाओं में रहता हुआ भी दिव्य बन गया है। अन्त में यही कहूँगा कि मेरे नज़दीक कविता वही है, जिसकी शब्दावली कोशों के उन शब्दों से न बनायी जाये जो समाज में प्रचलित नहीं हैं। जैसा कि अँगरेज़ी के महाकवि वर्ड्स्वर्थ ने बताया है–शब्दों और वाक्यों में भाव और रस तभी पैदा होता है जब भावनाओं से प्रेरित होकर सैकड़ों बरस तक जनसाधारण की शब्दावली में अपने आन्तरिक अनुभवों को व्यक्त करे। कविता की भाषा न कोशों में दफ़्न रहती है, न दावात की रोशनाई में। क़रोड़ों की बोल-चाल को सुसंगठित करके कविता की भाषा बनती है। यही किया है सूर ने, तुलसी ने, कबीर और मीरा ने। और यही किया है समझदार उर्दू कवियों ने। जिस तरह देहात का दर्ज़ी फूहड़पन से कपड़े को काटकर और भद्देपन से सीकर कोट, क़मीज़, कुरता और दूसरे वस्त्र बनाता है, उसी तरह बोली का फूहड़ या मुर्दार ढंग से प्रयोग कविता की रचना, नागरता को चौपट कर देता है। खड़ी बोली के साथ बेढंगेपन का व्यवहार करके उसे अपरिचित शब्दों से बोझिल करके, शब्द-क्रम बिगाड़कर कविता करना खड़ी बोली की कोई सेवा नहीं है। अलबत्ता हमें एक-दूसरे ख़तरे से भी सावधान रहना है, वह ख़तरा यह है कि हम केवल ऊपरी चमक-दमक और दिखावे की भाषा को खड़ी बोली कविता की भाषा न बनने दें। यह भाषा केवल शुद्ध, स्वाभाविक या टकसाली नहीं होनी चाहिए, इसे प्रभावात्मक भी होना चाहिए, जिसमें हमारी चेतना डूब सके, जो हमारी चेतना को तल्लीन बना सके, जो कविता में संगीत और कर्णप्रिय झंकारें पैदा कर सके। शैली को न तो ठुकराने से काम चलता है, न उसके ऊपरी और बाहरी सजावटों या बनावटों से काग़ज़ी फूल तराशने से काम चलता है। साधारण शब्दों के जीवित और दुखती हुई रगों को छू देने से जो भाषा बनती है, वही कविता की भाषा है।

मेरी कविताओं का यह संकलन रवा-रवी या हलचल में पड़कर इसके कुछ टुकड़े ले भागने के लिए प्रकाशित नहीं हो रहा है। ठहर-ठहर के, डूब-डूब के पढ़ने के लिए और बार-बार पढ़ने के लिए इन कविताओं की रचना हुई है। मैं युनिवर्सिटी में 1930 से 1958 तक काम कर चुकने के बाद 1959 ई. में रिटायर हो गया।

अब मैं 75 बरस का हो रहा हूँ और शिथिलताएँ मुझ पर छाती जा रही हैं। यह मेरी जीवन की सन्ध्या है। शायरी मैंने इरादे से कभी नहीं की। किसी गुप्त-स्रोत से अकस्मात् उत्पन्न होनेवाली प्रेरणाएँ मुझसे काव्य-रचना कराती रही हैं। जब कोई कविता स्वयं गुनगुनाती हुई मेरे अन्तःकरण से निकलकर पंक्तियों का रूप धारण करके

आरम्भ हो जाती थी, तो पूरी कविता इसी प्रारम्भ से बनती चली जाती थी। मेरा हाथ और क़लम इसी प्रेरणा के बस में होती थी। कविता करना तो दूर रहा, मैं साधारण मनोरंजन के लिए, अध्ययन के लिए या किसी हृदयग्राही कार्य के लिए हिसाब-किताब लगा के, हानि-लाभ जोड़ के, जबरदस्ती किसी इरादे को अपने ऊपर लादकर, किसी काम को काम या कर्तव्य समझकर कदाचित् ही कोई काम करता था। मालूम होता है कि मेरा पूरा अस्तित्व गुप्त शक्तियों के हाथ में रहा है। मेरा सब-कुछ करना-धरना इन्हीं शक्तियों के द्वारा रहा है। मैंने अपना जीवन-सम्बन्धी अध्ययन और विद्या-सम्बन्धी विचार, कविता-सम्बन्धी धारणाएँ और अन्य केन्द्रित विचार इस कथन में बताने का यत्न किया है। बयान लम्बा होता जाता है, अपने आपको कहाँ तक समझूँ या समझाऊँ। कुछ आप भी मुझे, इन कविताओं द्वारा, इस कथन द्वारा सही या ग़लत समझने का प्रयत्न करें और देखें कि मेरी कविताओं में हर-एक के दिल का चोर कहाँ तक निकला है। क्या इन कविताओं को पढ़कर, गुनगुनाकर आप अपने-आपको फिर से पा सके हैं? अगर आप इनके ज़रिये कुछ भी अपने-आपको पा सके हैं, जीवन को कहीं से भी छू सके हैं, मेरे अनुभवों को अपना जीवन-साथी बना सके हैं, तो मैं इसे अपनी कविताओं की सफलता समझूँगा। कहा गया है कि अगर हम शेक्सपियर की कोई रचना पढ़ते हुए उससे सही ढंग से और सही मात्रा तक प्रभावित हो सकें तो उतनी देर के लिए हम शेक्सपियर के बराबर हो जाते हैं। 'फ़िराक़' ने बस इतना ही चाहा है कि इन्सानी ज़िन्दगी को अपनी ज़िन्दगी बना ले और इन्सानी 'फ़िराक़' की ज़िन्दगी को अपनी ज़िन्दगी बना ले। मेरा अलग कोई अस्तित्व नहीं है। मैं आप ही लोगों में से एक आप ही लोगों-जैसा व्यक्ति हूँ। कार्लाइल ने ठीक ही कहा है कि पूरा समाज गुप्त और अर्ध-चैतन्य ढंग से जिन बातों को धुँधलके में अनुभव करता है, कवि उन्हीं अनुभवों को धुँधलके से उभारकर खुली रोशनी में प्रस्तुत करता है। इतना कह के आप लोगों से रुख़सत चाहूँगा। अब मेरे जीवन और मेरे संगीत दोनों को नींद आ रही है :

अब तुमसे रुख़सत होता हूँ आओ सँभालो साज़े-ग़ज़ल
नये तराने छेड़ो, मेरे नग़्मों को नींद आती है।

अब इस संकलन के बारे में दो-एक ज़रूरी बातें :

सबसे पहले मैं श्री पद्मकुमार जैन का आभारी हूँ कि उन्होंने 'गुले-नग़्मा' की कुछ रचनाओं को इस संग्रह में सम्मिलित करने की अनुमति दे दी। इस संग्रह के बड़े हिस्से में मेरी वे नयी रचनाएँ शामिल की गयी हैं, जो 'गुले-नग़्मा' के प्रकाशन के बाद मेरी क़लम से निकली हैं।

प्रोफ़ेसर एहतेशाम हुसैन, जिनके सम्बन्ध में मुझे यह कहते हुए गर्व होता है कि अब से लगभग चालीस बरस पहले वे अँगरेज़ी क्लास में मेरे शिष्य रह चुके हैं, उन्होंने अपना बहुत समय लगाकर परिश्रम के साथ इस संग्रह की पाण्डुलिपि को आद्योपान्त देखने की ज़हमत की।

इस संकलन की पाण्डुलिपि 'गुले-नग़्मा' के उस उर्दू संस्करण से, जिस पर मुझे ज्ञानपीठ पुरस्कार दिया गया है और दूसरे उर्दू संकलनों 'गुलबाँग', 'पिछली रात' आदि से तैयार किया गया है। इस संकलन में शामिल सभी रचनाओं का चयन और उन्हें नागरी लिपि में रूपान्तरित करने में डॉक्टर जाफ़र रज़ा, प्राध्यापक उर्दू विभाग, इलाहाबाद विश्वविद्यालय ने अनथक मेहनत की है। मैं उनका हृदय से आभारी हूँ।

यह मेरी दृढ़ और अटल राय है कि उर्दू लिपि या नागरी लिपि में इस संग्रह से पहले मेरे जितने संग्रह प्रकाशित हो चुके हैं, इस संग्रह का पल्ला उन सब पर भारी है। यह संग्रह मेरी कविताओं का प्रतिनिधि संग्रह है। जिसने इसे पढ़ लिया, उसने मेरी कविता का हीरा या मुख्य तत्त्व पा लिया।

8/4, बैंक रोड,
इलाहाबाद-3
12 अक्टूबर, 1970

रघुपति सहाय "फ़िराक़"

अनुक्रम

रुबाइयात

सुन्दरम्…	21
सत्यम्…	27
शिवम्…	31
अन्य…	38

ग़ज़लियात

मैं होशे-अनादिल हूँ मुश्किल है सँभल जाना…	44
तमाम कैफ़ ख़मोशी तमाम नग़्म-ए-साज़…	45
तहों में दिल के जहाँ कोई वारदात हुई…	46
तू है सर-बसर कोई दास्ताँ है अजीब आलमे-अंजुमन…	47
दयारे-ग़ैर में सोज़े-वतन की आँच न पूछ…	49
था रंगे-इज़्तराब दिले-बेक़रार का…	49
दिलों का सोज़ तेरे रू-ए-बेनक़ाब की आँच…	50
दीदनी है नरगिसे-ख़ामोश का तर्ज़े-ख़िताब…	51
दुनिया को इन्क़लाब की याद आ रही है आज…	52
दौरे-अफ़लाक का शबाब है तू…	53
निगाहों में वो हल कई मसायले-हयात के…	54
नौरस गुंचे पंखड़ियों की नाजुक गिरहें खोलें हैं…	55
कभी जब तेरी याद आ जाय है…	56
काफ़ी दिनों जिया हूँ किसी दोस्त के बग़ैर…	57
किसी का यूँ तो हुआ कौन उम्र भर फिर भी…	58
किसी से छूट के शाद और किसी से मिल के ग़मीं…	59

कुछ भी अयाँ-निहाँ न था, कोई ज़माँ-मकाँ न था··· 60
खुदनुमा होके निहाँ छुप के नुमायाँ होना··· 61
ग़ज़ल के साज़ उठाओ बड़ी उदास है रात··· 62
छिड़ गये साज़े-इश्क़ के गाने··· 64
चश्मे-सियह से घटा जो उठी है··· 64
जब आँखें झपकाते हैं तारे जब दुनिया सो जाती है··· 65
जब तेरे क़ामत की यादें आइयाँ··· 68
ज़हे-आबो-गिल की ये कीमिया है चमन कि मोजज़-ए-नुमू··· 69
जो बात है हद से बढ़ गयी है··· 70
जौलाँगहे-हयात कहीं ख़त्म ही नहीं··· 71
जाने क्या बात है किस चीज़ की याद आती है··· 73
ज़ुल्फ़े-सियह खुतन-खुतन जल्वा-ए-रुख़ चमन-चमन··· 74
अब अकसर चुप-चुप से रहे हैं यूँ ही कभू लब खोलें हैं··· 75
अश्क में वो तरी कहाँ है मियाँ··· 76
आज भी क़ाफ़िला-ए-इश्क़ रवाँ है कि जो था··· 77
आने दो वक़्त होगी बहारे-चमन की बात··· 79
आँखों में जो बात हो गयी है··· 80
अब ख़त्म हो इताब कहीं रहम आ चुके··· 81
इश्क़ की जब ख़ता हुई मुझसे··· 82
इश्क़ की दुनिया भी वो दुनिया नहीं··· 83
ऐ दोस्त तेरी राहों के क़रीं··· 84
इश्क़ ज़-सर-ता-पा दिलसोज़ाँ दीद-ए-तर··· 85
उजाड़ बन में कुछ आसार-से चमन के मिले··· 87
इस सुकूते फ़िज़ा में खो जाएँ··· 89
उमीदे-मर्ग कब तक··· 89
उस ज़ुल्फ़ की याद जब आने लगी··· 90
ऐसी बेखुदी यारो कब तक आपे में आओगे··· 91
एक शबे-ग़म वो भी थी जिसमें जी भर आये तो अश्क बहायें··· 92
हमनवा कोई नहीं है वो चमन मुझको दिया··· 93
यूँ माना ज़िन्दगी है चार दिन की··· 95
साक़िया गंगो-जमन अपने हैं कौसर अपना··· 95
सर में सौदा भी नहीं··· 97
सैय्यारों की तक़दीर यहीं जाग रही है··· 97
सायक़ा-सायक़ा हुस्ने-ख़रामाँ··· 98

सीने से तुझको लगाकर रखा अपना ख़ून पिलाया था··· 101
सुकूते-शाम मिटाओ बहुत अँधेरा है··· 102
गहराई भी थाह न पाये दुनिया को हैरानी है··· 103
हमसे फ़िराक़ अकसर छुप-छुपकर पहरों-पहरों रोओ हो··· 105
साग़रे-सुब्ह-चकाँ लाओ कि कुछ रात कटे··· 106
है अभी महताब बाक़ी और बाक़ी है शराब··· 108
होकर अयाँ वो खुद को छुपाये हुए-से हैं··· 109
हाल सुना फ़सानागो लब की फ़ुसूँगरी के भी··· 110
सज़ा-ए-हुस्न-परस्ती बजा, बजा भी नहीं··· 111
बहुत पहले से उन क़दमों की आहट जान लेते हैं··· 113
याद न कर दिले-हज़ीं भूली हुई कहानियाँ··· 114
बन्दगी से कभी नहीं मिलती··· 116
रुकी-रुकी-सी शबे-मर्ग ख़त्म पर आयी··· 117
बड़ा करम है ये मुझ पर अभी यहाँ से न जाव··· 118
बे-ठिकाने है दिले-ग़मगीं ठिकाने की कहो··· 120
भड़कते शोलों से ठण्डक जो दे वो आग है तू··· 121
भुला रक्खा जिन्हें तूने वो तुझको याद करते हैं··· 122
भँवर में अज़ल से हैं दिल खोये-खोये··· 123
मैं हूँ फ़क़ीरे-बेनबा सलतनते-जहाँ न दे··· 124
ये सबाहत की ज़ौ महचकाँ-महचकाँ··· 126
ये तो नहीं कि ग़म नहीं··· 128
ये सुर्मई फ़ज़ाओं की कुछ कुनमुनाहटें··· 129
राज़ को राज़ ही रक्खा होता··· 130
रात आधी से ज़्यादा गयी थी··· 131
रात भी नींद भी कहानी भी··· 132
रंजो-राहत वस्लो-फ़ुर्क़त होशो-वहशत क्या नहीं··· 133
बज़्मे-साक़ी से उठा है कोई यूँ रात रहे··· 134
वादे की रात मरहबा आमदे-यार-मेहरबाँ··· 135
वो आँख ज़बान हो गयी है··· 137
शामे-ग़म कुछ उस निगाहे-नाज़ की बातें करो··· 139
शीराज़ा दिल का यूँ भी परीशाँ किये चलो··· 140
ठान ली उसने मुँह छुपाने की··· 141
खुशतर्ज़ इक नज़र मेरे दिल से परच गयी··· 142
मैंने माना हुस्न में नाज़ो-नज़ाकत चाहिए··· 143

उभरते हुस्न को यकसर ग़रूर होने दे··· 144
दुआ सब करते आये हैं दुआ से कुछ हुआ भी हो··· 146
सोज़ो-साज़े-दिली को भूल गयी··· 147
ताज़गी सुब्हे-चमन में तेरे रुख़सारों की··· 148
मज़हब वालों को ये हसरत··· 149
डरता हूँ कामयाबी-ए-तक़दीर देखकर··· 150

मंज़ूमात (कविताएँ)

आधी रात··· 151
परछाइयाँ··· 155
कार्तिक पूर्णिमा··· 159
तराना-ए-इश्क़··· 163
हुस्न की देवी से··· 163
शामे-अयादत··· 167
जुगनू··· 174
हिंडोला··· 183
धरती की करवट··· 195

अन्य रचनाएँ

तज़्मीनात (क़लम-बन्दी)··· 202
दोहे··· 218
अशआर (नश्तरे-सुख़न)··· 222

रुबाइयात

सुन्दरम्

पैग़म्बरे-इश्क़ हूँ समझ मेरा मुक़ाम
सदियों में फिर सुनाई देगा ये पयाम
वो देख कि आफ़ताब सिजदे में गिरे
वो देख उठे देवता भी करने को सलाम

रस की आवाज़ है कि अमृत की फुवार
ये रूप कि प्यार की हो जैसे चुमकार
ये लोच ये धज ये मुस्कुराहट ये निगाह
ये मौजे-नफ़स कि साँस लेती है बहार

नज़रों की शुआओं[1] में स्वाती की फुवार
ज़ुल्फ़ों की घटा में मौजे-अब्रे-कोहसार[2]
वो जाने-वफ़ा तमाम दिल-ही-दिल है
सर-ता-ब-क़दम[3] है आया हुआ प्यार

है रूप में वो खटक वो रस वो झनकार
कलियों के चटख़ते वक़्त जैसे गुलज़ार[4]
या नूर की उँगलियों से देवी कोई
जैसे शबे-माह बजाती हो सितार

महताब[5] से सुर्ख़ अनार जैसे छूटे
या क़ौसे-क़ुज़ह[6] लचक के जैसे टूटे
वो क़द है कि भैरवी सुनाये जब सुब्ह
गुलज़ारे-शफ़क़[7] से नर्म कोंपल फूटे

---

1. किरणों। 2. पहाड़ी बादलों की लहर। 3. सिर से पैर तक। 4. उपवन। 5. चाँद। 6. इन्द्रधनुष। 7. ऊषा के उपवन।

रंगत है कि घुँघरुओं की मद्धम झनकार
जोबन है कि पिछली रात बजता है सितार
सरशार फ़ज़ाओं[1] की रगें टूटती हैं
चटख़ाता है उँगलियाँ जवानी का ख़ुमार

ये चेहरा खिला हुआ ये महके हुए होंट
ये गेसुओं की लपट ये लहके हुए होंट
ये ताज़ादमी ये मुस्कुराहट ये नशात[2]
साँसों की ठण्डी लौ से दहके हुए होंट

चेहरा देखे तो रात ग़म की कट जाय
सीना देखे तो उमड़ा सागर हट जाय
साँचे में ढला हुआ ये शाना[3] ये बग़ल
जैसे गुले-ताज़ा खिलते-खिलते फट जाय

ज़ुल्फ़ों से फ़ज़ाओं में उदाहट का शमाँ
मुखड़ा है कि आग में तरावट का समाँ
ये सोज़ो - गुदाज़े - क़दे - राना जैसे
हीरे की मिनार में धुलावट का समाँ

शबनम से ये शोलों की जबीं[4] धुलती है
किरणों से ये कलियों की गिरह खुलती है
ये रंग ये रस ये मुस्कुराहट ये निखार
या नूर की मौजों में शफ़क़ धुलती है

मौजे-मये-नाब[5] बहकी-बहकी-सी ये चाल
घनघोर घटाएँ बिखरे-बिखरे-से ये बाल
छलकी-छलकी नयी जवानी की शराब
क़द है कि भरा-भरा है मीना-ए-जमाल[6]

उमड़ी है बदमस्त काली ज़ुल्फ़ों की घटा
अह्ले-दिल[7] का जुनूँ[8] सहरा-सहरा[9]
लहका हुआ सीना लड़खड़ायी हुई चाल
उठती हुई मौजे - हुस्न दरिया - दरिया

1. उन्मत्त वातावरण। 2. प्रसन्नता। 3. कन्धा। 4. पेशानी। 5. लाल शराब की लहर। 6. सौन्दर्य की मदिरा। 7. दिलवाले। 8. दीवानापन। 9. जंगल-जंगल।

उठने में हिमालय की घटाओं का उभार
अन्दाज़े-निशस्त[1] चढ़ती नद्दी का उतार
रफ़्तार में मद-भरी हवाओं की सनक
गुफ़्तार[2] में शबनम की रसीली झनकार

जैसे शबतार में सितारे टूटें
जैसे गुलज़ार में शरारे[3] फूटें
जिस तरह से झलकियाँ दिखाता है ख़याल
ये आँखें यूँ ही तेरे नज़ारे लूटें

अबरू[4] हिलते हैं या लचकती है कटार
ये रूप की रहमतों की जैसे चुमकार
ये लोच ये धज ये मुस्कुराहट ये निगाह
ये मौजे - नफ़स[5] कि साँस लेती है बहार

है तीर निगाह का कि फूलों की छड़ी
क़तरे हैं पसीने के कि मोती की लड़ी
कोमल मुस्कान और सरकता घूँघट
सुब्हे-अलस्त[6] है उम्मीदवारों में खड़ी

हर साँस में गुलज़ार-से खिल जाते थे
हर लमहा जन्नत की हवा खाते थे
क्या तुझको महब्बत के वो अय्याम[7] हैं याद
जब परद-ए-शब बजते थे दिन गाते थे

वो आँख खुली दिन की करामात हुई
हर मस्त निगह रम्ज़ो-कनायात[8] हुई
छलकाता हुआ मयकदा दिन डूब गया
गेसूए-सियहताब[9] खुले रात हुई

है अक्से-जबीं या है क़मर[10] की ज़ंजीर
ये रात और ये आकाश-गंगा की लकीर
या तेरी नज़र के फूल अम्बर पे खिले
बालेन्दु ने या कमान से छोडा कोई तीर

---

1. बैठने की मुद्रा। 2. वाणी। 3. चिनगारियाँ। 4. भवें। 5. साँसों की लहर। 6. सृष्टि की भोर। 7. दिन। 8. इशारा तथा रहस्य। 9. चमकीले काले केश। 10. चन्द्रमा।

जमुना की तहों में दीपमाला है कि ज़ुल्फ़
जोबन शबे-क़द्र ने निकाला है कि ज़ुल्फ़
तारीको-ताबनाक शामे-हस्ती
ज़िन्दाने-हयात[1] का उजाला है कि ज़ुल्फ़

माँ और बहन भी और चहेती बेटी
घर की रानी भी और जीवन-साथी
फिर भी वो कामिनी सरासर देवी
और सेज पॅ बेसवा-वो रस की पुतली

ढलका आँचल दमकते सीने पॅ अलक
पलकों की ओट मुस्कुराहट की झलक
वो माथे की कहकशाँ[2] वो मोती-भरी माँग
वो गोद में चाँद-सा हुमकता बालक

आँगन में लिये चाँद के टुकड़े को खड़ी
हाथों पॅ झुलाती है उसे गोद-भरी
रह-रह के हवा में जो लोका देती है
गूँज उठती है खिलखिलाते बच्चे की हँसी

नहला के छलके-छलके निर्मल जल से
उलझे हुए गेसुओं में कंघी करके
किस प्यार से देखता है बच्चा मुँह को
जब घुटनियों में ले के है पिन्हाती कपड़े

दीवाली की शाम घर पुते और सजे
चीनी के खिलौने जगमगाते लावे
वो रूपवती मुखड़े पॅ इक नर्म दमक
बच्चे के घरौंदे में जलाती है दिये

आँगन में ठुनक रहा है ज़िदयाया है
बालक तो ह'ई चाँद पॅ ललचाया है
दर्पण उसे दे के कह रही है माँ
देख आईने में चाँद उतर आया है

---

1. जीवन-कारागार। 2. आकाशगंगा।

रक्षा-बन्धन की सुब्ह रस की पुतली
छायी है घटा गगन की हलकी-हलकी
बिजली की तरह चमक रहे हैं लच्छे
भाई के है बाँधती चमकती राखी

मण्डप के तले खड़ी है रस की पुतली
जीवन-साथी से प्रेम की गाँठ बँधी
महके शोलों के गिर्द भाँवर के समय
मुखड़े पर नर्म छूट-सी पड़ती हुई

चौके की सुहानी आँच मुखड़ा रौशन[1]
है घर की लक्ष्मी पकाती भोजन
देते हैं करछुली के चलने का पता
सीता की रसोई के खनकते बरतन

हौदी पॅ खड़ी खिला रही है चारा
जोबन-रस अँखड़ियों से है छलका-छलका
कोमल हाथों से है थपकती गरदन
किस प्यार से गाय देखती है मुखड़ा

वो गाय को दुहना वो सुहानी सुब्हें
गिरती हैं भरे थन से चमकती धारें
घुटनों पॅ वो कलश का खनकना कम-कम
या चुटकियों से फूट रही हैं किरणें

मथती है जमे दही को रस की पुतली
अलकों की लटें कुचों पॅ लटकी-लटकी
वो चलती हुई सुडौल बाँहों की लचक
कोमल मुखड़े पर एक सुहानी सुरख़ी

ये ईख के खेतों की चमकती सतहें
मासूम क्वाँरियों की दिलकश[2] दौड़ें
खेतों के बीच में लगाती हैं छलाँग
ईख़ उतनी उगेगी जितना ऊँचा कूदें

---

1. उज्ज्वल। 2. मनमोहक।

बालों में ख़ुनुक सियाह रातें ढलतीं
गालों की शफ़क़ की ओट शम्एँ[1] जलतीं
तारों की सरकती छाँव में बिस्तर से
इक जाने-बहार उठती है आँखें मलती

पहले मिसरे में हुस्न का ख़त्ते-ज़बीं[2]
और दूसरे मिसरे में लटों की तज़ईं[3]
चौथा हो निकलता हुआ यूँ तीसरे से
जैसे भीगी मसें हों अबरू से हसीं

है ग़ाज़-ए-रू-ए-दोस्त शाइर का ख़याल
जज़्ब[4] इसमें मुशाहदे[5] के बीसों महो-साल
जलवा-गहे-हुस्न हर तराना है मेरा
आईना-दर-आईना है ये बज़्मे-जमाल[6]

1. दीपक। 2. पेशानी की रेखा। 3. शृंगार। 4. लीन। 5. अनुभव। 6. सौन्दर्य-सभा।

सत्यम्

ऐ मादरे-हिन्द सुब्ह तेरी तेरी शाम
हैं साक़ी-ए-दौराँ के छलकते हुए जाम
लमहों में तेरे राज़े-अबद पिनहाँ हैं
तेरी हर साँस एक पैग़ामे-दवाम

ले ऐ माता निज़ामे-शम्सी[1] का सलाम
दे ऐ माता निज़ामे-शम्सी को पयाम
ऐ हिन्द तेरा नज़ूल[2] आलम में है
सीने में फ़ज़ाओं[3] के ख़ुदा का इल्हाम[4]

इनसान को इनसान बनाया तूने
विज्दान[5] को विज्दान बनाया तूने
हर फ़न को आईना हक़ीक़त का किया
हर इल्म को इरफ़ान[6] बनाया तूने

बादल का धुवाँ सरफ़राज़े-कोहसार[7]
जल्वागहे-देवलोक दश्तो-गुलज़ार
गाती हुई अप्सराएँ जैसे गुज़रें
नदियों ने तेरी वो छेड़ रक्खा है सितार

फेरी तेरे दर की जो लगा जाते थे
सीने की दबी ज्योति जगा जाते थे
सुनते हैं अलावा दौलते-दुनिया के
सायल[8] तेरे कुछ और भी पा जाते थे

---

1. विश्व-व्यवस्था। 2. अस्तित्व। 3. सम्पूर्ण वातावरण। 4. दैव-वाणी। 5. अनुभूति। 6. ब्रह्म-ज्ञान। 7. पहाड़ की ऊँचाई। 8. माँगनेवाले।

पैग़ाम तेरा बात अटल है ऐ हिन्द
हर दौर तेरा एक ही पल है ऐ हिन्द
शामों पॅ तेरी शामे-अबद का साया
हर सुब्ह तेरी सुब्हे-अज़ल है ऐ हिन्द

हर नक़्श अजन्ता का वो चलता जादू
वो हुस्नो-जमाल के बदलते पहलू
वो बुत-साज़ी[1] कि जान पत्थर में पड़े
है ताज कि रुख़सारे-फ़ज़ा पर आँसू

शोले-से जबीनों से लपक जाते हैं
मुरझाये हुए चेहरे दमक जाते हैं
इन चेहरों में जिन पर है अटी गर्दे-मलाल
रुख़ भीष्मो-अर्जुन के झलक जाते हैं

पहुँचे हैं कहाँ-कहाँ ये तेरे फ़नकार[2]
शिव का ताण्डव है या है सृष्टि-शृंगार
पेशानी - ए - शिव दमे - हलाहलनोशी
वो अबरुओं पर चढ़ी कमानों का उतार

माता तेरे फ़रज़न्द[3] भरत का किरदार
वो तख़्तो-ताज छोड़ने का ईसार[4]
रहते हुए राम की ग़रीबुल - वतनी
ठोकर से क़दम के वो अहल्या-उद्धार

तहज़ीब[5] की पहली सुब्ह की पाक दुआएँ
गूँजी हुई हैं फ़ज़ा में ऋषियों की सदाएँ
ऐ गंगो-जमन की गुनगुनाती लहरो
देती हैं सुनाई तुममें वेदों की ऋचाएँ

वो तेरे मुफ़क्किरों[6] का क़ल्बे-हुशयार[7]
पलकों में जिनकी बन्द रूहे-बेदार[8]
वो जैन और बुद्ध मत की ग़ायर-नज़री
इनकार को कर दिया रश्क़े-इक़रार

---

1. मूर्ति-कला। 2. कलाकार। 3. सुपुत्र। 4. त्याग। 5. सभ्यता। 6. चिन्तकों। 7. कुशल हृदय। 8. जाग्रत आत्मा।

दिल में तेरे हैं आज क्या-क्या संकोच
दस्तो-पा में हैं ख़ारजारों के खरोंच
फिर माँग रहा है दौरे-हाज़िर का रुकाव
वो नर्मरवी वो तेरी रफ़्तार का लोच

क़ौमीयतें बीसों ही मगर एक मिज़ाज
नस्लें हैं पचीसों ही मगर एक मिज़ाज
है वुसअते-क़ल्ब[1] ज़र्रे-ज़र्रे में तेरे
यानी तेरी ख़ाक पॅ तअस्सुब[2] का एलाज

हम सब तेरा दुख-दर्द मिटा सकते हैं
फिर धरती को तेरी स्वर्ग बना सकते हैं
तेरी धरती का दूध पीकर माता
तक़दीर से हम आँख लड़ा सकते हैं

हमको रूदादे-ख़ुशगुमानी न सुनायँ
फ़िरदौस-ओ-जहन्नुम की कहानी न सुनायँ
हर जग में हमें तुझसे मिले हैं अहकाम[3]
हमको अहकामे-आसमानी न सुनायँ

ऐ काश कि राज़हाए-फ़ितरत[4] समझें
ऐ काश कि रम्ज़हाए-कसरत[5] समझें
ऐ काश कि हर मज़हबो-मिल्लत वाले
गूनागूँ[6] ज़िन्दगी की वहदत[7] समझें

ऋषियों ने तेरे ज़ीस्त[8] की तक़सीम[9] न की
मिल्लत-बाज़ी से उनको वहशत[10] ही रही
दुनिया भी है उक़्बा[11] भी है हर दौरे-हयात
जो लमहा-ए-अज़ल[12] है आख़रत भी वही

---

1. हृदय की विशालता। 2. पक्षपात। 3. आदेश। 4. प्रकृति के भेद। 5. प्रचुरता के संकेत। 6. चित्र-विचित्र। 7. एकत्व। 8. जीवन। 9. बँटवारा। 10. घबराहट। 11. परलोक। 12. सृष्टि का क्षण।

दुनिया की नयी क़ौमो यूँ ही बातें बनाव
अफ़साने रूसूमो-अक़ायद के सुनाव
हासिल है हमें बलूग़े-रूहानी[1] तुम
मज़हब के खिलौने से अभी जी बहलाव

आकाश के मन्दिर में तेरा दर्शन है
स्वप्नों में चराग़े-सरमदी रौशन है
रुख़सारों में पहली सुब्ह की नर्म दमक
मुखड़े पॅ तेरे अजब सुहानापन है

गहरा हर क़ौम से तेरा नाता है
हम पर ही नहीं माँ तुझे प्यार आता है
औरों का भी हक़ है मामता पॅ तेरी
सुनते हैं तेरा नाम जगतमाता है

तेरे लिए काश जीते-मरते माता
तुझसे रस लेके निखरते माता
तेरे ख़्वाबों की काश बनते ताबीर[2]
हम हिन्द को काश हिन्द करते माता

तहज़ीबों को बक़ा[3] के असरार[4] बता
तू राहे-सलामती भटकतों को सिखा
रफ़्तारे-ज़माना में तवाज़ुन[5] आ जाय
वो राज़े-एतदाल[6] दुनिया को सिखा

---

1. आत्मा की परिपक्वता। 2. परिणाम। 3. अनश्वरता। 4. भेद। 5. सन्तुलन। 6. सन्तुलन का भेद।

शिवम्

ऐ मानी-ए-कायनात मुझमें आ जा
ऐ राज़े-सिफ़ातो-ज़ात मुझ में आ जा
सोता संसार झिलमिलाते तारे
अब भीग चली है रात मुझमें आ जा

हर ऐब से माना कि जुदा हो जाये
क्या है अगर इनसान ख़ुदा हो जाये
शाइर का तो बस काम ये है हर दिल में
कुछ दर्दे-हयात और सिवा हो जाये

तारीकी[1] का रहे ज़माने में न दाग़
उस नूरे-हयात का लगाते हैं सुराग़[2]
मौजे-नफ़से-सर्द दिये जाती है लव
धारे पॅ फ़ना के हम जलाते हैं चराग़

दिन डूब गया तो बात कुछ और भी है
आँख ओझल वारदात कुछ और भी है
ख़ामोशी-ओ-तीरगी-ओ-खुन्की के सिवा
ऐ अंजुमो-माह[3] रात कुछ और भी है

इनसान को महज खाते-पीते गुज़रे
इस मंज़िल से वो पाँव आगे न धरे
वहशी के अमल की इन्तिहा सैदो-शिकार
गर इश्क़ न हो अमल तरक़्क़ी न करे

1. अँधेरा। 2. पता। 3. सितारे एवं चाँद।

हर जिस्म को हम करते रहे जान-नुमा
फ़ितरत को बनाते गये इनसान-नुमा
ग़द्दार अनासिर[1] को किया हमने मुतीअ[2]
होता गया क़हरमान रहमान-नुमा

कह दो बामे-फ़लक से हो और बलन्द
सय्यारों[3] की रफ़्तार भी हो जाय दोचन्द
बेलाग महो-मेह्र खिंचे जाते हैं
पड़ती है कहाँ निगाहे-शाइर की कमन्द

इन नग़्मों में तासीरे-शिफ़ा है जो बहम
राज़ उसका तुम्हें आज बताते हैं हम
दिल के सोज़े-निहाँ में होकर तहलील[4]
कुछ नश्तरे-तेज़ बन गये हैं मरहम

खोयी हुई हस्ती का बहम हो जाना
आज़ादे - फ़रेबे - कैफ़ो - कम हो जाना
तू राज़े - हयात पूछता है मुझसे
वो राज़ है शाइस्ता-ए-ग़म हो जाना

सहरा में ज़मानो-मकाँ के खो जाती है
सदियों बेदार रह के सो जाती है
अक्सर सोचा किया हूँ ख़लवत में **फ़िराक़**
तहज़ीबें क्यों गुरूब हो जाती हैं

अल्फ़ाज़ के परदों में करो इसका यक़ीं
लेती है साँस नज़्मे-शाइर की ज़मीं
आहिस्ता ही गुनगुनाओ मेरे अशआर
डर है न मेरे ख़्वाब कुचल जायँ कहीं

वो फूट मज़ाहिबे-जहाँ ने डाली
अख़्लाक़ में भी पड़ गयी नफ़सी-नफ़सी
अख़्लाक़ हयाते-इज्तिमाई[5] की है देन
माहौल की मीरास नहीं बँट सकती

---

1. पंचतत्त्व। 2. आज्ञाकारी। 3. नक्षत्रों। 4. विलयन (यहाँ 'लीन' होने से तात्पर्य है)। 5. सामूहिक जीवन।

खुलता नहीं ये भेद है क्या बात है क्या
इल्हाम कहें इसको कि समझें इल्क़ा[1]
हाँ फ़िक्रे-सुख़न के वक़्त कानों में **फ़िराक़**
अकसर परे जिब्रील की आयी है सदा

पाते जाना है और न खोते जाना
हँसते जाना है और न रोते जाना
अव्वल और आख़िरी पयामे-तहज़ीब
इन्सान को इन्सान है होते जाना

इक राज़ से कर रहा हूँ तुझको आगाह
ममनूअ-ओ-हराम[2] कुछ नहीं है वल्लाह
जिस काम में मह्वीयते कामिल[3] न रहे
ऐ दोस्त समझ ले कि है वो काम गुनाह

हर साज़ से होती नहीं ये धुन पैदा
होता है बड़े जतन से ये गुन पैदा
मीज़ाने-नशातो-ग़मे[4] में सदियों तुलकर
होता है हयात में तवाज़ुन पैदा

ग़ैरत को सुस्त असास कर देता है
एहसान भी बदहवास कर देता है
इन्सान का जज़्बा-ए-तशक्कुर[5] हमदम
अक्सर मुझको उदास कर देता है

मन मोह ले सौ रंग से रहती दुनिया
ये वह्मे-हसीं ये ख़ूबसूरत धोका
इस दुख-भरी दुनिया का मगर असली रूप
जब आँख खुली **फ़िराक़** देखा न गया

हर चीज़ यहाँ अपनी हदें तोड़ती है
हर लमहे पॅ सद अक्से-बक़ा छोड़ती है
एक सब्ज़ा-ए-पायमाल की पत्ती भी
हमदम क़ल्बे-अदब में जड़ फोड़ती है

1. दैवी शक्ति द्वारा अनायास मन में कोई विचार उत्पन्न होना। 2. निषेध व वर्जित। 3. पूर्ण लग्न। 4. खुशी और ग़म के तराज़। 5. आभार-भाव।

जाग उट्ठेगी रूह तुम तो सो जाओगे
सरचश्मा-ए-ज़िन्दगी में धो जाओगे
खो जाओगे जब मनाज़िरे-फ़ितरत में
अपने से बहुत क़रीब हो जाओगे

दुनिया है फ़साना ब-हदीसे-दिगराँ[1]
कहते जिसे आ रहे हैं उनवाँ-उनवाँ[2]
दुनिया किसकी ग़लत-बयानी है **फ़िराक़**
हर छूट में जिसके बो'दे-हक़ाइक़[3] पिनहाँ

ऐ सबसे पुरानी क़ौम दुनिया की सलाम
ऋषियों ने बताये तुझे वो राज़े-दवाम[4]
कहते हैं जिन्हें रूहे-रवाने-तहज़ीब[5]
मुज़मर[6] जिनमें हैं ज़िन्दगी के पैग़ाम

इक हल्क़ा-ए नूर था अबद का मंज़र
आवेज़ाँ थे बेशुमार ख़ुर्शीदो-क़मर[7]
ताहद्दे-नज़र सिलसिला-ए-मौजूदात
हर शै से उभर रही थी तक़दीरे-बशर

हर बात का हो चला है साक़ी बिस्तार
संसार अपनी हदों को करता चला पार
मय के क़तरे लगा रहे हैं साक़ी
दुनिया की ईकाइयों पॅ सिफ़रों की क़तार

गो बज़्मे-सुख़न में आप लाये तशरीफ़
खुश होंगे सुनके काफ़िया-ओ-रदीफ़
इसका क्या कीजिएगा ऐ हाकिमे-वक़्त
अहसासे-लतीफ़ से जो होगी तकलीफ़

इक हलक़ा - ए - ज़ंजीर तो ज़ंजीर नहीं
इक हलक़ा-ए-तस्वीर तो तस्वीर नहीं
तक़दीर तो क़ौमों की हुआ करती है
इक शख़्स की क़िस्मत कोई तक़दीर नहीं

---

1. दूसरे की ज़बानी ख़बर। 2. तरह-तरह से। 3. यथार्थों की दूरी। 4. स्थायित्व का रहस्य। 5. संस्कृति का आत्मस्रोत। 6. छिपे। 7. सूरज एवं चाँद।

हर जलवे से इक दरसे-नुमू[1] लेता हूँ
लबरेज़ कई जामो-सुबू[2] लेता हूँ
पड़ती है जब आँख तुझ पॅ ऐ जाने-बहार
संगीत की सरहदों को छू लेता हूँ

क़ामत[3] है कि अँगड़ाइयाँ लेती सरगम
हो रक़्स में जैसे रंगो-बू का आलम
जगमग-जगमग है शबनमिस्ताने-इरम[4]
या क़ौसे-कुज़ह[5] लचक रही है पैहम[6]

ख़ामोश फ़ज़ा साफ़ चमक जाती है
बिजली कोई लहरा के लपक जाती है
अमृत की फुवार है कि नवरस आवाज़
या पिघली हुई सुब्ह छलक जाती है

रग-रग की लचक में पेंग लेती है बहार
गर्दिश में निगाह सात रंगों की फुवार
सदहा[7] महो-ख़ुर्शीद बरस जाते हैं
बेलाग हँसी की ये सुनहरी बौछार

नग़्मे की अलाप है कि क़ामत का तनाव
बजती गत का उतार, आँखों का झुकाव
आ-आ के रागनी खड़ी होती है
देखे कोई सिजिल बदन का ये रचाव

क़तरे अरक़े-जिस्म[8] के मोती की लड़ी
है पैकरे-नाज़नीं कि फूलों की छड़ी
गर्दिश में निगाह है कि बटती है हयात
जन्नत भी है आज उमीदवारों में खड़ी

कल लन्दनो-न्यूयार्क में गूँजी ये सदा
मालूम भी है रोज़े-हिसाब[9] आ पहुँचा
कब तक ये मुलूकियत[10] के ख़्वाबे-नोशी[11]
भागो-भागो कि एशिया जाग उठा

---

1. विकास का पाठ। 2. प्याला और घड़ा। 3. आकार। 4. स्वर्ग में ओस से भीगी जगह। 5. इन्द्रधनुष। 6. लगातार। 7. सैकड़ों। 8. शरीर के पसीने की बूँदें। 9. क़यामत का दिन, प्रलय दिवस। 10. साम्राज्यवाद। 11. स्वप्नों का रसास्वादन करनेवाले।

है शाम का आसमान कि ज़ुल्फ़ों का धुआँ
बगुलों की कज-क़तार[1] क़ामत की कमाँ
ये शाने-सुबुकरवी[2] कि तारे रुक जायँ
धारे पॅ माहे-नौ[3] की किश्ती है रवा

मोती की कान रस का सागर है बदन
दर्पन आकाश का सरासर है बदन
अँगड़ाई में राजहंस तोले हुए पर
या दूध भरा मानसरोवर है बदन

रश्के-दिले-कैकई[4] का फ़ितना है बदन
सीता के बिरह का कोई शोला है बदन
राधा की निगाह का छलावा है कोई
या कृष्ण की बाँसुरी का लहरा है बदन

यूँ इश्क़ की आँच खा के रंग और खिले
यूँ सोज़े-दरूँ[5] से रू-ए-रंगीं चमके
जैसे कुछ दिन चढ़े गुलिस्तानों में
शबनम सूखे तो गुल का चेहरा निखरे

काटे कटती नहीं ये ज़ुलमात[6] की रात
इक जादू-ए-शबताब है ये रात की रात
भीगी फ़ज़ा में ज़ुल्फ़ों की घटायँ
आईना-आईना है बरसात की रात

चढ़ती जमुना का तेज़ रेला है कि ज़ुल्फ़
बल खाता हुआ सियाह कौंदा है कि ज़ुल्फ़
गोकुल की अँधेरी रात देती हुई लौ
घनश्याम की बाँसुरी का लहरा है कि ज़ुल्फ़

रग-रग में थरथराये रूहे-नग़मात
हर तार में यूँ चलती हुई नब्ज़े-हयात
बेख़ुद होती चली है नमनाक फ़ज़ा
ज़ुल्फ़ों में ढल रही है मयख़ाने की रात

1. टेढ़ी पंक्ति। 2. धीरे चलने की शान। 3. दूज का चाँद। 4. कैकेयी के हृदय की ईर्ष्या। 5. आन्तरिक वेदना। 6. अँधेरा।

चंचल आँखों में गुनगुनाती हुई शाम
गर्दिश में नज़र की थरथराती हुई शाम
वो फूटी झुटपुटे के तारों की किरन
पलकों की ओट कुनमुनाती हुई शाम

चिलमन[1] में मिज़ह[2] की गुनगुनाती आँखें
चौथी की दुल्हन-सी कुछ लजाती आँखें
जोबन-रस की सुधा लुटाती हर आन
पलकों की ओट मुस्कुराती आँखें

आहू-ए-सियाहो-शोख़[3] कुछ पलकें उठाय
तरग़ीबे-गुनाह[4] के चराग़ों को जलाय
लड़ जाये जहन्नुम से अगर उड़ती निगाह
सोज़े-दिल-अह्रमन[5] में ठण्डक पड़ जाय

पैदा है निगाह से तबस्सुम[6] का समाँ
पैदा है तबस्सुम से तकल्लुम[7] का समाँ
यूँ साज़े-फ़ज़ा पॅ आँखें पड़ती हैं तेरी
पैदा है सुकूत[8] से तरन्नुम का समाँ

गंगा वो बदन कि जिसमें सूरज भी नहाय
जमुना बालों की तान बंसी की उड़ाय
संगम वो कमर कि आँख ओझल लहराय
तहे-आब सरस्वती की धारा बल खाय

आ जाता है गात में सलोनापन और
चंचलपन बालपन अनीलापन और
कटते ही सुहागरात देखें जो उसे
बढ़ जाता है रूप का कुँवारापन और

---

1. हलका परदा। 2. पलक। 3. काली और चंचल हिरन। 4. गुनाह के लिए उकसाना। 5. पाप के देवता के हृदय की ज्वाला। 6. मुस्कान। 7. बोलने। 8. शान्ति, सन्नाटा।

अन्य

रुबाइयात

आँसू से भरे-भरे वो नयना रस के
साजन कब ऐ सखी थे अपने बस के
    यह चाँदनी रात ये बिरह की पीड़ा
जिस तरह उलट गयी हो नागन डस के

पैकर[1] है कि चलती हुई पिचकारी है
फ़व्वारा-ए-अनवारे-सहर[2] जारी है
    पड़ती है फ़ज़ा में सात रंगों की फुवार
आकाश नहा उठता है बलिहारी है

जब तारों के कारवाँ हों ठहरे-ठहरे
जब किश्ती-ए-माहे-नौ[3] हों लंगर डाले
    जब नींद की साँस कहकशाँ लेती हो
ऐसे में काश! तेरी आहट आये

जब ज़ुहरा लिये हुए हो हाथों में सितार
जब चर्ख़[4] पर उड़ रहे हों नग़्मों के शरार
    झपकाते हों आँख जब सितारों के चराग़
ऐसे में हो काश ! मुझको तेरा दीदार

आ जा कि खड़ी है शाम परदा घेरे
मुद्दत हुई जब हुए थे दर्शन तेरे
    मग़रिब से सुनहरी गर्द उट्ठी सू-ए-क़ाफ़
सूरज ने अग्नि-रथ के घोड़े फेरे

---

1. आकार। 2. सुबह की रोशनी के फ़व्वारे। 3. नये चाँद की किश्ती। 4. आकाश।

आवाज़ की नग़मगी पपीहे को दी
तक़लीदे-ख़रामे-नाज़[1] हंसों ने की
है नाज़की काँपती लताओं में तेरी
मासूम नज़र हिरन के बच्चे को मिली

खिलते हुए गुलज़ारों[2] के रस और सुगन्द
सतरंग धनुष का लोच बिजली की कमन्द
ऋतु-राज की अँगड़ाई ऊषा के संगीत
कोमल मुस्कान तेरी चुटकी में है बन्द

करुना-रस की सुरीली कविता है बदन
उठते हुए दर्द का तराना है बदन
राधा के आँसुओं के हिलते हुए तार
कुल गोपियों के बिरह की पीड़ा है बदन

हैं उठती जवानियाँ कि जीवन का ओज
अलकों में फँसे दिलों की मिलती नहीं खोज
वो रस जो छलक के कम न होने पाये
ऐसे रस से भरे हैं आँखों के सरोज

आँचल के तले दमकते जोबन की ये लौ
सारी के चुनाव में लचकते महे-नौ
ठोड़ी पॅ जगमगाती किरनों की ये छूट
महरम के घाट पॅ वो फटती हुई पौ

लहरायी हुई शफ़क़ में ऊषा का ये रूप
ये नर्म दमक मुखड़े की सज-धज है अनूप
तेरा भी उड़ा-उड़ा-सा आँचल ज़रतार
घूँघट से वो छनती हुई रुख़सारों[3] की धूप

ये रूप की मोहनी ये अबरू[4] के हिलाल[5]
अंग-अंग की ये लचक ये गाती हुई चाल
ये लोच हवाए-शाम जिस पर हो निसार
आँचल में लिये हज़ारों तारों का जमाल

1. अदा से चलने की पैरवी। 2. बाग़ों। 3. चेहरों। 4. भृकुटि। 5. नवचन्द्र।

पूरे जोबन पॅ जैसे महकी हुई रात
कलियों में जैसे मोजज़न रूहे-नबात
वो आलमे-रंगो-बू है तुझ पर ऐ दोस्त
शाइर के लबों पै जैसे पैग़ामे-हयात

किस प्यार से दे रही है मीठी लोरी
हिलती है सुडौल बाँह गोरी-गोरी
माथे पॅ सुहाग आँखों में रस हाथों में
बच्चे के हिंडोले की चमकती डोरी

किस प्यार से होती है ख़फ़ा बच्चे से
कुछ त्योरी चढ़ाये हुए मुँह फेरे हुए
इस रूठने पर प्रेम का संसार निसार
कहती है कि जा तुझसे नहीं बोलेंगे!

आँखों में सरश्क जगमगाता मुखड़ा
वो जश्ने-रुख़सती सुहाना तड़का
झुरमुट में सहेलियों के उठते हैं क़दम
वो घर की औरतों का बाबुल गाना

ये राज़ो-नयाज़ और ये समय ख़लवत[1] का
ये आँख में आँख डाल देना तेरा
हिरनी है डरी-डरी-सी और कुछ मानूस
ये नर्म झिजक सिपुर्दगी की ये अदा

है ब्याहता पर रूप अभी कुँवारा है
माँ है पर अदा जो भी है दोशीज़ा है
वो मोद भरी माँग भरी गोद भरी
कन्या है सुहागन है जगत-माता है

मधुबन के बसन्त-सा सजीला है वो रूप
बरखा ऋतु की तरह रसीला है वो रूप
राधा की झपक कृष्ण की बरज़ोरी है
गोकुल-नगरी की रास-लीला है वो रूप

---

1. एकान्त।

लचकीला गात और अवस्था है किशोर
वो चाल कि जैसे मिल के नाचें सौ मोर
कूक उठती हैं कोयलें वो काली ज़ुल्फ़ें
मुँह ताकता है चन्द्रमा के धोके में चकोर

आँगन में सुहागनी नहा के है बैठी
रामायन जानुओं पॅ रक्खी है खुली
जाड़े की सुहानी धूप खुले गेसू की
परछाईं चमकते सफ़हे पॅ पड़ती हुई

पनघट पॅ गगरियाँ छलकने का य रंग
पानी हचकोले ले के भरता है तरंग
काँधों पॅ सरों पॅ दोनों बाँहों में कलस
मद अँखड़ियों में, सीनों में भरपूर उमंग

लहरों में खिला कँवल नहाये जैसे
दोशीज़ा-ए-सुब्ह[1] गुनगुनाये जैसे
ये रूप ये लोच ये तरन्नुम ये निखार
बच्चा सोते में मुस्कुराये जैसे

छिपते तारे सहर की आहट कम-कम
सीने में उफ़ुक़ के कपकपाहट कम-कम
बिस्तर से तेरा वो मुँह-अँधेरे उठना
ताज़ा पैकर में लहलहाहट कम-कम

रग-रग में जवानी की सुलगती हुई आग
रत्नार आँखों का रसमचाता हुआ फाग
हर ख़त्ते-बदन की जगमगाती हुई लौ
वो रूपवती पाँव से सर तक है सुहाग

जुज़ मेरे ये रंगे-हुस्न उछाले किसने
साँचे में ये ख़त्तो-ख़ाल[2] ढाले किसने
साज़े-बेनग़्मा था ये जिस्मे-रंगीं
इस साज़ से ये बोल निकाले किसने

1. सुब्ह की कुँवारी। 2. नख-शिख।

कोमल पद-गामिनी की आहट तो सुनो
गाते क़दमों की गुनगुनाहट तो सुनो
सावन का लहरा है मद में डूबा हुआ रूप
रस की बूँदों की झमझमाहट तो सुनो

नभ-मण्डल गूँजता है तेरे जस से
गुलशन खिलते हैं ग़म के ख़ारो-ख़स[1] से
संसार में ज़िन्दगी लुटाता हुआ रूप
अमृत बरसा रहा है जोबन-रस से

आईना-दर-आईना हैं शफ़्फ़ाफ़ बदन
जलवे कुछ इस अन्दाज़ से हैं अक्स-फ़िगन[2]
इक ख़्वाबे-जमाल है कि बँधता है तिलिस्म
वो रूप झलकता हुआ जादू-दर्पन

जब ज़ुल्फ़े-शबे-तार[3] ज़रा लहरायी
जब तारों ने पोर उँगलियों की चटकायी
जब चाँद की बलखायी ज़बीं[4] उभरी ज़रा
ऐसे में तेरी नींद भरी अँगड़ाई

रंगत तेरी कुछ और निखर आती है
ये आन तो हूरों को भी शर्माती है
कटते ही शबे-विसाल[5] हर सुब्ह कुछ और
दोशीज़गी-ए-जमाल[6] बढ़ जाती है

दोशीज़ा[7] फ़ज़ा में लहलहाया हुआ रूप
आईना-ए-सुब्ह में झलकता हुआ रूप
ये नर्म निखार ये सिजिल धज ये सुगन्ध
रस में है कुँवारेपन के डूबा हुआ रूप

प्रेमी के साथ खाने का वो आलम
फुलके पॅ वो हाथ जिस्मे-नाज़ुक में वो ख़म[8]
लुक़्मे के उठाने में कलाई की लचक
दिलकश कितना है मुँह का चलना कम-कम

---

1. काँटे और झाड़ियाँ। 2. परछाईं डालना। 3. अँधेरी रात जैसे बाल। 4. माथा, चेहरा। 5. मिलन की रात। 6. सौन्दर्य का कुँवारापन। 7. कुँवारा। 8. बाँकपन।

प्रेमी को बुख़ार, उठ नहीं सकती है पलक
बैठी हुई है सिरहाने माँद मुखड़े की दमक
जलती हुई पेशानी पॅ रख देती है हाथ
पड़ जाती है बीमार के दिल में ठण्डक

ये रूप मदन के भी ख़ता हों औसान
ये सज जो तोड़ दे रती का अभिमान
फीकी पड़ती है धूप ये जोबन-जोत
ये रंग कि आँख खोल दे जीवन-गान

महरम से छन रही है जोबन की धूप
ये नर्म दमक मुखड़े की सज-धज है अनूप
इक हूक-सी उठ जाती है लग जाती है आग
कोयल की कूक लहलहाता हुआ रूप

ग़ज़लियात

मैं होशे-अनादिल[1] हूँ मुश्किल है सँभल जाना
ऐ बादे-सबा मेरी करवट तो बदल जाना

तक़दीरे-महब्बत हूँ मुश्किल है बदल जाना
सौ बार सँभल कर भी मालूम सँभल जाना

उस आँख की मस्ती हूँ ऐ बादाकशो[2] जिसका
उठ कर सरे-मैख़ाना मुमकिन है बदल जाना

अय्यामे-बहाराँ में दीवानों के तेवर भी
जिस सम्त नज़र उट्ठी आलम का बदल जाना

घनघोर घटाओं में सरशार फ़ज़ाओं में
मख़्मूर हवाओं में मुश्किल है सँभल जाना

हूँ लग़्ज़िशे मस्ताना[3] मैख़ान-ए-आलम में
बर्क़े-निगहे-साक़ी कुछ बच के निकल जाना

इस गुलशने-हस्ती में कम खिलते हैं गुल ऐसे
दुनिया महक उट्ठेगी तुम दिल को मसल जाना

मैं साज़े-हक़ीक़त हूँ सोया हुआ नग़्मा था
था राज़े-निहाँ कोई परदों से निकल जाना

---

1. बुलबुल के स्वभाव का। 2. शराब पीनेवाली। 3. मस्ताने की लड़खड़ाहट।

हूँ नकहते-मस्ताना[1] गुलज़ारे-महब्बत में
मदहोशि-ए-आलम है पहलू का बदल जाना

मस्ती में लगावट से उस आँख का ये कहना
मैख़्वार की नीयत हूँ मुमकिन है बदल जाना

जो तर्ज़े-ग़ज़लगोई मोमिन ने तरह की थी
सद-हैफ़ **फ़िराक़** उसका सद-हैफ़ बदल जाना

2

तमाम कैफ़ ख़मोशी तमाम नग़्म-ए-साज़
नवा-ए-राज़ है ऐ दोस्त या तेरी आवाज़

मेरी ग़ज़ल में मिलेगा तुझे वो आलमे-राज़
जहाँ हैं एक अज़ल से हक़ीक़त और मजाज़

वो ऐन महशरे-नज़्ज़ारा[2] हो कि ख़लवते-राज़[3]
कहीं भी बन्द नहीं है निगाहे-शाहिदबाज़[4]

हवाएँ नींद के खेतों से जैसे आती हों
यहाँ से दूर नहीं है बहुत वो मक़तले-नाज़

ये जंग क्या है लहू थूकता है नज़्मे-कुहन
शिगूफ़े और खिलायेगा वक़्ते शोबदाबाज़[5]

मशीअतों को बदलते हैं ज़ोरे-बाज़ू से
'हरीफ़े-मतलबे-मुश्किल नहीं फ़सूने-नेयाज़'[6]

इशारे हैं ये बशर की उलूहियत की तरफ़
लवें-सीं दे उठी अकसर मेरी जबीने-नेयाज़

---

1. मस्ती-भरी महक। 2. प्रलय का दृश्य। 3. गुप्त एकान्त। 4. सौन्दर्य के प्रति आसक्त आँखें। 5. बाज़ीगर समय। 6. जादुई अदा।

भरम तो क़ुर्बते-जानाँ का रह गया क़ाइम
ले आड़े आ ही गया चर्ख़े-तफ़र्क़ा-परदाज़[1]

निगाहे-चश्मे-सियह कर रहा है शरहे-गुनाह
न छेड़ ऐसे में बहसे-जवाज़ो-ग़ैरे-जवाज़[2]

ये मौजे-नकहते-जाँ-बख़्श यूँ ही उठती है
बहारे-गेसु-ए-शबरंग तेरी उम्र दराज़

यँ है मेरी नयी आवाज़ जिसको सुनके हरेक
ये बोल उठे कि है ये तो सुनी हुई आवाज़

हरीफ़े-जश्ने-चिराग़ाँ है नग़्म-ए-ग़मे-दोस्त
कि थरथराये हुए देख उठे वो शोला-ए-साज़

फ़िराक़ मंज़िले-जानाँ वो दे रही है झलक
बढ़ो कि आ ही गया वो मुक़ामे-दूरो-दराज़

3

तहों में दिल के जहाँ कोई वारदात हुई
हयाते-ताज़ा से लबरेज़ कायनात हुई

तुम्हीं ने बायसे-ग़म बारहा किया दरयाफ़्त
कहा तो रूठ गये यह भी कोई बात हुई

हयात राज़े-सुकूँ पा गयी अजल ठहरी
अजल में थोड़ी-सी लर्ज़िश हुई हयात हुई

थी एक काविशे-बेनाम[3] दिल में फ़ितरत के
सिवा हुई तो वही आदमी की ज़ात हुई

बहुत दिनों में महब्बत को यह हुआ मालूम
जो तेरे हिज्र में गुज़री वो रात रात हुई

---

1. वैमनस्य पैदा करनेवाला आकाश। 2. उचित-अनुचित का तर्क। 3. अनाम जिज्ञासा।

फ़िराक़ को कभी इतना ख़मोश देखा था
ज़रूर ऐ निगहे-नाज़ कोई बात हुई

4

तू है सर-बसर कोई दास्ताँ है अजीब आलमे-अंजुमन
ये निगाहे-नाज़ ज़बाँ-ज़बाँ ये सुकूते-नाज़ सुख़न-सुख़न

ये शऊरे-साएक़ा-अफ़गनी[1] ये अदा-ए-नरगिसे-पुरफ़तन[2]
कि पिला-पिला के लुँढा भी दे ये तेरी निगाहे-प्यालाज़न

तेरी क़ुरबतें भी हैं दूरियाँ ये करिश्म-ए-कशिशे-बदन
'चे क़यामते कि न मी रसी ज़-कनारे-मन ब-कनारे-मन'

न ज़ियादा ज़र्फ़ से दे न कम कि हैं हाथ उसके जँचे-तुले
वही आँख ज़ामिने-होश भी वही आँख साक़ी-ए-अंजुमन

मेरे सीने में है वो रौशनी कि न उम्र जिसकी बता सकें
यहीं जलवे दौरे-जदीद के यहीं परतवे-अहदे-कुहन[3]

वो तमाम रू-ए-निगार है वो तमाम बोसो-कनार[4] है
वो है चेहरा-चेहरा जो देखिए वो है चूमिए तो दहन-दहन

ये ख़याले-महफ़िले-दोस्ताँ किसी अजनबी का है ये बयाँ
वो जहाँ न समझें मेरी ज़बाँ वहीं क़िस्मतों से मिला वतन

वो नज़र-नज़र की फ़सूँगरी[5] वो सुकूत की भी सुख़नवरी
तेरी आँख जादू-ए-सामरी तेरे लब फ़सान-ए-नल-दमन

वो गुनाहे-आदमे-अव्वलीं कि है मस्तियों का वही अमीं
हैं बशर के ख़ून में आज भी कई जुर्अ-हाए-मये-अदन

बकमाले जज़्बे-दिले-तपाँ कभी बदले गरदिशे-आसमाँ
कोई सुब्ह रू-ए चमन-चमन कोई शाम ज़ुल्फ़े-शिकन-शिकन

यँ भी इक बहाना था खाने का तेरी कज-कुलाहियों की क़सम
सरे-शाख़सार दिखा गये कई बार गुंचे जो बाँकपन

---

1. बिजलियाँ गिराने का ढंग। 2. हलचल पैदा करनेवाली नरगिसी आँखों की अदा। 3. प्राचीन काल की झलक। 4. एकान्त का चुम्बन। 5. जादूगरी।

वो तबस्सुमे-लबे-नाज़नीं वो बहारे-पैकरे-दिलनशीं
वही अधखिली-सी कली-कली वही ताज़गी-ए-चमन-चमन

कफ़े-पा से ता-सरे-नाज़नीं कई आँखें खुलती-झपकती हैं
कि तमाम मसकने-आहुवाँ[1] है दमे-ख़ुमार तेरा बदन

कभी दादे-शौक़ न दे सका मेरे दिल को परतवे-दिलबरी
कि लरज़ गया है यँ आइना जो लचक गयी है कोई किरन

कोई मेरी आँखों से देखता तेरी बज़्मे-नाज़ की वुसअतें
वो हर एक गोशा मकाँ-मकाँ वो हर एक लमहा ज़मन-ज़मन

वो लबों की लाल ज़िया-ज़िया वो किरन हँसी की ज़रा-ज़रा
तेरी नीम-अदा भी अदा-अदा तेरी इक झलक भी यमन-यमन

कोई चीज़ आड़े तो आ गयी कि बख़ैर हो गया ख़ातमा
मेरी बेकसी ने उढ़ा दिया मेरे आँसुओं का मुझे कफ़न

मेरे दोस्तों को मुअम्मा है मेरी नूरो-नार की ज़िन्दगी
जो इधर चराग़े-हरम की लौ तो उधर भी कुफ़्र है शोलाज़न

कभी हो सका तो बताऊँगा तुझे राज़े-आलमे-ख़ैरो-शर[2]
कि मैं रह चुका हूँ शुरू ही से गहे-ईज़दे-गहे-अहरमन[3]

अरे उखड़ी-उखड़ी यँ ज़िन्दगी अरे खोयी-खोयी यँ ज़िन्दगी
मुझे क्या वतन में सुकून हो कि वतन ही आज है बे-वतन

जिसे डँस लिया हो ज़माने ने कोई ज़िन्दगी है ये ज़िन्दगी
ये सवादे-शाम अजलनुमा ये ज़िया-ए-सुब्ह कफ़न-कफ़न

तुझे मंज़िलें भी हैं रहगुज़र मुझे रहगुज़ार भी मंज़िलें
यही फ़र्क़ है मेरे हमसफ़र वो तेरा चलन ये मेरा चलन

मेरी हर ग़ज़ल को ये आरज़ू तुझे सज-सजा के निकालिए
मेरी फ़िक्र हो तेरा आइना मेरे नग़्मे हों तेरे पैरहन

कभी पिछली रात को देख ले किसी साँस लेते चराग़ को
कि ग़ज़ल हुई तो शऊर में वही ख़स्तगी है वही थकन

---

1. हिरनों के रहने की जगह। 2. अच्छाई-बुराई की दशा का भेद। 3. खुदा और शैतान के पास।

यँ उदास-उदास बुझी-बुझी कोई ज़िन्दगी है **फ़िराक़** की
मगर आज किश्ते-सुख़नवरी[1] है उसी के दम से चमन-चमन

5

दयारे-ग़ैर[2] में सोज़े-वतन की आँच न पूछ
ख़ज़ाँ में सुब्हे-बहारे-चमन की आँच न पूछ

फ़ज़ा है दहकी हुई रक़्स में है शोला-ए-गुल
जहाँ वो शोख़ है उस अंजुमन की आँच न पूछ

क़बा में जिस्म है या शोला ज़ेरे-परद-ए-साज़[3]
बदन से लिपटे हुए पैरहन की आँच न पूछ

हिजाब में भी उसे देखना क़यामत है
नक़ाब में भी रूखे-शोला-ज़न की आँच न पूछ

लपक रहे हैं वो शोले कि होंट जलते हैं
न पूछ मौजे-शराबे-कुहन की आँच न पूछ

फ़िराक़ आइना-दर-आइना है हुस्ने-निगार
सबाहते-चमन-अन्दर-चमन की आँच न पूछ

6

था रंगे-इज़्तराब[4] दिले-बेक़रार का
आना रुला गया मुझे बादे-बहार का

उतरा हुआ खुमार मये-इन्तज़ार का
राज़-आशना हूँ मैं किसी ग़फ़लत-शआर का

साज़े-मजाज़ की मैं सदा-ए-शिकस्त हूँ
ख़मियाज़ा-कश[5] हूँ हस्ति-ए-नापायेदार का

---

1. शाइरी की खेती। 2. दूसरों की गली। 3. साज़ के परदे के नीचे। 4. पेशानी का रंग। 5. भरपाई करनेवाला।

अब इश्क़ मावराए-नशातो-मलाल[1] है
कुछ इज़्तराबे-दीद न ग़म इन्तज़ार का
मारा है किस अदा से दिले सोगवार को
कुश्ता हूँ तेरी पुरसिशे बेगानावार का
बिस्मिल **फ़िराक़े**-सुब्हे-अज़ल से है हर सहर
आलम तो देख पैरहने तार-तार का
कोताहिए-नसीबे-जुनूँ कुछ न पूछिए
हाथों में आ चुका था गरेबाँ बहार का
एक तेरे दर्दे-इश्क़ ने बदले हैं कितने भेस
अच्छा बहाना है ये ग़मे-रोज़गार का
वह आँख अपने काम से ग़ाफ़िल नहीं **फ़िराक़**
कुछ देर रह ले होश हरेक होशियार का
परदे हरीमे-नाज़ के गिरते चले **फ़िराक़**
उठता चला है दर्द दिले-बेक़रार का

7

दिलों का सोज़ तेरे रू-ए-बेनक़ाब की आँच
तमाम गर्मी-ए-महफ़िल तेरे शबाब की आँच
सवाबे-ख़ुल्दे-बरीं[2] क्या अज़ाबे-दोज़ख़ क्या
तेरे ख़िताब की ठण्डक तेरे इताब[3] की आँच
हरीमे-इश्क़ के परदों से लौ निकलती है
ये सोज़ो-साज़ है कुछ नग़्म-ए-रबाब की आँच
लहकते सब्ज़े में अब्रे-बहार की मस्ती
दहकते फूल में छलकी हुई शराब की आँच
ये क़ैफ़े-हुस्न ये बर्क़े-निगाह क्या कहना
लगा दे आग न इस दामने-सहाब[4] की आँच
चढ़ा के साग़रे-मय जगमगा उठे चेहरे
सिमट के आ गयी सीनों में आफ़ताब की आँच

1. प्रसन्नता एवं दुख से ऊपर। 2. स्वर्ग का पुण्य। 3. क्रोध। 4. बादलों के दामन।

पनाह माँग रही है हरी-भरी दुनिया
न पूछ आह दिले-ख़ानुमाख़राब की आँच
ये अगले वक़्तों के हैं ख़ुश हैं बाग़े-जन्नत में
इन्हें ख़बर ही नहीं क्या है इस सवाब की आँच
ये आ गया है यहाँ कौन काफ़िरे-मासूम
कि ठण्डी पड़ गयी दोज़ख़ के भी अज़ाब की आँच
जिसे समझते हैं सब मौजे-कौसरो-तसनीम[1]
वो आईना भी है तपते हुए सराब की आँच
सहर की ताज़ा-दमी चढ़ती धूप की गरमी
तेरी निगाह की ठण्डक तेरे शबाब की आँच
रुकी-रुकी-सी लबे-शौक़ पर है अर्ज़े-विसाल
कि फूँक दे न तेरे ज़ेरे-लब जवाब की आँच
यही है गर्मी-ए-महफ़िल यही है रौनक़े-बज़्म
निगाहे-नाज़ तेरे ज़ौक़े-इन्तिख़ाब की आँच
ये रात आग लगा दे कहीं न दुनिया में
ये चाँदनी ये हवाएँ ये माहताब की आँच
शुआएँ फूट के जैसे फ़ज़ा में गुम हो जायँ
छलकते जाम में ये चशमके-हबाब की आँच
सवारे-अबलक़े-अय्याम[2] मौसमे गुल है
चमन के शोले हैं या हलक़-ए-रकाब की आँच
समेट रक्खे हैं रूहुल-कुदुस[3] ने पर अपने
पहुँच रही है कहाँ तक इस इज़्तिराब की आँच

फ़िराक़ वक़्त के रुख़ से उलट रही है नक़ाब
ज़मीं से ता-ब-फ़लक है इस इन्क़लाब की आँच

8

दीदनी[4] है नरगिसे-ख़ामोश का तर्ज़े-ख़िताब
गह-सवाल-अन्दर-सवालो-गह-जवाब-अन्दर-जवाब

---

1. मान्यता है कि स्वर्ग में दो नहरें हैं जिनके नाम कौसर एवं तसनीम हैं। 2. समय-रूपी घोड़े का सवार।
3. एक फ़रिश्ता जो पैग़म्बरों के पास ईश्वरीय सन्देश पहुँचाता है। 4. दर्शनीय।

जौहरे-शमशीरे-क़ातिल है कि हैं रगहा-ए-नाब
साक़िया तलवार खिंचती है कि खिंचती है शराब

इश्क़ के आग़ोश में बस इक दिले-ख़ानाख़राब
हुस्न के पहलू में सदहा आफ़ताबो-माहताब

सरवरे-कुफ़्फ़ार है इश्क़ और अमीरुल-मोमनीं
काबा - ओ - बुतख़ाना - औक़ाफ़े - दिले - आलीजनाब

राज़ के सेग़े में रक्खा था मशीअत[1] ने जिन्हें
वो हक़ाइक़ हो गये मेरी ग़ज़ल में बेनक़ाब

एक गंजे-बेबहा[2] है अहले-दिल को उनकी याद
तेरे जौरे-बेनिहायत तेरे जौरे-बेहिसाब

आदमीयों से भरी है ये भरी दुनिया मगर
आदमी को आदमी होता नहीं है दस्तयाब

इश्क़ की सरमस्तियों का क्या हो अन्दाज़ा कि इश्क़
सद शराब अन्दर शराब अन्दर शराब अन्दर शराब

रास आया दह्र को ख़ूने-जिगर से सींचना
चेहर-ए-आफ़ाक़[3] पर कुछ आ चली है आबो-ताब

अब इसे कुछ और कहते हैं कि हुस्ने-इत्तफ़ाक़
इक नज़र उड़ती हुई-सी कर गयी मुझको ख़राब

एक सन्नाटा अटूट अकसर और अकसर ऐ नदीम
दिल की हर धड़कन में सद ज़ेरो-बमे-चंगो-रबाब

ऐ **फ़िराक़** आफ़ाक़[4] है कोई तिलिस्म-अन्दर-तिलिस्म
है हरेक ख़्वाब इक हक़ीक़त हर हक़ीक़त एक ख्वाब

9

दुनिया को इन्क़लाब की याद आ रही है आज
तारीख़ अपने-आपको दोहरा रही है आज

1. दैव-शक्ति। 2. अपरिमित निधि। 3. क्षितिज के चेहरे पर। 4. संसार।

झपका रही है देर से आँखें हवा-ए-दह्‍र
कौनो-मकाँ को नींद-सी कुछ आ रही है आज

हर-हर शिकस्ते-साज़ से सद लह्‌ने-सरमदी[1]
या ज़िन्दगी के गीत अजल गा रही है आज

अबना-ए-दह्‍र लेते हैं यूँ साँस गर्मो-तेज़
जीने में जैसे देर हुई जा रही है आज

बरहम-सा कुछ मिज़ाजे-अनासिर[2] है इन दिनों
और कुछ तबीअत अपनी भी घबरा रही है आज

इक मौजे-दूद[3] सीने में लरज़ाँ है इस तरह
नागन-सी जैसे शीशे में लहरा रही है आज

बीते जुगों की छाँव है इमरोज़ पर **फ़िराक़**
हर चीज़ इक फ़साना हुई जा रही है आज

10

दौरे-अफ़लाक का शबाब है तू
आफ़ताबों का आफ़ताब है तू

रूप ऐसा हसीन जैसे गुनाह
ख़ल्क़ का हासिले-सवाब है तू

तुझसे जोबन उजाली रातों का
माहताबों का माहताब है तू

और ज़ेरे-शफ़क़ चराग़ाँ हो
आज यूँ माइले-हिजाब है तू

ये सितारे तेरे पसीने के
शब का दहका हुआ शबाब है तू

तू जो सूरत पकड़ ले है वो ख़याल
यक-ब-यक जाग उठे वो ख़्वाब है तू

---

1. सरमद (एक फ़क़ीर) की आवाज़। 2. पंचतत्त्वों की क्रिया। 3. धुँधली लहर।

जो बहारों के दिल से उठते हैं
उन्हीं शोलों का पेचो-ताब है तू
आँख पड़ती है एक ज़माने की
बज़्मे इम्काँ में इन्तख़ाब है तू
जैसे नग़्मे लबे-**फ़िराक़** पॅ सोयँ
सेज़ पर यूँ ही मह्वे-ख़्वाब है तू

11

निगाहों में वो हल कई मसायले-हयात के
वो गेसुओं में पेचो-ख़म कई मुआमलात के

हमारी उँगलियों में धड़कनें हैं साज़े दह्र की
हम अहले-राज़ पारखी हैं नब्ज़े-कायनात के

है आबो-गिल में शोलाज़न बस एक साज़े-सरमदी
हिजाबे-दह्र परदे हैं तरन्नुमे-हयात के

ये क़शक़ा[1] सुर्ख़-सुर्ख़ रू-कशे-चिराग़े-तूर है
जबीने-कुफ़्र से अयाँ रमूज़ इलाहियात के

असातज़ा[2] के बस में थे जो सब मुझे सिखा दिये
सुकूते-सरमदी ने वो निकात शेरयात के

नज़र जो साफ़ आ रहे हैं ख़ानाहा-ए-बेख़तर
वही बिसाते-गंजफ़ा में हैं मुक़ाम मात के

हज़ारहा इशारे पायेंगे तलाश शर्त है
क़दीम फ़िक्रयात में जदीद फ़िक्रयात के

नजात[3] के लिए न इन्तज़ारे-मर्गो-हश्र कर
कि क़ैदो-बन्दे-ज़िन्दगी में राज़ हैं नजात के

---

1. तिलक। 2. उस्तादों। 3. मुक्ति।

ये सफ़-बसफ़ मनाज़िरे-ज़माना देख ग़ौर से
हैं आईना-दर-आईना सबक़ तहय्युरात[1] के

जमाहियाँ-सी ले रहे हैं आसमान पर नुजूम
सुना रही है ज़िन्दगी फ़साने कटती रात के

कहाँ से हाथ लाइए इन्हें उठाने के लिए
हिजाब-दर-हिजाब जल्वे हैं तअय्युनात[2] के

किताब में ये दर्सयात ढूँढ़ना फ़ज़ूल है
इन अँखड़ियों से सीख कुछ रमूज़ कुफ़्रयात के

इन्हीं में अपने ख़त्तो-ख़ाल देखती है ज़िन्दगी
ये आबो-ताबे-शेर है कि आईने हयात के

तमाम उम्र इश्क़ का जवाज़ ढूँढ़ते रहे
ये अह्ले-रस्म हो रहे इन्हीं तकल्लुफ़ात के

क़लम की चन्द जुंबिशों से और मैंने क्या किया
यही कि खुल गये हैं कुछ रमूज़-से हयात के

उफ़ुक़ से ता-उफ़ुक़ ये कायनात मह्वे-ख़्वाब थी
न पूछ दे गये हैं क्या मुझे वो लमहे रात के

नमाज़ शाइरी है और इमाभे-फ़न **फ़िराक़** है
रुकूअ और सुजूद ज़ेरो-बम हैं सौतियात[3] के

12

नौरस गुंचे पंखड़ियों की नाजुक गिरहें खोलें हैं
या उड़ जाने को रंगो-बू गुलशन में पर तोलें हैं

तारे आँखें झपकावें हैं ज़र्रा-ज़र्रा सोये हैं
तुम भी सुनो हो यारो! शब में सन्नाटे कुछ बोलें हैं

हम हों या क़िस्मत हो हमारी दोनों को इक ही काम मिला
क़िस्मत हमको रो लेवे है हम क़िस्मत को रो लें हैं

---

1. परिवर्तनों। 2. अस्तित्व। 3. ध्वनि से सम्बन्धित।

जो मुझको बदनाम करें हैं काश वे इतना सोच सकें
मेरा परदा खोलें हैं या अपना परदा खोलें हैं

ये क़ीमत भी अदा करे हैं हम बदुरुस्ती-ए-होशो-हवास
तेरा सौदा करने वाले दीवाना भी हो लें हैं

तेरे ग़म का पासे-अदब है कुछ दुनिया का ख़याल भी है
सबसे छिपा के दर्द के मारे चुपके-चुपके रो लें हैं

फ़ितरत का क़ायम है तवाज़ुन आलमे-हुस्नो-इश्क़ में भी
उसको उतना ही पावे हैं ख़ुद को जितना खो लें हैं

आबो-ताबे अशआर न पूछो तुम भी आँखें रक्खो हो
ये जगमग बैतों की दमक है या हम मोती रोलें हैं

ऐसे में तू याद आये है अंजुमने-मय में रिन्दों को
रात गये गर्दूं पॅ फ़रिश्ते बाबे-गुनह जब खोलें हैं

सदक़े **फ़िराक़** एजाज़े-सुख़न के कैसे उड़ा ली ये आवाज़
इन ग़ज़लों के परदों में तो 'मीर' की ग़ज़लें बोले हैं

13

कभी जब तेरी याद आ जाय है
दिलों पर घटा बन के छा जाय है

शबे-यास में कौन छुप कर नदीम[1] मेरे हाल पर मुसकुरा जाय है
महब्बत में ऐ मौत ऐ ज़िन्दगी मरा जाय है या जिया जाय है
पलक पर पसे-तर्के-ग़म[2] गाहगाह सितारा कोई झिलमिला जाय है
तेरी याद शबहा-ए-बे-ख़्वाब में सितारों की दुनिया बसा जाय है
जो बे-ख़्वाब रक्खे है ता ज़िन्दगी वही ग़म किसी दिन सुला जाय है
न सुन मुझसे हमदम मेरा हाले-ज़ार दिले-नातवाँ सनसना जाय है
ग़ज़ल मेरी खींचे है ग़म की शराब पिये है वो जिससे पिया जाय है
मेरी शाइरी जो है जाने-नशात ग़मों के ख़ज़ाने लुटा जाय है
मुझे छोड़ कर जाय है तेरी याद कि जीने का एक आसरा जाय है
मुझे गुमरही का नहीं कोई ख़ौफ़ तेरे घर को हर रास्ता जाय है

1. साथी। 2. दुख के आँसू।

सुनायें तुम्हें दास्ताने-**फ़िराक़**
मगर कब किसी से सुना जाय है

14

काफ़ी दिनों जिया हूँ किसी दोस्त के बग़ैर
अब तुम भी साथ छोड़ने को
कह रहे हो ख़ैर

कब से तेरे दयार में हूँ मैं तेरे बग़ैर
मुझसे है आसमाँ को
ख़ुदा वास्ते का बैर

'यूँ ज़िन्दगी गुज़ार रहा हूँ तेरे बग़ैर'
जैसे करे ख़ज़ाँ में कोई
गुलसिताँ की सैर

बाँधो सफ़ें नमाज़े-जमाअत के वास्ते
मैं कौन ऐ सयूख़े-हरम[1]
पेशइमामे दैर[2]

जाते हैं दाग़ सोहबते-शब का लिये हुए
अच्छा जो हो सका तो कल
आयेंगे शब-बख़ैर

उक़बा की ज़िन्दगी का ख़ुदा-हाफ़िज़ ऐ नदीम
हम तो मना रहे हैं इसी
ज़िन्दगी की ख़ैर

ता-हाल हो सके न हम आहंग[3] साज़े-दह्र
कानों में आ रही हैं अभी
एक सदा-ए-ग़ैर

अख़लाक़े-तब-ए-यार तुझे मानना पड़ा
मिलना उसी तपाक से वो
ख़्वेश[4] हों कि ग़ैर

---

1. काबे के अध्यक्ष। 2. बुतख़ाने के पुरोधा। 3. सम्मिलित आवाज़। 4. अपने।

जो भी निगाह उठती है वो मैकदा-बदोश
ऐ नरगिसे-सियाह
तेरी नीयतें बख़ैर

तक़दीरे-हुस्नो-इश्क़ जुदाई है अलविदा
है ज़िन्दगी अगर तो कभी
फिर मिलेंगे ख़ैर

राहें पुकारती हैं कि साहेब परे-परे
शोले बिछे हुए हैं दिलों के बचा के पैर
इस क़ुर्ब से तो दर्दे-**फ़िराक़** और बढ़ गया
'घर जब बना लिया तेरे दर पर कहे बग़ैर'

15

किसी का यूँ तो हुआ कौन उम्र भर फिर भी
ये हुस्नो-इश्क़ तो धोका है सब मगर फिर भी

हज़ार बार ज़माना इधर से गुज़रा है
नयी-नयी-सी है कुछ तेरी रहगुज़र फिर भी

खुशा इशारा-ए-पैहम ज़हे-सुकूते-नज़र
दराज़ होके फ़साना है मुख़्तसर फिर भी

झपक रही हैं ज़मानो-मकाँ की भी आँखें
मगर है क़ाफ़िला आमादा-ए-सफ़र फिर भी

शबे-**फ़िराक़** से आगे है आज मेरी नज़र
कि कट ही जायेगी ये शामे-बे-सहर फिर भी

कहीं यही तो नहीं काशिफ़े-हयातो-ममात[1]
ये हुस्नो-इश्क़ ब-ज़ाहिर है बेख़बर फिर भी

पलट रहे हैं ग़रीबुलवतन पलटना था
वो कूचा रू-कशे-जन्नत हो घर है घर फिर भी

लुटा हुआ चमने-इश्क़ है निगाहों को
दिखा गया वही क्या-क्या गुलो-समर फिर भी

---

1. जीवन और मृत्यु का रहस्य खोलनेवाला।

ख़राब होके भी सोचा किये तेरे महजूर[1]
यही कि तेरी नज़र है तेरी नज़र फिर भी

हो बेनयाज़े-असर भी कभी तेरी मिट्टी
वो कीमिया ही सही रह गयी कसर फिर भी

लिपट गया तेरा दीवाना गरचे मंज़िल से
उड़ी-उड़ी-सी है कुछ ख़ाके-रहगुज़र फिर भी

तेरी निगाह से बचने में उम्र गुज़री है
उतर गया रगे-जाँ में यॅ नेश्तर फिर भी

ग़मे-**फ़िराक़** के कुश्तों का हश्र क्या होगा
ये शामे-हिज्र तो हो जायेगी सहर फिर भी

फ़ना भी हो के गराँबारी-ए-हयात[2] न पूछ
उठाये उठ नहीं सकता ये दर्दे-सर फिर भी

सितम के रंग हैं हर इल्तिफ़ाते-पिन्हाँ[3] में
करमनुमा हैं तेरे जौरे-सर-बसर फिर भी

ख़ता मुआफ़ तेरा अफ़्व[4] भी है मिस्ले-सज़ा
तेरी सज़ा में है इक शाने-दरगुज़र फिर भी

अगरचे बेख़ुदी-ए-इश्क़ को ज़माना हुआ
फ़िराक़ करती रही काम वो नज़र फिर भी

16

किसी से छूट के शाद और किसी से मिल के ग़मीं
फ़िराक़ तेरी महब्बत का कोई ठीक नहीं

युँ-ही-सा था कोई जिसने मुझे मिटा डाला न कोई नूर का पुतला
न कोई ज़ोहरा-जबीं

जो भूलतीं भी नहीं याद भी नहीं आतीं तेरी निगाह ने क्यों वो
कहानियाँ न कहीं

---

1. बिछड़नेवाले। 2. जीवन का बोझ। 3. गुप्त उपेक्षा। 4. क्षमा।

लबे-निगार है या नग़्मा-ए-बहार की लौ सुकूते-नाज़ है या कोई मुतरिबे-रंगीं[1]

शुरू-ए-ज़िन्दगी-ए-इश्क़ का वो पहला ख़्वाब तुम्हें भी भूल चुका है मुझे भी याद नहीं

हज़ार शुक्र कि मायूस कर दिया तूने ये और बात कि तुझसे बड़ी उमीदें थीं

अगर बदल न दिया आदमी ने दुनिया को तो ज़ान लो कि यहाँ आदमी की ख़ैर नहीं

हुनर तो ख़ैर हुनर ऐब से भी जलते हैं
फ़ुग़ाँ[2] कि अहले-ज़माना है किस क़दर कमबीं[3]

17

कुछ भी अयाँ-निहाँ[4] न था, कोई ज़माँ-मकाँ न था
देर थी एक निगाह की फिर ये जहाँ जहाँ न था

साज वो क़तरे-क़तरे में सोज़ वो ज़र्रे-ज़र्रे में
याद तेरी किसे न थी दर्द तेरा कहाँ न था

इश्क़ की आज़माइशें और फ़ज़ाओं में हुईं
पाँव तले ज़मीं न थी सर पँ ये आसमाँ न था

सोज़े-निहाँ में वो क़रार क़ल्बे-तपाँ में वो सफ़ा[5]
शोला तो था तड़प न थी आग तो थी धुआँ न था

इश्क़ हरीमे-हुस्न में अपने सहारे रह गया
सब्र का भी पता न था होश का भी निशाँ न था

किसके हवास से बजा कौन था अपने होश में
वक़्ते-बयाने-ग़म कोई मायले-दास्ताँ न था

देख फ़ज़ा-ए-दह्र को कैफ़े-अदम से भर दिया
ऐ दिले-दर्द-आश्ना मिट के भी मैं कहाँ न था

---

1. सौन्दर्य-प्रेमी गायक। 2. आह। 3. अदूरदर्शी। 4. प्रकट एवं गुप्त। 5. पवित्रता।

जल्वा-ए-ताबआज़मा क़ायले-इश्क़ हो गया
थी न सदा-ए-अलहज़र[1] नारा-ए-अलअमाँ[2] न था

एक को एक की ख़बर मंज़िले-इश्क़ में न थी
कोई भी अह्ले-कारवाँ शामिले-कारवाँ न था

ग़फ़लते-हुस्न जाग उठी और ज़बाने-इश्क़ पर
आह न थी फ़ुग़ाँ न था नारा-ए-अलअमाँ न था

ख़िलवतियाने-राज़ से हाले-वसाले-यार पूछ
हुस्न भी बेनक़ाब था इश्क़ भी दरम्याँ न था

अब न वो पुर्सिशे-करम अब न वो चश्मे-आश्ना
शिकवा-ए-इश्क़ बरतरफ़ तुमसे तो ये गुमाँ न था

शिकवा-ए-दरगुज़रनुमा क्यों है कि हुस्न-इश्क़ से
इतना तो बदगुमाँ न था इतना तो सरगराँ न था

तुरी ख़ुशी कि याद रख तेरी ख़ुशी कि भूल जा
तुझसे ज़रा भी बदगुमाँ आलमे-रफ़्तगाँ न था

सब्रो-सकूँ के राज़ कुछ बातों में खुल गये मगर
इश्क़ को भी ख़ुशी न थी हुस्न भी शादमाँ न था

फिर भी सुकूने-इश्क़ पर आँख भर आयी बारहा
गो ग़मे-हिज्र भी **फ़िराक़** कुछ ग़मे-जाविदाँ न था

18

ख़ुदनुमा होके निहाँ छुप के नुमायाँ होना
अलग़रज़ हुस्न को रुसवा किसी उनवाँ[3] होना

यूँ तो अकसीर है
ख़ाके-दरे-जानाँ
लेकिन

काविशे-ग़म[4] से उसे गर्दिशे-दौराँ होना

---

1. भय की पुकार। 2. सुरक्षा का नारा। 3. शीर्षक। 4. दुख की खोज।

हद्दे-तमकीं से न
बाहर हुई ख़ुद्दार
निगाह
आज तक आ न सका हुस्न को हैराँ होना

चारागर[1] दर्द सरापा
हूँ मेरे दर्द
नहीं
बावर आया तुझे नश्तर का रगे-जाँ होना

दफ़्तरे-राज़े-महब्बत
था मलाले-दिल
पर
वो सुकूते निगहे-नाज़ का पुरसाँ होना

सर-बसर बर्क़े-फ़ना
इश्क़ के जलवे हैं
फ़िराक़
ख़ानए-दिल को न आबाद न वीराँ होना

19

ग़ज़ल के साज़ उठाओ बड़ी उदास है रात
नवा-ए-'मीर' सुनाओ बड़ी उदास है रात

नवा-ए-दर्द में इक ज़िन्दगी तो होती है
नवा-ए-दर्द सुनाओ बड़ी उदास है रात

उदासियों के जो हमराज़ो-हमनफ़स[2] थे कभी
उन्हें न दिल से भुलाओ बड़ी उदास है रात

जो हो सके तो इधर की भी राह भूल पड़ो
सनमकदे की हवाओ बड़ी उदास है रात

1. चिकित्सक। 2. अभिन्न साथी।

कहें न तुमसे तो फिर और जाके किससे कहें
सियाह ज़ुल्फ़ के सायो बड़ी उदास है रात

पड़ा है साया-ए-ग़म जब हयाते-इनसाँ पर
वो दास्ताँ भी सुनाओ बड़ी उदास है रात

अभी तो ज़िक्रे-सहर दोस्तो है दूर की बात
अभी तो देखते जाओ बड़ी उदास है रात

सुना है पहले भी ऐसे में बुझ गये हैं चराग़
दिलों की खैर मनाओ बड़ी उदास है रात

दिये रहो यूँ ही कुछ और देर हाथ में हाथ
अभी न पास से जाओ बड़ी उदास है रात

कोई शुमार भी रखती हैं ज़ुल्मतों[1] की तहें
बताओ ग़म की घटाओ बड़ी उदास है रात

कोई कहो ये ख़यालों से और ख़्वाबों से
दिलों से दूर न जाओ बड़ी उदास है रात

करो जो ग़ौर तो रद्दो-क़ुबूल[2] यकसाँ हैं
दिलों से निकली दुआओ बड़ी उदास है रात

यगानगी हो कि दीवानगी हो सब धोका
सुनो सब अपने परायो बड़ी उदास है रात

समेट लो कि बड़े काम की है दौलते-ग़म
इसे यूँ ही न गँवाओ बड़ी उदास है रात

बसे हुए हैं किसी के जो लम्से-रंगीं[3] से
वो बिस्तरे न लगाओ बड़ी उदास है रात

इसी खँडर में कहीं कुछ दिये हैं टूटे हुए
इन्हीं से काम चलाओ बड़ी उदास है रात

---

1. अन्धकार। 2. स्वीकृति-अस्वीकृति। 3. मधुर स्पर्श।

लिये हुए हैं जो बीते ग़मों के अफ़साने
वो ज़िन्दगी ही बुलाओ बड़ी उदास है रात

भरम नशातो-तरब[1] के न और खुल जायें
मयो-अयाग़[2] बढ़ाओ बड़ी उदास है रात

दो-आतशा न बना दे उसे नवा-ए-**फ़िराक़**
ये साज़े-ग़म न सुनाओ बड़ी उदास है रात

20

छिड़ गये
साज़े-इश्क़ के गाने
खुल गये ज़िन्दगी के मयख़ाने

आज तो कुफ़्रे-इश्क़ चौंक उठा आज तो बोल उठे हैं दीवाने
कुछ गराँ[3] हो चला है बारे-नशात आज दुखते हैं हुस्न के शाने[4]
बाद मुद्दत के तेरे हिज्र में फिर आज बैठा हूँ दिल को समझाने
हासिले-हुस्नो-इश्क़ बस है यही आदमी आदमी को पहचाने

तू भी
आमादा-ए-सफ़र हो **फ़िराक़**
काफ़िले उस तरफ़ लगे जाने

21

चश्मे-सियह से घटा जो उठी है
मयख़ाने पर झूम पड़ी है

होते-होते सुब्ह हुई है
कटते-कटते रात कटी है

नग़्मा है मय है मस्ती है
साक़ी फिर भी कोई कमी है

---

1. आनन्द के गीत। 2. शराब का प्याला। 3. भारी। 4. कन्धे।

दुनिया में नफ़्सी-नफ़्सी है
सबको अपनी-अपनी पड़ी है

दे-दे हम अह्ले दिल को दो-आलम ये तो हमारी कम-तलबी है
देस को देखा देस हमारा कितना बड़ा है कितना दुखी है
लट छिटकाये बाल सँवारे याद तेरी दिल से गुज़री है
कहती है जो तेरी ख़मोशी ऐ लबे-जानाँ बात वही है
लाख अज़ाबे-जहाँ हैं यारो एक अज़ाबे-महब्बत भी है
मुझको कफ़न सरका के देखो ग़म की रात भी कट जाती है
पिछला पहर है मयख़ाने में नर्गिसे-मयगूँ[1] जाग रही है
क्या कहना ज़ुल्फ़ों की दराज़ी सच है बड़ों की बात बड़ी है
इक साग़र से चश्मे-ख़ुमारीं मयख़ाने में सुब्ह हुई है
यारो वो क्या नेमत है जिससे दुनिया की दुनिया ख़ाली है
मेरी हयात-आवर ग़ज़लों पर मौत ने भी अँगड़ाई ली है
ऐ ग़मे-जानाँ ऐ ग़मे-जानाँ क्या तू ही ग़मे-दौराँ भी है
वक़्ते-सुख़न उसके लबे-नाज़ुक जैसे कोई कली खिलती है
वक़्त न कटने वाले देस में सुब्ह भी की है शाम भी की है
जिसको बाँकपन कहिए तेरी एक अदा-ए-कजकुलही है
शायद उसने पलक झपकायी दिल पर परछाईं-सी पड़ी है
काश ये दुनिया दुनिया होती दुनिया में दुनिया की कमी है
सदमा-ए-हिज्र न दे पिछली शब यार रात ही अब कितनी है

सुन के **फ़िराक़** कहानी तेरी
फ़ितरत[2] की आँखों में नमी है

22

जब आँखें झपकाते हैं तारे जब दुनिया सो जाती है
उन रातों के सन्नाटों में मुझको तेरी याद आती है

यूँ तो सुनाई नहीं देती है यूँ वो तीरो-सनाँ भी नहीं
किसकी आह फ़ज़ाओं का यूँ सीना चीरती जाती है

---

1. शराबी आँखें। 2. प्रकृति।

ऐ शबे-ग़म के जागने वालो तुमको तो खुद है मालूम
जाते-जाते ग़म जाता है आते-आते नींद आती है

रहती दुनिया में रह-रह के उठते हैं क्या-क्या हंगामे
मेरी आँख वो नींद की माती जागते ही सो जाती है

कहने वालो कहने की यूँ लाखों बातें हैं लेकिन
जिस को ग़ज़ल कहिए बस वो तो एक बात दोहराती है

नक़्शे-क़दम से दूर-दूर तक लाला-ओ-गुल खिल उठते हैं
किश्ते-ख़राम से दूर-दूर तक राह लहलहा जाती है

मुझसे पूछो क्या है लोगो उसकी ठहरी-ठहरी निगाह
एक छुरी जो चलती नहीं और दिल में उतरती जाती है

मह्रो-महो-अंजुम की साँसें रुक जाती हैं सीनों में
मेरी ग़ज़ल ज़ुल्माते-जहाँ में जिस दम दिये जलाती है

कौन वो नर्गिसे-जादू है जो सोयी हुई है क़रनों[1] से
कौन आँख है जिसको दुनिया सुब्हे-अज़ल से जगाती है

कौन बताये क्यों वो रही है आइन-ओ-शाना से बेज़ार
शाहिदे-हस्ती मेरी ग़ज़ल जिसकी ज़ुल्फ़ें सुलझाती है

दुःख-दर्द की मारी दुनिया को मेरी आवाज़ के साये में
यकगूना सुकूँ मिल जाता है कुछ देर नींद आ जाती है

दूर-दूर तक लाख पुकारो उसका सुराग़ नहीं मिलता
जो तहज़ीब रस्मे-कुहन की वादियों में खो जाती है

है इक नातमाम अफ़साना हर इक की रूदादे-हयात
हर हस्ती में ता-दमे-आख़िर कोई कमी रह जाती है

एक शबे-हस्ती में आये ताइफ़े[2] कितने क़रनों के
इतनी छोटी रात में दुनिया क्या-क्या स्वाँग रचाती है

पत्ता-पत्ता बूटा-बूटा तब आता है रंग पॅ जब
अपने आँसुओं से शबनम गुलज़ार का मुँह धो जाती है

---

1. युगों। 2. समुदाय।

सदा सुहागन उसकी महब्बत सदा सुहागन उसका रूप
बाद की नज़रों में भी जिसकी पहली नज़र याद आती है

इक मर्दे-क़ामिल ने कहा कल ज़िक्रे-निफ़ाक़ो-अदावत[1] पर
मिस्ले-दोस्ती ये भी है फ़न कितनों को दुश्मनी आती है

आज ऐ दीद-ए-इबरत जिन को दफ़्न हुए सदियाँ गुज़रीं
ख़ाक इन सोज़े-निहाँ वालों की अब भी धुवाँ दे जाती है

सबके दरम्याँ हूँ मैं लेकिन कैसे बताऊँ क्या हूँ मैं
पास की हर आवाज़ भी अब तो बड़ी दूर से आती है

मैंने उसको नहीं देखा है कैसे बताऊँ कैसे कहूँ
किसके रुख़ से मेरी ग़ज़ल या रब घूँघट सरकाती है

इस मयख़ाना-ए-इश्क़ में तुमने नाहक़ ज़हमत की ऐ ख़िज़्र[2]
जहाँ ज़िन्दगी जामे-हलाहल पी के अमर हो जाती है

इस मंज़िल से गुज़रना है ऐ क़ाफ़िला-ए-तारीख़े-जहाँ
तदबीर के बुझ जाते हैं दिये तक़दीर को नींद आ जाती है

हाँ उस बज़्मे-समाज में अकसर वज़्द किया है मैंने भी
साज़े-सुकूत जहाँ बजते हैं जहाँ ख़ामुशी गाती है

गुलशने-हस्ती में ये कैसा जश्ने-बहाराँ है यारो
एक कली तब खिलती है जब लाख कली मुरझाती है

इस दुनिया में ही गुज़री हैं ऐसी हस्तियाँ भी जिनकी
बेअमली भी अह्ले-जहाँ को दर्से-अमल दे जाती है

वो इलहामी लम्हे भी आते हैं हयाते-शाइर में
ख़लवते-दिल भी जिन लम्हों में ग़ारे-हिरा[3] बन जाती है

छेड़-छेड़ के पूछ रही है दुनिया वजहे-ग़मगीनी
और महब्बत है कि तेरा मुँह देख-देख रह जाती है

अलविदाअ़ ऐ जनम-साथियो अलफ़िराक़ ऐ हमदर्दो
इक अनसुनी पुकार देर से मुझको कहीं बुलाती है

---

1. वैमनस्य एवं शत्रुता की चर्चा। 2. रास्ता दिखानेवाले एक पैग़म्बर का नाम। 3. हिरा नामक वह पहाड़ जहाँ हज़रत मुहम्मद साहब ईश्वर का ध्यान किया करते थे।

अब तुमसे रुख़सत होता हूँ आओ सँभालो साज़े-ग़ज़ल
नये तराने छेड़ो मेरे नग़्मों को नींद आती है

दुनिया-दुनिया आलम-आलम जिस के आज अफ़साने हैं
उस **फ़िराक़** की राम-कहानी किसकी समझ में आती है

23

जब तेरे क़ामत[1] की यादें आइयाँ
ज़िन्दगी लेने लगी अँगड़ाइयाँ
फिर सियह ज़ुल्फ़ों की यादें आइयाँ
फिर मेरे दिल पर घटाएँ छाइयाँ

ऐ निगाहे-शौक़ तुझको क्या कहूँ आज वो आँखें बहुत शरमाइयाँ
झूमते आये घटाओं की तरह गेसुए-शब-रंग के सौदाइयाँ
बाल-बाल, उसका कमन्दे मेह्रो-माह गेसुए-पुर-पेच की गीराइयाँ[2]
हुस्न को भी अब नहीं ऐ दिल क़रार आज तो तूने क़यामत ढाइयाँ
वो शुरू-ए-इश्क़ की बापर्दगी और अब ये ख़्वारियाँ रुसवाइयाँ
जिनको हम एक उम्र तक भूले रहे आज वो बातें बहुत याद आइयाँ
सब दिली चोटें उभर आयी हैं जब तेरी यादों की चलीं पुरवाइयाँ
सद मकानो-लामकाँ हैं जिसमें बन्द एक ज़र्रा ख़ाक की पहनाइयाँ
डूबिए तो डूबते ही जाइए उन सियह आँखों की उफ़् गहराइयाँ
ज़िन्दगी है या कोई दस्ते-जुनूँ[3] हर तरफ़ तनहाइयाँ तनहाइयाँ
सोचता हूँ मैं तेरी यादें न हों गुज़री हैं नज़रों से कुछ परछाइयाँ
मुझसे ये बातें दमे-फ़िक्रे-सुख़न किस लबे-ख़ामोश ने कहलाइयाँ
तुम अगर मुझसे यूँ ही खिंचते रहे दूर पहुँचेंगी मेरी रुसवाइयाँ
बातों-बातों में मुझे करके उदास वो निगाहें भी बहुत पछताइयाँ
मौत भी इस राज़ से है बेख़बर कितनी जानें इश्क़ में काम आइयाँ
ज़िन्दगी के दर्द का करके ख़याल बारहा आँखें मेरी भर आइयाँ

---

1. शरीर। 2. पकड़। 3. दीवानगी का जंगल।

अब वो माने या न माने अपना अह्द आज उसे क़समें बहुत दिलवाइयाँ
जिनमें था कुछ इम्तियाज़े सुलहो-जंग मुझको क्या-क्या वो अदाएँ भाइयाँ
ज़िन्दगी में अब कहाँ वो दिलकशी अब कहाँ वो मौत की रा'नाइयाँ
देख आये आज यादों का नगर हर तरफ़ परछाइयाँ परछाइयाँ

खुल चलीं गिरहें शबे-ग़म की **फ़िराक़**
उँगलियाँ तारों ने जब चटख़ाइयाँ

24

ज़हे-आबो-गिल की ये कीमिया[1] है चमन कि मोजज़-ए-नुमू[2]
न ख़िज़ाँ है कुछ न बहार कुछ वही ख़ारो-ख़स वही रंगो-बू

मेरी शाइरी का ये आईना करे ऐसे को तेरे रू-ब-रू
जो तेरी ही तरह हो सर-बसर जो तुझी से मिलता हो मू-ब-मू[3]

इसी सोज़ो-साज़ की मुन्तज़र थी बहारे-गुलशने-आरज़ू
तेरे रंग-रंग नशात से मेरे ग़म की आने लगी है बू

वो चमन-परस्त भी हैं जिन्हें ये ख़बर हुई ही न आज तक
कि गुलों की जिससे है परवरिश रगे-ख़ार में है वही लहू

हुई ख़त्म सुहबते-मयकशी यही दाग़ सीनों में रह गया
कि तुलूअ[4] होने से रह गये कई आफ़ताबे-ख़ुमो-सबू[5]

कई लाख फूलों ने पैरहन सरे-बाग़ हँस के उड़ा दिये
ज़हे-फ़स्ले-गुल वो हवा चली कि चमन की ले उड़ी आबरू

जिसे अपने-आप से कहते भी मुझे आज लाख हिजाब है
वो ज़माना इश्क़ को याद है मेरा अर्ज़े-ग़म तेरे रू-ब-रू

तुझे पाके ख़ुद को मैं पाऊँगा कि तुझी में खोया हुआ हूँ मैं
यँ तेरी तलाश है इसलिए कि मुझे है अपनी ही जुस्तजू[6]

हुई वारदाते-सहर यहाँ तो गुलों का सीना धड़क गया
यँ चली कि तेग़े-नसीम[7] ने कई हाथ उछाल दिया लहू

1. पानी एवं मिट्टी के रसायन को धन्य। 2. प्रकट होने का चमत्कार। 3. हू-ब-हू। 4. उगना। 5. घड़ा और मधुकलश। 6. खोज। 7. हवा की तलवार।

मेरे दिल में था कोई जलवागर वो हो तू कि और कोई मगर
यही ख़ालो-ख़त थे ब-जिन्सही यही रूप-रंग भी हू-ब-हू

इधर एक चुप तो हज़ार चुप उधर एक कह तो हज़ार सुन
वो नयाज़े-इश्क़ की बेबसी वो निगाहे-नाज़ की दू-ब-दू[1]

वही आँख जामे-मये-हया वही आँख जामे जहाँनुमा
जो निगाह उठती नहीं कभी वो निगाह जाती है चारसू

कभी पाये-पाये हुए तुझे कभी खोये-खोये हुए तुझे
कभी बेनयाज़े तलाश है कभी इश्क़ माएले जुस्तजू

न यें भेद हुस्न का खुल सका न भरम यें इश्क़ का मिट सका
किसी रूप में ये है तू कि मैं किसी भेस में ये हूँ मैं कि तू

ये कहाँ से बज़्मे-ख़याल में उमड़ आयीं चेहरों की नद्दियाँ
कोई महचकाँ कोई ख़ुरफ़शाँ कोई जुहरावश कोई शोला-रू

गहे-बाग़े-हुस्न अदन-अदन गहे-बाग़े-हुस्न ख़ुतन-ख़ुतन
तबो - ताब रूए - नुमू - नुमू ख़मे - पेचे - ज़ुल्फ़े - सियाह - मू

वो अदा-ए-उज़्रे-सितम न थी वो था कोई जादूए-सामरी
मुझे आज तक नहीं भूलती वो निगाहे-नरगिसे-हीला-जू[2]

मेरी शाइरी ने खिलाये गुल सरे-नोके-ख़ार चमन-चमन
जो किये ये दावे हरीफ़ ने रगे-फ़िक्र देने लगी लहू

तुझे अह्ले-दिल की ख़बर नहीं कि बड़े ख़ज़ाने लुटा गये
ये गदागराने-दायरे-ग़म ये क़लन्दराने तही कदू

अब उसी का तकिया ज़माने में ये सुना है मरजा-ए-ख़ल्क़[3] है
जो **फ़िराक़** तेरे लिए फिरा कभी दर-ब-दर कभी कू-ब-कू

25

जो बात है हद से बढ़ गयी है
वाएज़[4] के भी कितनी चढ़ गयी है

---

1. आमने-सामने। 2. बहाना ढूँढ़नेवाली आँखें। 3. संसार का रक्षा-स्थल। 4. उपदेशक।

हम तो ये कहेंगे तेरी शोख़ी
दबने से कुछ और बढ़ गयी है
हर शय ब-नसीमे-लम्से-नाज़ुक[1]
बर्गे-गुले-तर से बढ़ गयी है
जब-जब वो नज़र उठी मेरे सर
लाखों इल्ज़ाम मढ़ गयी है
तुझ पर जो पड़ी है इत्तफ़ाक़न
हर आँख दुरूद[2] पढ़ गयी है
सुनते हैं कि पेचो-ख़म[3] निकल कर
उस ज़ुल्फ़ की रात बढ़ गयी है
जब-जब आया है नाम मेरा
उसकी तेवरी-सी चढ़ गयी है
अब मुफ़्त न देंगे दिल हम अपना
हर चीज़ की क़द्र बढ़ गयी है
जब मुझसे मिली **फ़िराक़** वो आँख
हर बार इक बात गढ़ गयी है

26

जौलाँगहे-हयात[4] कहीं ख़त्म ही नहीं
मंज़िल न कर हुदूद से दुनिया बनी नहीं
माना कि तेरे लुत्फ़ो-करम में कमी नहीं
आसान इस क़दर तो तेरी दोस्ती नहीं

जिस पैकरे-नशात की रग-रग दुखी नहीं
उसकी ख़ुशी को ग़ौर से देखो ख़ुशी नहीं
कुछ ठोकरें तो खा चमक उट्ठेंगी मंज़िलें
पा-ए-तलब की फ़िक्रे-सलामतरवी नहीं

---

1. कोमल हवा के स्पर्श से। 2. दुआ का मन्त्र। 3. टेढ़ापन। 4. जीवन-यात्रा।

कल तुझसे छूटने की ख़बर हो रहेगी राज़
लेकिन ये बात आज किसी से छिपी नहीं
हम देख कर भी देख सकें हुस्ने-यार को
इतनी तवील[1] फ़ुर्सते-नज़्ज़ारगी नहीं

कब देखिए दिलों को मिले इज़्ने-यास[2] भी
बेगानावार कहती है वो आँख अभी नहीं
तेरे करम से भी न हुई कम फ़सुर्दगी[3]
शायद तेरी ख़ुशी भी हमारी ख़ुशी नहीं

तारीख़े-ज़िन्दगी के समझ कुछ मुहर्रकात[4]
मजबूर इतनी इश्क़ की बेचारगी नहीं
किसने हक़ीक़तों के ख़ज़ाने लुटा दिये
बेमाया[5] इस क़दर मेरी बेमायगी नहीं

कुछ आज भी है गर्मो-मुनव्वर फ़ज़ा-ए-दह्र
अफ़सुर्दा इतनी इश्क़ की अफ़सुर्दगी नहीं
हाँ ऐ निगाहे-यार न बदज़न हो इश्क़ से
ये बेहिसी तो माना-ए-रंजो-ख़ुशी नहीं

हस्सास कम नहीं हैं मुहब्बत भी और यूँ
उसको ग़मो-नशात से दिलबस्तगी नहीं
बेख़ुद-से थे तो वक़्त का ये भी फ़रेब था
हम और तुझको दिल से भुला दें कभी नहीं

हम ग़मज़दों की गुफ़्तगू-ए-तल्ख़ पर न जा
'क़िस्मत बुरी सही पॅ तबीयत बुरी नहीं'
तकलीफ़े-हिज्र को न बना ऐशे-जाविदाँ
ग़म की शबे-दराज़ भी इतनी बड़ी नहीं

महशर का इज़्देहाम[6] नज़र का फ़रेब था
अपने सिवा वहाँ भी जो देखा कोई नहीं
नींद आ चली है अंजुमे-शामे-अबद[7] को भी
आँख अह्ले-इन्तेज़ार की अब तक लगी नहीं

---

1. लम्बी। 2. निराशा का संकेत। 3. उदासी। 4. प्रेरणाएँ। 5. तुच्छ। 6. भीड़। 7. प्रलय की सन्ध्या के तारों।

कुछ झिलमिलाहटें हैं शबिस्ताने-दहर[1] में
शम्अ-ए-हयात सरसरे-ग़म से बुझी नहीं
वो इश्क़ है जो मंज़िले-हर इन्क़लाब है
नीयत निगाहे-यार की बदली हुई नहीं

कब सरख़ुशी भी वजहे-सुकूँ बन सकी मगर
अच्छा कुछ इस क़दर ग़मे-आसूदगी नहीं
बादे-बहार[2] देख के किस तरह ये कहें
रंगीनियों की जान तेरी सादगी नहीं

ऐ दोस्त यूँ तो हम तेरी हसरत को क्या कहें
लेकिन ये ज़िन्दगी तो कोई ज़िन्दगी नहीं
महफ़ूज जो थी चश्मे-ज़मानो-मकाँ से भी
वो ज़िन्दगी भी तेरी नज़र से बची नहीं

ग़फ़लत हयाते-इश्क़ की चौंकी हुई-सी है
अब पासबाने - उम्रे - रवाँ मौत भी नहीं
ऐ इश्क़ कारवाने-दोआलम बिछड़ गये
ऐ ख़िज़्रे-राह ये तो कोई रहबरी नहीं

ये कैफ़ियत सुकूने-सहर में कहाँ की है
वो शाम है जो सुबह भी होकर कटी नहीं
शामें किसी को माँगती हैं आज भी **फ़िराक़**
गो ज़िन्दगी में यूँ मुझे कोई कमी नहीं

27

जाने क्या बात है किस चीज़ की याद आती है
शाम को रोज़ तबीयत मेरी घबराती है

साफ़ सुन लो मेरे अशआर के ज़ेरो-बम[3] में
दिले-गेती[4] के धड़कने की सदा आती है

याद उन ज़ुल्फ़ों की आती है रहे-गुर्बत[5] में
बेजगह आज मुझे रात हुई जाती है

---

1. संसार के शयनागार। 2. बहार की हवा। 3. ऊँच-नीच। 4. धरती के हृदय। 5. यात्रा की राह।

गेसुओं की कोई लट है कि फ़ज़ा-ए-दिल में
एक परछाईं-सी रह-रह के मचल जाती है
इस हया का तेरी ऐ जाने-हयात क्या कहना
कि तेरी याद भी आते हुए शरमाती है
हो भला बेख़ुदी-ए-ग़म का कि अब तो मुझको
मुद्दतों बाद कहीं मेरी ख़बर आती है
तेरी रा'नाइ-ए-क़ामत[1] कि दमे-सैरे-चमन
शाख़े-गुल बाग़ में रह-रह के लचक जाती है
कुछ-न-कुछ वक़्त भी कट जाता है रो लेने से
और यकगूना तबीयत भी सँभल जाती है
कोई दुखता हुआ दिल है कि ग़ज़ल है मेरी
अपना दुख-दर्द कहानी-सी कहे जाती है
सुब्ह आईना दिखाती है फ़जा को जिस वक़्त
साफ़ इसमें तेरी तसवीर नज़र आती है
शादमानी में भी आ जाते हैं ग़म के वक़्फ़े[2]
दिल में सदियों की दबी चोट उभर आती है
सर-ब-सर राज़ हुई जाती है हस्ती अपनी
ज़िन्दगी दूर की आवाज़ हुई जाती है
इश्क़ में कौन थी वो बात मुझे याद नहीं
ज़िन्दगी आज जिसे सोच के पछताती है
हिम्मत ऐ अह्ले-वतन याद रहे क़ौमों की
देखते-देखते तक़दीर पलट जाती है

ज़िन्दगी इश्क़ की क्या पूछते हो क्या है **फ़िराक़**
मौत ही मौत हरेक सम्त नज़र आती है

28

जुल्फ़े-सियह ख़ुतन-ख़ुतन
जल्वा-ए-रुख़ चमन-चमन

1. शरीर की सुन्दरता। 2. समय।

हाये ये शोख़िए-सुख़न
बात में बात कन में कन

पूछ ज़मीरे-इश्क़ से राज़े-ख़ुदा-ओ-अहरमन[1]
हर शबे-ग़म गुज़र गयी ओढ़े सितारों का कफ़न
याद नहीं कि कब हुआ नश्शा-ए-सरख़ुशी हिरन
ख़ुद ही है दास्ताने-शौक़ तेरा जमाले-बेसुख़न
सब है करिश्मा-ए-अना[2] खा ना फ़रेबे-मा-ओ-मन
जल्वे नहीं ये चेहरे हैं तू है ख़ुद एक अंजुमन
शेर से भी लतीफ़तर उसकी नज़ाकते-बदन
है शबे-मयक़दा की जान नरगिसे-सद प्याला-जन
आँख तिलिस्मे-शाम है या कोई आहू-ए-ख़ुतन
मस्ती-ए-इश्क़ सर-बसर नश्शा-ए-बादा-ए-कुहन
मज़हबो - मिल्लतो - निज़ाम बदलेंगे ये ज़मन - ज़मन
इश्क़ हो और बदगुमाँ रूठ के इस अदा से मन
है ये ख़िताबे-नाज़ या उड़ते हैं बर्गे-यासमन[3]
तेरे ख़रामे-नाज़ में ठण्डी हवाओं का चलन
ख़ुशबूएँ जैसे मुस्कुरायँ पूछ न नाज़ुकी-ए-तन
जैसे फ़ज़ा पछाड़ें खाय हाये ये बू-ए-पैरहन
किसके ये अज़्व-अज़्व[4] से आती है ख़ुशबू-ए-बदन
कृष्ण की बाँसुरी से देख सतहे-जमन शिकन-शिकन

मैं हूँ **फ़िराक़** ख़ुद ही लाख
अंजुमनों की अंजुमन

29

अब अकसर चुप-चुप से रहे हैं यूँ ही कभू लब खोलें हैं
पहले **फ़िराक़** को देखा होता अब तो बहुत कम बोलें हैं

दिन में हमको देखने वालो अपने-अपने हैं औक़ात[5]
जाओ न तुम इन ख़ुश्क आँखों पर हम रातों को रो लें हैं

---

1. बुराइयों का देवता। 2. अहम् की करतूत। 3. चमेली की पंखुड़ियाँ। 4. अंग-अंग। 5. सामर्थ्य।

फ़ितरत मेरी इश्क़ो-महब्बत क़िस्मत मेरी तनहाई
कहने की नौबत ही न आयी हम भी किसू के हो लें हैं

खुनुक सियह महके हुए साये फैल जायँ हैं जल-थल पर
किन जतनों से मेरी ग़ज़लें रात का जूड़ा खोलें हैं

बाग़ में वो ख़ाब-आवर आलम[1] मौजे-सबा के इशारों पर
डाली-डाली नौरस पत्ते सहज-सहज जब डोलें हैं

उफ़ वो लबों पर मौजे-तबस्सुम[2] जैसे करवटें लें कौंदे
हाय वो आलमे-जुंबिशे-मिज़गाँ[3] जब फ़ित्ने पर तोलें हैं

नक़्शो-निगारे-ग़ज़ल में जो तुम ये शादाबी[4] पाओ हो
हम अश्कों में कायनात के नोक़े-क़लम डुबो लें हैं

उन रातों को हरीमे-नाज़ का एक आलम होये है नदीम[5]
ख़लवत में वो नर्म अँगुलियाँ बन्दे-क़बा[6] जब खोलें हैं

ग़म का फ़साना सुनने वालो आख़िरे-शब आराम करो
कल ये कहानी फिर छेड़ेंगे हम भी ज़रा अब सो लें हैं

फ़ितरत की वे आँखमिचौली दीद[7] के क़ाबिल होये है
आलमे-राज़ में कलियाँ आँखें बन्द करें हैं खोलें हैं

हम लोग अब तो अजनबी-से हैं कुछ तो बताओ हाले-**फ़िराक़**
अब तो तुम्हीं को प्यार करें हैं अब तो तुम्हीं से बोलें हैं

30

अश्क में वो तरी कहाँ है मियाँ
ग़म में वो ताज़गी कहाँ है मियाँ
आदमी आदमी कहाँ है मियाँ
ज़िन्दगी ज़िन्दगी कहाँ है मियाँ
लोग जिस ज़िन्दगी को करते हैं याद
अब वो ज़िन्दगी कहाँ है मियाँ

---

1. नींद लानेवाली दशा। 2. मुसकराहट की लहर। 3. भवों के हिलने की स्थिति। 4. प्रसन्नता। 5. साथी। 6. पहरावे का बन्धन। 7. देखने।

अब गुनह भी तो ख़ाक उड़ाना है
अब वो तरदामनी कहाँ है मियाँ
कूचा-ए-यार जिसको कहते थे
अब वो कू[1] वो गली कहाँ है मियाँ
अब से पहले जो थी हसीनों में
आज वो दिलबरी कहाँ है मियाँ
सब वो इक शख़्स की बदौलत थे
अब वो ग़म वो ख़ुशी कहाँ है मियाँ
वो कमी जिसमें इक कशिश-सी थी
वो कशिश वो कमी कहाँ है मियाँ
जिसमें हम उसको देख लेते थे
आज वो रौशनी कहाँ है मियाँ
वादा-ए-शाम था अब आये हो
दो घड़ी रात भी कहाँ है मियाँ
न करो ज़िक्रे-ज़िन्दगी कि अभी
ज़िन्दगी ज़िन्दगी कहाँ है मियाँ
पहले इक दर्द दिल में रहता था
अब तो वो दर्द भी कहाँ है मियाँ
दौरे-बेगानगी में क्या पूछें
वो यगाना-वशी[2] कहाँ है मियाँ
खोया-खोया ज़रूर हूँ लेकिन
इस क़दर बेख़ुदी कहाँ है मियाँ

वो तो रुख़सत हुई **फ़िराक़** के साथ
अब वो अफ़सुर्दगी कहाँ है मियाँ

31

आज भी क़ाफ़िला-ए-इश्क़ रवाँ है कि जो था
वही मील और वही संगे-निशाँ[3] है कि जो था

फिर तेरा ग़म वही रुसवा-ए-जहाँ है कि जो था
फिर फ़साना ब-हदीसे-दिगराँ है कि जो था

---

1. कूचा। 2. अपनापन। 3. पत्थर का निशान।

मंज़िलें गर्द के मानिन्द उड़ी जाती हैं
वही अन्दाज़े-जहाने-गुज़राँ है कि जो था

ज़ुल्मतो-नूर में कुछ भी न महब्बत को मिला
आज तक एक धुँधलके का समाँ है कि जो था

यूँ तो इस दौर में बेकैफ़-सी है बज़्मे-हयात
एक हंगामा सरे-रत्ले-गराँ[1] है कि जो था

लाख कर जौरो-सितम लाख कर एहसानो-करम
तुझ पॅ ऐ दोस्त वही वह्मो-गुमाँ है कि जो था

आज फिर इश्क़ दो-आलम से जुदा होता है
आसतीनों में लिये कौनो-मकाँ है कि जो था

इश्क़े-अफ़सुर्दा नहीं आज भी अफ़सुर्दा बहुत
वही कम-कम असरे-सोज़े-नेहाँ[2] है कि जो था

क़ुर्ब ही कम है न दूरी ही ज़्यादा लेकिन
आज वो रब्त का एहसास कहाँ है कि जो था

नज़र आ जाते हैं तुमको तो बहुत नाज़ुक बाल
दिल मेरा क्या वही ऐ शीशागराँ है कि जो था

जान दे बैठे थे इक बार हवस वाले भी
फिर वही मरहला-ए-सूदो-ज़ेयाँ[3] है कि जो था

आज भी सैदगहे-इश्क़ में हुस्ने-सफ़्फ़ाक
लिये अबरू की लचकती-सी कमाँ है कि जो था

फिर तेरी चश्मे-सुख़नसंज ने छेड़ी कोई बात
वही जादू है वही हुस्ने-बयाँ है कि जो था

तीराबख़्ती नहीं जाती दिले-सोज़ाँ की **फ़िराक़**
शम्अ के सर पॅ वही आज धुवाँ है कि जो था

---

1. शराब के प्याले के पास। 2. भीतरी जलन का प्रभाव। 3. लाभ-हानि का प्रश्न।

32

आने दो वक़्त होगी बहारे-चमन की बात
अहूले-वतन अभी न उठायें वतन की बात

हर बार इक अदा-ए-तग़ाफ़ुलनुमा[1] के साथ
उस आँख ने कही किसी अहूदे-कुहन[2] की बात
रातों की ख़ामुशी में ब-हर-उशवा-एं-नुजूम[3]
सुनता हूँ मैं तेरे निगहे-कमसुख़न की बात
अफ़सानागो को याद नहीं ख़त्मे-दास्ताँ
छेड़ी है उसने जुल्फ़े-शिकन-दर-शिकन की बात
मेरी ग़ज़ल नवा-ए-मआनी-ए-ज़िन्दगी[4]
ऐशो-तरब की बात न रंजो-महन[5] की बात
है अँखड़ियों की शाम में दुनिया की दास्ताँ
होटों की सुब्हे-नौ में है बाग़े-अदन की बात
आ जाये काश मेरी नवा-ए-हयात में
तेरे ख़रामे-नाज़ के आहिस्तापन की बात
अब ज़िन्दगी-ए-इश्क़ में वो ताज़गी कहाँ
बू-ए-परीदा[6] है किसी गुल-पैरहन की बात
जाँबाज़ियों के और तरीक़े हज़ार हैं
क्यों बार-बार छेड़िए दारो-रसन की बात
हम तो हर इम्तियाज़[7] मिटाने को आये हैं
मुद्दत हुई कि भूल चुके मा-ओ-मन की बात
हर-इक के पास हुस्ने-ज़बानो-बयाँ सही
लेकिन कहाँ से लाये कोई मेरे फ़न की बात
तारे हैं आबदीदा दिले-आसमाँ गुदाज़
पहुँची है दूर तक मेरे शेरो-सुख़न की बात
मुमकिन है दर्दे-शामे-ग़रीबाँ बहल सके
छेड़ी है दिल ने दूरी-ए-अहूले-वतन की बात

---

1. उपेक्षा के भाव की अदा। 2. पुरातन काल। 3. सितारों की हर अदा में। 4. जीवन-मर्म की वाणी। 5. दुख-दर्द। 6. उड़ती हुई सुगन्ध। 7. अन्तर; फ़र्क़।

ऐ अह्ले-हिन्द तुमने सुनी या सुनी नहीं
हर-मुश्ते-ख़ाके-हिन्द में दर्दे-वतन की बात

वो देखो उसके पास खिंचे आ रहे हैं लोग
हर बात है **फ़िराक़** की इक अंजुमन की बात

33

आँखों में जो बात हो गयी है
इक शरहे-हयात[1] हो गयी है
जब दिल की वफ़ात हो गयी है
हर चीज़ की रात हो गयी है
ग़म से छूटकर ये ग़म है मुझको
क्यों ग़म से नजात हो गयी है
मुद्दत से ख़बर मिली न दिल की
शायद कोई बात हो गयी है
जिस शै[2] पॅ नज़र पड़ी है तेरी
तस्वीरे - हयात[3] हो गयी है
अब हो मुझे देखिए कहाँ सुब्ह
इन ज़ुल्फ़ों में रात हो गयी है
दिल में तुझसे थी जो शिकायत
अब ग़म के निकात[4] हो गयी है
इक़रारे-गुनाहे-इश्क़[5] सुन लो
मुझसे इक बात हो गयी है
क्या जानिए मौत पहले क्या थी
अब मेरी हयात हो गयी है।
उस चश्मे-सियह की याद अक्सर
शामे-ज़ुल्मात हो गयी है
इस दौर में ज़िन्दगी बशर की
बीमार की रात हो गयी है
जीती हुई बाज़ी-ए-मुहब्बत
खेला हूँ तो मात हो गयी है

1. जीवन की व्याख्या। 2. वस्तु। 3. जीवन का चित्र। 4. मर्म। 5. प्रेम करने के गुनाह की स्वीकृति।

मिटने लगीं ज़िन्दगी की क़द्रें
जब ग़म से नजात[1] हो गयी है
वो चाहें तो वक़्त भी बदल जाय
जब आये हैं रात हो गयी है
पहले वो निगाह एक किरन थी
अब बर्क़-सिफ़ात[2] हो गयी है
जिस चीज़ को छू दिया है तूने
इक बर्गे-नबात[3] हो गयी है
इक्का-दुक्का सदा-ए-ज़ंजीर
ज़िन्दाँ में रात हो गयी है
एक-एक सिफ़त **फ़िराक़** उस की
देखा है तो जात हो गयी है

34

अब ख़त्म हो इताब[4] कहीं रहम आ चुके
गुस्ताख़े-इश्क़ ख़ून में अपने नहा चुके

कब से लरज़ रही है फ़िज़ा कायनात की
ऐ हुस्ने-शर्मसार
तुझे शर्म आ चुके

अब मावरा-ए-मह्व-गुमाँ है सुकूते-हुस्न[5]
वो सुन चुके फ़साना-ए-
ग़म हम सुना चुके

ऐ दिल कहाँ की बात निकाली कि अब उन्हें
अगले दिनों के लुत्फ़ो-
करम याद आ चुके

उनका भी कैफ़े-तम्कनते-हुस्न[6] बढ़ गया
अपने भी नाले अर्श
के पाये हिला चुके

---

1. मुक्ति। 2. बिजली की विशेषता रखनेवाली। 3. हरी डाली। 4. क्रोध। 5. सौन्दर्य का चुप रहना। 6. हुस्न के अहम् का नशा।

जल्दी भी है पयाम पहुँचने का डर भी है
पैग़ामबर पयाम को
ले कर न जा चुके

तक़दीर में हर इक की यँ बर्क़े-अदा नहीं
तुझ पर वो ऐ **फ़िराक़े**-हज़ीं[1] मुस्कुरा चुके

1936

35

इश्क़ की जब ख़ता हुई मुझसे
ज़िन्दगी टूटकर मिली मुझसे
निगहे-नाज़ तेरी कुछ ऐ दोस्त
कह रही थी अभी-अभी मुझसे
नामुरादाना जीस्त करता हूँ
सीख ले तौरे-ज़िन्दगी मुझसे
लाख बातें थीं कहने-करने की
न हुई एक बात भी मुझसे
इश्क़ पर दरगुज़र करो न करो
अब तो इक बात हो गयी मुझसे
और तो आशिक़ी में क्या मिलता
अपनी हस्ती भी छिन गयी मुझसे
थी उदासी मेरी नशात क़ी जान
रौनक़े-बज़्मे-नाज़ थी मुझसे
कर नज़र की इसी तरह तकमील
कभी औरों से मिल कभी मुझसे
अरनी-ए-गो-ए-तूर[2] से कह दो
नज़र इक शोख़ की लड़ी मुझसे
सबसे रख रब्ते-ज़ाहिरी ऐ दोस्त
हाँ मगर रब्ते-बातिनी मुझसे
इश्क़े-तीरा-नसीब[3] का है ये क़ौल
है दो-आलम में रौशनी मुझसे

1. दुखी। 2. तूर पर 'अरनी' करनेवाले—तात्पर्य हजरत मूसा से है। 3. अन्धकारपूर्ण भाग्यवाले प्रेम।

निगहे-शर्मगीं पॅ अपनी न जा
बेतकल्लुफ़ नहीं अभी मुझसे
न मिलेगा तुझे कोई मुझ-सा
हैं कहाँ आज आदमी मुझसे
जिसको ख़ूने-जिगर से पाला था
छिन गयी क्यों वो ज़िन्दगी मुझसे
रात-दिन मौत की दुआएँ हैं
निभ चुकी रस्मे-दोस्ती मुझसे
न महे-नौ का ज़िक्र छेड़ूँ मैं
न वो अबरू करे कजी मुझसे
ज़िन्दा- दर - गोरो - ज़िन्दा - ए - जावेद
ख़ल्क़ पाती है ज़िन्दगी मुझसे
कह दिया आज दोस्त से सब कुछ
लेकिन इक बात रह गयी मुझसे
जैसे की ही नहीं इधर पहले
निगाहे-यार यूँ फिरी मुझसे
मैं ख़ुद अपना ही दोस्त कब हूँ **फ़िराक़**
क्या करे कोई दोस्ती मुझसे

36

इश्क़ की दुनिया भी वो दुनिया नहीं
अब तो तेरा दर्द भी उतना नहीं

इन्तज़ारे-नरगिसे-मख़्मूर देख
ऐ महब्बत तेरे बस में क्या नहीं
अह्ले-ग़म को तेरा पैमाने-वफ़ा
याद तो क्या है मगर भूला नहीं
इन जफ़ाओं पर तेरी ऐ हुस्ने-दोस्त
क्यूँ जफ़ाओं का गुमाँ होता नहीं
तूने सय्यारों[1] को समझा आफ़ताब
बेख़बर चिनगारियाँ शोला नहीं

1. सितारों।

हाथ मलते हैं ख़ुदा और अहरमन
तेरा आशिक़ दीनो-दुनिया का नहीं
तूने अपनी भी तो कुछ परवा न की
लेकिन ऐसा तो कोई करता नहीं
है यूँ-ही-सी दिल को तशवीशे-सहर[1]
तूले-शामे-ग़म से घबराता नहीं

माइले-बेदाद[2] वो कब था **फ़िराक़**
तू ने उसको ग़ौर से देखा नहीं

1939

37

ऐ दोस्त तेरी राहों के क़रीं,
उसको भी भटकते पाया है
वो मेरी शबे-हिजराँ जिसकी
आँखों में अँधेरा छाया है

बस ये कहने पर यारों ने बेदीन मुझे ठहराया है
सब ऐने-हक़ीक़त[3] है लेकिन ये भी सच है सब माया है

ख़ैरो-शरो-ज़ुल्मो-नूर[4] के रब्त, ऐ दोस्त समझ मुझ काफ़िर से
हक़ तो यँ है नूरे-हक़[5] पर भी शैताँ के परों का साया है

तूने रगे-जाँ से क़रीं हो के क्यों शोख़ी-ए-पिनहाँ से मुझको
शहरों-शहरों भटकाया है मुल्कों-मुल्कों भरमाया है

फ़ितरत सोती है खड़कता है पत्ता भी नहीं इस आलम में
ये रात अँधेरी ऐसे में किस शोख़ ने दर खड़काया है

कल मुझसे और मेरे दिल में ता-देर रही सरगोशी-सी[6]
कुछ मैंने उसे समझाया है कुछ उसने मुझे समझाया है

तनहाई की रातों में अक्सर मुझको मिलवाया है मुझसे
उस वक़्त ये समझा मैं क्या हूँ जब हिज्र में जी घबराया है

---

1. सुबह की चिन्ता। 2. अत्याचार पर आमादा। 3. परम सत्य। 4. अच्छाई-बुराई व अँधेरा-उजाला।
5. सत्य की रोशनी। 6. कानाफुसकी-सी।

मेरे इज़हारे-तमन्ना पर क्या था इरशादे-ज़ेरे-लबी[1]
कुछ मैंने गुज़ारिश की है अभी कुछ आपने भी फ़रमाया है

यूँ ज़ेरे-शफ़क़ पौ फटती है
अनफ़ासे सहर[2] के झुरमुट में
जैसे किसी शाहिदे-राना[3] ने
घूँघट-सा ज़रा सरकाया है

38

इश्क़ ज़-सर-ता-पा दिलसोज़ाँ दीद-ए-तर
बाहर-बाहर पानी
आग अन्दर-अन्दर

याद बड़ी दौलत है ये तसलीम मगर
उसकी वफ़ाएँ उसकी जफ़ाएँ याद न कर

शबनम में डूबा-डूबा जैसे गुले-तर
आईने में अक्से-हुस्ने-हयापरवर

जैसे कोई सोयी दुनिया जाग उठे
उसके बदन की लवें हैं या नग़्माते-सहर

शोला-ओ-शबनम चश्मके-रंगीं सुब्हे-चमन
शोख़िए-ए-पिनहाँ लब पॅ तबस्सुम मिज़गाँतर[4]

इश्क़ से भी सीने की घुलावट और गुदाज़
चेहर-ए-रंगीं रंगीं से भी रंगींतर

वादी की हवाएँ चूमती रहती हैं तुझको
किन शोलों ने पाला तुझको ऐ गुले-तर

ख़्वाब है शाइर का या हुस्ने-लासानी
यॅ 'क़दे-मौजूँ है तेरा या मिसरा-ए-तर

1. दबी आवाज़ से कहना। 2. सुबह की साँसों। 3. सुन्दर रमणी। 4. गीली पलकें।

ताज़ा-ब-ताज़ा चेहरा-ए-रंगीं दाम ब-दोश[1]
हल्क़ा-व-हल्क़ा गेसु-ए-मुश्कीं ता-ब-कमर

कज-कुलहे ज़र्री-कमरे-नाजुक-बदने
गुंचा-दहन दुज़्दीदा[2] निगाह परी-पैकर

दिन डूबा संगीत छिड़ा साक़ी आया
तारे छिटके साज़ बजे खनके साग़र

इसमें निहाँ हैं नादाँ कितने दवामो-सबात
माना वक़्फ़-ए-हस्ती बस एक रक्से-शरर[3]

आलम-आलम है हस्ती का हर आलम
दुनिया-दुनिया है दुनिया का हर मंज़र

शाम से तारी हुस्न पर इक बेख़बरी-सी
पिछले पहर से इश्क़ की हालत नौ-ए-दिगर[4]

मौजे-शराब उठती है जैसे दर्द उठे
जी-भर आये जैसे लबालब है साग़र

यही तो है तामीरे-जहाने नौ[5] का वक़्त
आज है नज़्मे-आलम कितना तितर-बितर

किसने रोका तुझको महब्बत करने से
फिर भी कहता हूँ कि महब्बत से भी गुज़र

ग़म वालों को कैसा वतन कैसी गुर्बत
दिल परदेस का है परदेस और घर का घर

अम्रे-ग़ैब[6] से आज़ादी ख़ुद क़ैद बनी
इश्क़ वो ज़िन्दाँ है जिसमें दीवार न दर

सोच ले तू अंजामे-सुकूते-मजबूरी
हुस्न को अब ऐ इश्क़ ज़्यादा न क़ायल कर

मोजिज़ाहाए-सुकूते-नाज़[7] का क्या कहना
नरगिसे-जादू सब-कुछ कह दे बात न कर

---

1. कन्धे पर जाल—तात्पर्य सिर के केशों से है। 2. तिरछी। 3. अग्नि-नृत्य। 4. बदली हुई। 5. नव संसार का निर्माण। 6. परोक्ष के कार्य। 7. महबूब के मौन रहने के चमत्कार।

साक़ी जिससे बाले-अहरमन[1] माँगें पनाह
आज गले से उतर गया वो शोला-ए-तर

जिससे हैं आबाद दो-आलम आह-वो-इश्क़
जंगल-जंगल सहरा-सहरा ख़ाक बसर

आँखें खुल ही गयीं आख़िर कितना सोते
ऐ दिल रात बहुत बाक़ी है बातें कर

ख़ाके-**फ़िराक़** कीमिया है ज़र्रा-ज़र्रा
सोज़े-निहाँ ने कोई
न रक्खी कोर-कसर

39

उजाड़ बन में कुछ आसार-से चमन के मिले
दिले-ख़राब से वो अपनी याद बन के मिले

हर-इक मुशाम में आलम है यूसुफ़िस्ताँ[2] का
परखने वाले तो कुछ बू-ए-पैरहन के मिले

थी एक बू-ए-परेशाँ भी दिल के सहरा में
निशाने-पा भी किसी आहू-ए-खुतन के मिले

अजीब राज़ है तनहाई-ए-दिले-शाइर
कि ख़लवतों में भी आसार अंजुमन के मिले

वो हुस्नो-इश्क़ जो सुब्हे-अज़ल के बिछड़े थे
मिले हैं वादी-ए-गुर्बत में फिर वतन के मिले

फ़क़ीरे-इश्क़ को क्या जामाज़ेबियों[3] से ग़रज़
यही बहुत है अगर चार गज़ कफ़न के मिले

कुछ अह्ले-बज़्मे-सुख़न समझे कुछ नहीं समझे
बशक्ले-शुहरते-मुबहम[4] सिले सुख़न के मिले

---

1. शैतान का बच्चा। 2. यूसुफ (एक पैगम्बर जो अपने सौन्दर्य के लिए प्रसिद्ध थे) के बाग़। 3. पोशाक की सुन्दरता। 4. धुँधली-सी प्रसिद्धि के रूप में।

था जुरूआ-जुरूआ नयी ज़िन्दगी का इक पैग़ाम
जो चन्द जाम किसी बादा-ए-सुख़न के मिले

बज़ोरे-तबा हर इक तीर को कमान किया
हुए हैं झुक के वो रुख़सत जो मुझसे तन के मिले

क़मन्दे-फ़िक्रे-रसा में हरीफ़ मान गये
वो पेचो-ताब तेरी ज़ुल्फ़े-पुरशिकन के मिले

नज़र से मतला-ए-अनवार[1] हो गयी हस्ती
कि आफ़ताब मिला मुझको इस किरन के मिले

हर-एक नक़्शनिगारीं हर-एक निकहतो-रंग
लक़ा-ए-नाज़[2] में जल्वे चमन-चमन के मिले

मिज़ाजे - हुस्न चलो एतदाल पर आया
जो रोज़ रूठ के मिलते थे आज मन के मिले

अरे इसी से तो जलते हैं शादकामे-हयात
कि अहूले-दिल को ख़ज़ाने-ग़मो-मेहन के मिले

इसी से इश्क़ की नीयत भी हो गयी मशकूक[3]
गँवा दिये कई मौक़े जो हुस्ने-ज़न के मिले

अदा में खिंचती थी तस्वीर कृश्नो-राधा की
निगाह में कई अफ़साने नल-दमन के मिले

हवासे-ख़मसा[4] पुकार उट्ठे यकज़बाँ होकर
कई सुबूत तेरी ख़ूबी-ए-बदन के मिले

निसारे-कजकुलही शोख़ी - ए - बहारे - चमन
गुर इस अदा से शगूफ़ों को बाँकपन के मिले

हयात वो निगहे-शर्मगीं जिसे बाँटे
वही शराब जो तेरी मिज़ह से छन के मिले

ख़ुदा गवाह कि हर-दौरे-ज़िन्दगी में **फ़िराक़**
नये पयामे-गुनह मुझको अहरमन के मिले

---

1. प्रकाश का प्रारम्भ। 2. महबूब के संसर्ग में। 3. सन्दिग्ध। 4. पाँचों इन्द्रियाँ।

40

इस सुकूते फ़िज़ा में खो जाएँ
आसमानों के राज़ हो जाएँ

हाल सबका जुदा-जुदा ही सही
किस पॅ हँस जाएँ किस पॅ रो जाएँ

राह में आने वाली नस्लों के
ख़ैर काँटे तो हम न बो जाएँ

आओ इस तंग-हाए दुनिया की
वुसअते-बेकराँ में खो जाएँ

ज़िन्दगी क्या है आज इसे ऐ दोस्त
सोच लें और उदास हो जाएँ

रात आयी **फ़िराक़** दोस्त नहीं
किससे कहिए कि आओ सो जाएँ

41

उमीदे-मर्ग कब तक
ज़िन्दगी का दर्दे-सर कब तक
यॅ माना सब्र करते हैं महब्बत में
मगर कब तक

दयारे दोस्त हद होती है
यूँ भी दिल बहलने की
न याद आयें ग़रीबों को तेरे दीवारो-दर कब तक

यॅ तदबीरें भी तक़दीरे–
महब्बत बन नहीं सकतीं
किसी को हिज्र में भूले रहेंगे हम मगर कब तक

इनायत[1] की करम की लुत्फ़ की
आख़िर कोई हद है
कोई करता रहेगा चारा-ए-ज़ख्मे ज़िगर[2] कब तक

किसी का हुस्न रुसवा
हो गया पर्दे ही पर्दे में
न लाये रंग आख़िरकार तासीरे-
नज़र कब तक

42

उस ज़ुल्फ़ की याद जब आने लगी
इक नागन-सी लहराने लगी

जब ज़िक्र मेरा महफ़िल में छिड़ा क्यों आँख तेरी शरमाने लगी
क्या मौजे-सबा थी मेरी नज़र क्यों ज़ुल्फ़ तेरी बल खाने लगी
महफ़िल में तेरी एक-एक अदा कुछ साग़र-सी छलकाने लगी
या रब यँ चल गयी कैसी हवा क्यों दिल की कली मुरझाने लगी
शामे-वादा कुछ रात गये तारों को तेरी याद आने लगी
साज़ों ने आँखें झपकायीं नग़्मों को मेरे नींद आने लगी
जब राहे-ज़िन्दगी काट चुके हर मंज़िल की याद आने लगी
क्या उन ज़ुल्फ़ों को देख लिया क्यों मौजे-सबा थर्राने लगी
तारे टूटे या आँख कोई अश्कों के गुहर[3] बरसाने लगी
तहज़ीब उड़ी है धुआँ बन कर सदियों की सई[4] ठिकाने लगी
कूचा-कूचा रफ़्ता-रफ़्ता वो चाल क़यामत ढाने लगी
क्या बात हुई ये आँख तेरी क्यों लाखों क़समें खाने लगी
अब मेरी निगाहे-शौक़ तेरे रुख़सारों के फूल खिलाने लगी
फिर रात गये बज़्मे-अंजुम रूदाद[5] तेरी दोहराने लगी
फिर याद तेरी हर सीने के गुलज़ारों को महकाने लगी
बेगोरो-कफ़न जंगल में ये लाश दीवाने की ख़ाक उड़ाने लगी
वो सुब्ह की देवी ज़ेरे शफ़क़ घूँघट-सी ज़रा सरकाने लगी

1. कृपा। 2. जिगर के घाव का उपचार। 3. मोती। 4. प्रयत्न। 5. कहानी।

उस वक़्त **फ़िराक़** हुई यँ ग़ज़ल
जब तारों को नींद आने लगी

43

ऐसी बेख़ुदी यारो कब तक आपे में आओगे
या मेरे नग़्मे सुन-सुन कर तुम रोते ही जाओगे
तर्क़े-महब्बत के धोके में ख़ुद को तुम समझाओगे
कब तक यारो सच्चे दिल से झूठी क़स्में खाओगे

जाने कब से सुना रहा हूँ महूरो-महो-अंजुम से कहो
मेरी कहानी लम्बी है सुनते-सुनते सो जाओगे

सीने से लगा रक्खा था ऐ रंगारंग गुलो तुमको
ये मुझको मालूम न था तुम दाग़े-जिगर बन जाओगे

जब से गये हो रहती दुनिया है इक भूली-बिसरी याद
मैंने कभी ये सोचा नहीं था तुम इतना याद आओगे

मेरी बन्द आँखों पॅ न जाओ, जब चाहो तुम देख आओ
जागतों को सोता पाओगे मुझको जागता पाओगे

बेकस इनसानों पॅ मज़ालिम[1] दौलतो-सरवत[2] की ख़ातिर
ऐसा करके ख़ाकम-ब-दहन[3] क्या यारो ख़ुदा हो जाओगे

शोरे-जहाँ से रुख़सत लेकर सुन लो मेरे नग़्मों को
ख़ामोशी के दिल की धड़कनें इनमें कुछ सुन पाओगे

बक़्फ़े-मातम होनेवालो ये भी कभी सोचा है कि जब
तुम अपने ही काम न आये फिर किसके काम आओगे

अफ़साना-गोयाने-जहाँ से कह दो तुम इस ग़मे-दुनिया का
अफ़साना कहते-कहते तुम अफ़साना बन जाओगे

राहे-ज़िन्दगी में कोई आख़िर तक साथ नहीं देता
दिल का साथ इस राहगुज़र में छोड़ते हो पछताओगे

---

1. अत्याचार। 2. धन व वैभव। 3. मुँह में ख़ाक। (कोई अशुभ बात कहने के पहले कहते हैं)।

दूर से जिस दिन मेरी ग़ज़ल की तान पड़ेगी कानों में
हँसती आँखों में भी उस दिन तुम आँसू भर लाओगे

क्यों छेड़-छेड़ के पूछते हो रूदाद मेरी उफ़ताद[1] मेरी
मैं कह-कह के पछताऊँगा तुम सुन-सुन के पछताओगे

दुनिया-दुनिया आलम-आलम जिस दिन के अफ़साने हैं
उसे गये मुद्दत गुज़री तुम कहाँ उसे अब पाओगे

उस ग़मख़ाने से जब गुजरोगे जिसको मेरा घर कहते थे
सहरा-सहरा वहशत होगी दरिया-दरिया रो जाओगे
हुस्ने-ख़ताबत[2] के मैं सदक़े नुक्ता-संजियों[3] के क़ुरबान
सब कुछ यूँ तो बताते हो मुझको एक बात बताओगे

क़िता-बन्द

शहरे-ज़िन्दगी करनेवालो तुमको चुप लग जायेगी
मेरे सवाल पर कुछ दिल ही दिल सोच-सोच रह जाओगे

ऐ अर्शे-बरीं के फ़रिश्तो तुम दुनिया में आने का नाम न लो
दुनिया में बहुत दुख देखोगे दुनिया में बहुत दुख पाओगे

आज इलाहाबाद है सूना शाइर के उठ जाने से
सदियों-सदियों ढूँढ़ोगे लेकिन कहाँ **फ़िराक़** को पाओगे

44

एक शबे-ग़म वो भी थी जिसमें जी भर आये तो अश्क बहायें
एक शबे-ग़म ये भी है जिसमें ऐ दिल रो-रो के सो जायें

अलग-अलग बहती रहती है हर इनसान की जीवनधारा
देख मिलें कब आज के बिछड़े ले लूँ बढ़ के तेरी बलायें

अपने दिल से ग़ाफ़िल रहना अहले-इश्क़ का काम नहीं
हुस्न भी है जिसकी परछाईं आज वो मन की जोत जगायें

---

1. मुसीबत। 2. सुन्दर सम्बोधन। 3. बारीकियाँ समझानेवालों।

जिस्मे-नाज़नीं में सर-ता-पा नर्म लवें लहरायी हुई-सी
तेरे आते ही बज़्मे-नाज़ में जैसे कई शम्एँ जल जायें

लफ़्ज़ों में चेहरे नज़र आयेंगे चश्मे-बीना की है शर्त
कई ज़ावियों से ख़िलक़त[1] को शेर मेरे आईना दिखायें

मुझको गुनाहो-सवाब से मतलब लेकिन इश्क़ में अक्सर आये
वो लम्हे ख़ुद मेरी हस्ती जैसे मुझे देती हो दुआयें

बातें उसकी याद आती हैं, लेकिन हम पर ये नहीं खुलता
किन बातों पर अश्क बहायें किन बातों से जी बहलायें

अहले-मसाफ़त[2] एक रात का ये भी साथ ग़नीमत है
कूच करो तो सदा दे देना हम न कहीं सोते रह जायें

होश में कैसे रह सकता हूँ आख़िर शाइरे-फ़ितरत हूँ
सुब्ह के सतरंगे झुरमुट से जब वो उँगलियाँ मुझे बुलायें

एक ग़ज़ाले-रमख़ुर्दा[3] का मुँह फेरे ऐसे में गुज़रना
जब महकी हुई ठण्डी हवाएँ दिन डूबे आँखें झपकायें

देंगे सुबूते-आलीज़र्फ़ी हम मयकश सरे-मयख़ाना तक
साक़ी-ए चश्मे सियह की बातें ज़हर भी हों तो हम पी जायें

रात चली है जोगन होकर बाल सँवारे लट छिटकाये
छिपे **फ़िराक़** गगन पर तारे दीप बुझे हम भी सो जायें

45

हमनवा कोई नहीं है वो चमन मुझको दिया
हमवतन बात न समझें वो वतन मुझको दिया

ऐ जुनूँ आज उन आँखों की दिलाकर मुझे याद
तूने सौ ख़ित्ता-ए-आहू-ए-ख़ुतन मुझको दिया

मज़दा[4]-ए-कौसरो-तसनीम दिया औरों को
शुक्र-सदशुक्र ग़मे-गंगो-जमन मुझको दिया

---

1. सृष्टि। 2. सफ़र के साथी। 3. भागा हुआ हिरन। 4. खुशख़बरी।

ढक लिये तारों भरी रात ने हस्ती के उयूब[1]
आँसुओं ने शबे-गुर्बत में कफ़न मुझको दिया

पर फरिश्तों को दिये तूने तो क्या ग़म इसका
यही क्या कम है कि इनसाँ का चलन मुझको दिया

अर्ज़े-जन्नत[2] के भी बस में नहीं जिसका देना
हिन्द की ख़ाक ने वो सोज़े-वतन मुझको दिया

वहदते-आशिक़ो-माशूक़ की तसवीर हूँ मैं
नल का ईसार तो एख़लासे-दमन मुझको दिया

क़दे-राना की क़सम नर्म सबाहत की क़सम
इश्क़ ने क्या चमने-सर्वो-समन मुझको दिया

मिल गया तुझको जमाले-रुख़े-रंगीं का चमन
दिले-सोज़ाँ का ये तपता हुआ बन मुझको दिया

तेरे बत्लान[3] थे लाये जो मुझे हक़ की तरफ़
तूने ईमान मेरा शैख़े-ज़मन मुझको दिया

मेरे दिल से मेरा हर शेर कह उट्ठा तूने
अशवाज़ारे-निगहे-सामरी-फ़न मुझको दिया

नार-ए-हक़ ने किया मरतबए-इश्क़ बलन्द
मनसबे-जल्वागहे-दारो-रसन मुझको दिया

दस्ते-क़ुदरत ने बस इक पैकरे-ख़ाकी जिसमें
सहरे-नौ की थी ख़ाबीदा किरन मुझको दिया

ख़त्म है मुझ पॅ ग़ज़लगोई-ए-दौरे हाज़िर
देने वाले ने वो अन्दाज़े-सुख़न मुझको दिया

शाइरे-अस्र की तक़दीर न कुछ पूछ **फ़िराक़**
जो कहीं का भी न रक्खेगा वो फ़न मुझको दिया

---

1. बुराइयाँ। 2. स्वर्ग की धरती। 3. झूठ।

46

यूँ माना ज़िन्दगी है चार दिन की
बहुत होते हैं यारो चार दिन भी

खुदा को पा गया वायज़ मगर है
ज़रूरत आदमी को आदमी की

बसा-औक़ात[1] दिल से कह गयी है
बहुत कुछ वो निगाहे-मुख़्तसर भी

मिला हूँ मुस्कुरा कर उससे हर बार
मगर आँखों में भी थी कुछ नमी-सी

महब्बत में करें क्या हाल दिल का
खुशी ही काम आती है न ग़म ही

भरी महफ़िल में हर इक से बचा कर
तेरी आँखों ने मुझसे बात कर ली

लड़कपन की अदा है जानलेवा
गज़ब ये छोकरी है हाथ-भर की

है कितनी शोख़, तेज़ अय्यामे-गुल[2] पर
चमन में मुस्कुराहट हर कली की

रक़ीबे-ग़मज़दा[3] अब सब्र कर ले
कभी इससे मेरी भी दोस्ती थी

47

साक़िया गंगो-जमन अपने हैं कौसर अपना
जिसको कहते हैं दो-आलम वो है मज़हर अपना

देखते-देखते इनसान बदल जाता है
था किसी अह्द में एक शोख़ सितमगर अपना

---

1. कभी-कभी। 2. बहार के दिन। 3. दुखी प्रतिद्वन्द्वी।

मुफ़्त भी बिक के तेरे हाथ न घाटे में रहे
कोई करता नहीं नुक़सान सरासर अपना

सोहबतें मेरी तेरी फ़ितरते सानी बन जायँ
क्या करूँ मैं कि बना लूँ तुझे ख़ूगर[1] अपना

इश्क़ को ज़ुल्फ़ के अफ़ई[2] ने जहाँ काटा था
लब ने मारा है वहीं फूँक के मन्तर अपना

वक़्त-बे-वक़्त न आ नासेहे-नादाँ[3] मेरे पास
अपने घर को तो समझने दे मुझे घर अपना

मेरा अख़लाक़ नहीं ख़ौफ़े-ख़ुदा का ममनून
है किसी का जो मुझे डर तो वो है डर अपना

छोड़ दें सब मुझे ऐसी तो कोई बात नहीं
बेकसी अपनी ग़म अपना दिले-मुज़तर अपना

अब ज़माने की हवा उनको जहाँ ले जाये
कश्तियाँ आज उठाने को हैं लंगर अपना

सज के निकली है महे-नौ से ये तारों भरी रात
आप भी ज़ेरे-कमर लीजिए ख़ंजर अपना

रिन्द क्या तुझको रियाकार कहेंगे ऐ शेख़!
हाल हर शख़्स को मालूम है बेहतर अपना

याद कर लेते हैं एक राँद-ए-दरगाह[4] को लोग
ज़िक्र रहता है किसी बज़्म में अकसर अपना

बुत-तराशी तेरी हर बात है ऐ शैख़े-हरम
देख काबा भी तो रखता है एक आज़र अपना

कुछ हुआ इस दिले-ग़मगीं को तो हम रो लेंगे
कर न ऐ ज़ुल्फ़े-दोता हाल तू अबतर अपना

काट दी उम्र परस्तारिए-गुलशन में **फ़िराक़**
न हुआ पर न हुआ एक गुले-तर अपना

---

1. अभ्यस्त। 2. नाग। 3. नादान उपदेशक। 4. दरगाह से निकाला हुआ।

48

सर में सौदा भी नहीं
दिल में तमन्ना भी नहीं
लेकिन इस तर्क़े-महब्बत का
भरोसा भी नहीं

दिल की गिनती न यगानों[1] में न बेगानों में
लेकिन उस जलवागहे-नाज़ से उठता भी नहीं

शिकवा-ए-जौर करे क्या कोई उस शोख़ से जो
साफ़ क़ायल भी नहीं, साफ़ मुकरता भी नहीं

मेहरबानी को महब्बत नहीं कहते ऐ दोस्त
आह अब मुझसे तेरी रंजिशे-बेजा भी नहीं

एक मुद्दत से तेरी याद भी आयी न हमें
और हम भूल गये हों तुझे ऐसा भी नहीं

आज ग़फ़लत भी है उन आँखों में पहले से सिवा
आज ही ख़ातिरे-बीमार शकेबा[2] भी नहीं

बात ये है कि सुकूने-दिले-वहशी का मुक़ाम
कुंजे-ज़िन्दाँ[3] भी नहीं वुसअते-सहरा[4] भी नहीं

'अरे सैयाद हमीं गुल हैं हमीं बुलबुल हैं'
तूने कुछ आह सुना भी नहीं देखा भी नहीं

आह ये मजमा-ए-अहबाब
ये बज़्मे-ख़ामोश
आज महफ़िल में **फ़िराक़े**—
सुख़न-आरा भी नहीं

49

सैय्यारों[5] की तक़दीर यहीं जाग रही है
सोते हैं न अफ़लाक ज़मीं जाग रही है

1. अपनों। 2. सन्तोष करनेवाला। 3. क़ैदख़ाने की तनहाई। 4. वन की विशालता। 5. नक्षत्रों।

करवट-सी शबे-माह में
लेती है ये गंगा

या हुस्न की बल खायी जबीं
जाग रही है

हैं ख़्वाब में उश्शाक़[1] मगर
याद किसी की

या दिल में है या दिल के क़रीं
जाग रही है

एक आलमे-नैरंग है
दुनिया-ए-महब्बत

सोती है कहीं और कहीं
जाग रही है

ये रात अँधेरी है मगर
ऐ ग़मे-फ़र्दा

सीनों में अभी शम्ए-यक़ीं[2]
जाग रही है

सोती है जहाँ इश्क़ की
तक़दीर अज़ल से

वो नर्गिसे-बीमार वहीं
जाग रही है

ये निखरी हुई रात **फ़िराक़** आँख तो खोलो
सोता हुआ संसार ज़मीं जाग रही है

50

सायक़ा[3]-सायक़ा हुस्ने-ख़रामाँ
ज़लज़ला-सामाँ[4] फ़ितना-ए-दौराँ
हुस्ने-गुलिस्ताँ हैराँ-हैराँ
गुंचा-गुंचा सर-ब-गरेबाँ

---

1. प्रेमीगण। 2. विश्वास का दीपक। 3. बिजली। 4. उथल-पुथल मचा देनेवाला।

जुल्मते-दौराँ[1] बज़्मे-चराग़ाँ बादापरस्ताँ-बादापरस्ताँ
जाना हिजाबे-नाज़ पॅ नादाँ वहशत-वहशत दामाँ-दामाँ
रंगे-परीदा[2] बू-ए परीशाँ देखा-देखा हुस्ने-गुलिस्ताँ
सबकी हालत एक है नादाँ कौन है ग़मग़ीं कौन है शादाँ
शाकी-ए जोश[3] बहारे-गुलिस्ताँ तंगी-ए-दामाँ वुसअते-दामाँ
क़ुर्बे-हुस्न है वहशत-सामाँ होश के पर जलते हैं नादाँ
शोला-ओ-शबनम हुस्ने-गुलिस्ताँ पुरनम-पुरनम सोज़ाँ-सोज़ाँ
दिल में उठा के रख ले गुलिस्ताँ कर ले इलाजे-तंगी-ए-दामाँ
बख़्ते-सियह[4] गेसू-ए-परेशाँ ये भी शबिस्ताँ वो भी शबिस्ताँ
गेसू-ए-मुश्कीं[5] दश्ते-ग़ज़ालाँ नर्गिसे-जादू है कि परिस्ताँ
बेख़बरी के सब हैं उनवाँ कौन है गिरयाँ[6] कौन है ख़न्दाँ[7]
नज़रीये हैं और भी नादाँ उसकी महब्बत दर्द न दर्मां[8]
हुस्न हुआ चालाके-ज़माना इश्क़ है अब तक नादाँ-नादाँ
उसका पाना है वो करिश्मा सोच तो मुश्किल देख तो आसाँ
बेदारी है अपने सहारे नींद का झोंका गर्दिशे-दौराँ
धुवाँ-धुवाँ-सा गुंबदे-मीना[9] मौज़े-सहबा शोला-ए-लर्जां[10]
किसके पाँव की चाप है दुनिया कौन है सुब्हे-अज़ल से ख़रामाँ
छोड़ ख़ुदा की मदद का सहारा इससे सिवा है हिम्मते-मरदाँ
जाने-वजूदो-राज़े-अदम है हुस्न नुमायाँ इशवा-ए-पिनहाँ
बादाकशों को फ़िक्र है जिसकी बादा न साग़र बर्क़ न बाराँ[11]
दोनों भरी दुनिया है लेकिन तनहा-तनहा बाग़ो-बयाबाँ
टकरायें न कहीं सय्यारे तेज़ बहुत हैं गर्दिशे-दौराँ[12]
कमनिगही भी सदक़े होगी देख तो मेरा शौक़े-फ़रावाँ
थमी-थमी-सी सुब्हे-क़यामत रुकी-रुकी-सी गर्दिशे-दौराँ
दोनों गर्दो-गुबारे-मंज़िल सुब्हे-वतन या शामे-ग़रीबाँ
रहती दुनिया गूँज उठी है बोल उठा है शह्रे-ख़मोशाँ

1. ज़माने का अँधेरा। 2. उड़ा हुआ रंग। 3. जोश की शिकायत करनेवाला। 4. दुर्भाग्य। 5. सुगन्धित केश। 6. रोता हुआ। 7. हँसता हुआ। 8. चिकित्सा। 9. नीला आकाश। 10. काँपती हुई अग्नि-ज्वाला। 11. वर्षा। 12. ज़माने का चक्कर।

जैसे शफ़क़ हो शबनम-आगीं इक आलम है हुस्ने-पशेमा[1]
आँच क़फ़सवालों तक आयी अब के बहुत है शोरे-बहाराँ
किसका ख़राम पयामे-जुनूँ है किसका सुकूँ है सिलसिला-जुम्बाँ
काविशे-दोज़ख़ो-खुल्द[2] अबस है पहले आदमी हो ले इन्साँ
चढ़ती चली है इश्क़ की क़ीमत जिन्से-हुस्न है अरज़ाँ-अरज़ाँ[3]
इश्क़ की सूरत याद रहेगी कुछ नमदीदा[4] कुछ ग़मसामाँ
दाग़े-महब्बत राज़े-महब्बत कम-कम पैदा कम-कम पिनहाँ
तूने किस वादी से पुकारा चौंक उठी है ख़ाके-शहीदाँ
ये भी फ़साना वो भी कहानी क्या शबे-वस्ल और क्या शबे-हिज्राँ
दुनिया को दुनिया करना है ये मनसूबे साज़ न सामाँ
यूँ करते हैं भाग के पीछा इश्क़ के दर पॅ हुस्ने-गुरेज़ाँ
बात उस शोख़ से बन जाने की कोई न सूरत कोई न उनवाँ
पत्ती-पत्ती बूटा-बूटा आईना-सामाँ आईना-सामाँ
दिल की खटक है दिल की ख़लिश है नावक-नावक पैकाँ-पैकाँ
वहशत की परछाईं दोनों शामे-बयाबाँ सुब्हे-गुलिस्ताँ
ज़र्रा-ज़र्रा तारा-तारा शशदर-शशदर हैराँ-हैराँ
जुज़्बे-दिल बेहिस है अब तो हसरत-हसरत अरमाँ-अरमाँ
धुँधला-धुँधला रौशन-रौशन आलम-आलम आलमे-इमकाँ
तुझसे मिलती थी कोई सूरत पैदा-पैदा पिन्हाँ-पिन्हाँ
आये गुनहगाराने-महब्बत नादिम-नादिम[5] नाजाँ-नाजाँ
ढूँढ ले मुझको दुनिया-दुनिया सहरा-सहरा ज़िन्दाँ-ज़िन्दाँ[6]
बादल-बादल बिजली-बिजली बादा-गुसाराँ[7] बादा-गुसाराँ
आग लगा दे हश्र उठा दे नारा-ए-मस्ताँ नारा-ए-मस्ताँ
इश्क़ को देखा इश्क़ को पाया ग़मगीं-ग़मगीं शादाँ-शादाँ
तूने भरम ग़मे-इश्क़ के खोले ऐ ग़मे-दौराँ ऐ ग़मे-दौराँ
हुस्नो-इश्क़ से यकसाँ वहशत ये भी गरेबाँ वो भी गरेबाँ
ज़ुल्मतो-नूर[8] है इश्क़ की हस्ती तीरा-तीरा[9] ताबाँ-ताबाँ[10]

---

1. लज्जित सौन्दर्य। 2. नरक व स्वर्ग की चेष्टा। 3. सस्ता। 4. भीगी आँखें लिये। 5. लज्जित। 6. क़ैद। 7. शराबी। 8. अँधेरा-उजाला। 9. अँधेरा-अँधेरा। 10. रौशन-रौशन।

दोज़ख़ के पिघले हुए शोले
चश्मा - ए - हैवाँ चश्मा-ए-हैवाँ
उम्र **फ़िराक़** ने यूँ ही बसर की
कुछ ग़मे-जानाँ कुछ ग़मे-दौराँ

51

सीने से तुझको लगाकर रक्खा अपना ख़ून पिलाया था
दर्दे-महब्बत दिल ने तुझको किन जतनों से पाला था

राहे-ज़िन्दगी काट रहा था यक्का-ओ-तनहा[1] मैं लेकिन
ख़ामोशी ने वादी-वादी अक्सर तुझको पुकारा था

हम तो दोनों मिलके ज़िन्दगी कुछ ख़्वाबों से सजा लेते
तुम भी कहीं ऐसा ही सोचते अपने दिल में तो क्या था

ऐसे में क्योंकर खुद को सँभाले एक नहीं तो हज़ार नहीं
अब तक तो झूटे वादों का ऐ दिले-ज़ार सहारा था

सर्द पड़े बाज़ारे-हुस्न को अब तो एक ज़माना हुआ
याद नहीं कि मताए-दिल[2] को किसके हाथों बेचा था

इश्क़ की खुद्दारी क्या कहिए टोका था दुनिया भर ने
जीते-जी मर जाना होगा सब लोगों का कहना था

फिर भी हुस्नो-इश्क़ की दुनिया दे गयी क्या कुछ गो ऐ दिल
अफ़साना था जो भी सुना था ख़्वाब था जो कुछ देखा था

आलमे-राज़ के कोहे-क़ाफ़[3] में शायद जाकर डूब गया
दाग़े-दिले-सोज़ाँ[4] का सूरज ग़म के उफ़ुक़ से उभरा था

बड़े-बड़े सावन्त-सूरमा सब कतरा के निकलते थे
उस कूचे में क़दम रखते ही मेरा माथा ठनका था

ठहरे हुए पानी में जैसे नूर का तूफ़ाँ आ जाये
आइने के सामने उसने कल जब अपना घूँघट उलटा था

---

1. बिलकुल अकेले। 2. हृदय की पूँजी। 3. काकेशिया का एक पहाड़ जो अपने सौन्दर्य के लिए प्रसिद्ध है। 4. जलते हुए दिल के दाग़।

रुकी-रुकी-सी उसकी ख़फ़गी[1] अंगारे बरसाने लगी
ले लिया मेरा नाम किसी ने देर थी इतनी फिर क्या था

आलमे-हिज्र को कौन सँभाले हिल गयी थी बुनियादे-हयात
हाय रे हालते-दर्दे जिगर भी गिरते-पड़ते उट्ठा था

क़ौदें लपक जाते थे बदन के चाहें तो यूँ भी कह लें
पाँव से सर तक उस पैकर से जाम पॅ जाम छलकता था

हाय जवानी वाय जवानी नींद वो कितनी गहरी थी
इक करवट लेने पाये थे आँख खुली तो सवेरा था

देर से हाले-दिल है दिगरगूँ आज तो वो शायद ही बचे
अपने-पराये जमा हैं इस दम तुम भी जो होते अच्छा था

उनको मुबारक जिन लोगों को सच्चे दोस्त और यार मिले
मेरे लिए तो एक वही था सच्चा था या झूठा था

आने वाली नस्लें तुम पर रश्क करेंगी हमअस्रो[2]
जब ये ध्यान आयेगा उनको तुमने **फ़िराक़** को देखा था

52

सुकूते-शाम मिटाओ बहुत अँधेरा है
सुख़न की शम्अ जलाओ बहुत अँधेरा है

चमक उठेंगी सियह-बख़्तियाँ ज़माने की
नवा-ए-दर्द सुनाओ बहुत अँधेरा है
हर इक चराग़ से हर तीरगी नहीं मिटती
चराग़े-अश्क़ जलाओ बहुत अँधेरा है

दयारे-ग़म में दिले-बेक़रार छूट गया
सँभल के ढूँढ़ने जाओ बहुत अँधेरा है
ये रात वो है कि सूझे जहाँ न हाथ को हाथ
ख़यालो दूर न जाओ बहुत अँधेरा है

1. क्रोध। 2. समकालीनों।

लटों को चेहरे पॅ डाले वो सो रहा है कहीं
ज़िया-ए-रुख़[1] को चुराओ बहुत अँधेरा है
पसे-गुनाह[2] जो ठहरे थे चश्मे-आदम में
उन आँसुओं को बहाओ बहुत अँधेरा है

ये तीरगी-ए-फ़ज़ा-ए-जहाँ महब्बत के
नसीबे-खुफ़ता[3] जगाओ बहुत अँधेरा है
फ़राज़े-दिल[4] को सदा दो कोई बतर्ज़े-कलीम
चराग़े-नूर जलाओ बहुत अँधेरा है

दिलों के सोज़े-निहाँ से नये उफ़ुक़ के क़रीं
इक आफ़ताब बनाओ बहुत अँधेरा है
हवा-ए-नीमशबी हो कि चादरे-अंजुम
नक़ाब रुख़ से उठाओ बहुत अँधेरा है

बिसाते-अर्ज़ो-समा[5] के तो बुझ चुके हैं कँवल
चराग़े-दिल को जलाओ बहुत अँधेरा है
शबे-सियाह में गुम हो गयी है राहे-हयात
क़दम सँभल के उठाओ बहुत अँधेरा है

गुज़श्ता-अह्द[6] की यादों को फिर करो ताज़ा
बुझे चराग़ जलाओ बहुत अँधेरा है
थी इक उचटती हुई नींद ज़िन्दगी उसकी
फ़िराक़ को न जगाओ बहुत अँधेरा है

53

गहराई भी थाह न पाये दुनिया को हैरानी है
कुछ न खुला ए बह्रे-महब्बत तुझमें कितना पानी है

मेरे पास धरा ही क्या था दर्द भरी कुछ सौग़ातें
जिन के दम से रुख़े-हस्ती पर
देखो क्याताबानी है

1. चेहरे की रोशनी। 2. पाप करने के बाद। 3. सोया हुआ भाग्य। 4. दिल की उठान।
5. ज़मीन-आसमान की चादर। 6. पिछले युग।

मुतरिब[1] तूने खींच के रख दी क़ामते-राना की[2] तस्वीर
खिंचती हुई अलाप किसी की
उठती हुई जवानी है

मजनूँ तेरी मौत को हम सब दिल से दुआएँ देते हैं
जिसकी बदौलत दश्ते-नज्दकी
वीरानी वीरानी है

मेरी नवाएँ सुन के सितारे सुब्हे-अज़ल के वज्द में हैं
कितनी नयी आवाज़ है मेरी
फिर भी कितनी पुरानी है

पहले पहल जब आँखें खोलीं नौज़ाईदा[3] बच्चे ने
ऐसा लगा कि यह दुनिया तो
कुछ जानी पहचानी है

कितने निज़ामे-शम्सी यारो दरहम-बरहम[4] हो के रहे
मेरे दिवानापन पर तुमको
क्यों इतनी हैरानी है

एक आदमी इश्क़ नाम का फिरता है गलियों-गलियों
देखो उससे बचे रहना
वह शख़्स बड़ा नुक़सानी है

तुझसे ए दरिया-ए-ज़िन्दगी मालिके-बहरो-बर समझे
कैसे-कैसे डूब गये गो
घुटनों-घुटनों पानी है

एक था मजनूँ आशिक़े-लैला वीराने में मौत हुई
और अगर तफ़सील से पूछो
ये क़िस्सा तूलानी है

इक इश्क़ के आ जाने से क्या-क्या ख़द्शे[5] पैदा हैं
हमदम उसकी बज़्मे-नाज़ में
आज बड़ी निगरानी है

---

1. गायक। 2. महबूब के शरीर की। 3. नवजात। 4. उलट-पलट। 5. सन्देह।

बूदो-बाश क्या पूछो लोगो हम उस शहर से आये हैं
नादानी दानाई जहाँ है
दानाई नादानी है

वो भी न समझे बात हमारी हम भी न समझे उसकी बात
या तो **फ़िराक़** हमीं दीवाने या दुनिया दीवानी है

54

हमसे **फ़िराक़** अकसर छुप-छुप कर पहरों-पहरों रोओ हो
वो भी कोई हमीं जैसा है क्या तुम उसमें देखो हो

जिनको इतना याद करो हो चलते-फिरते साये थे
उनको मिटे तो मुद्दत गुज़री नामो-निशाँ क्या पूछो हो

जाने भी दो नाम किसी का आ गया बातों-बातों में
ऐसी भी क्या चुप लग जाना कुछ तो कहो क्या सोचो हो

पहरों-पहरों तक ये दुनिया भूला सपना बन जाये है
मैं तो सरासर खो जाऊँ हूँ याद इतना क्यों आओ हो

क्या ग़मे-दौराँ की परछाईं तुम पर भी पड़ जाये है
क्या याद आ जाये है यकायक क्यों उदास हो जाओ हो

झूठी शिकायत भी जो करूँ हूँ पलक दीप जल जाये हैं
तुमको छेड़े भी क्या तुम तो हँसी-हँसी में रो दो हो

ग़म से ख़मीरे-इश्क़ उठा है हुस्न को देवें क्या इलज़ाम[1]
उसके करम पर इतनी उदासी दिलवालो क्या चाहो हो

एक शख़्स के मर जाये से क्या हो जाये है लेकिन
हम जैसे कम होये हैं पैदा पछताओगे देखो हो

इतनी वहशत इतनी वहशत सदक़े अच्छी आँखों के
तुम न हिरन हो मैं न शिकारी दूर इतना क्यों भागो हो

मेरे नग़मे किसके लिए हैं ख़ुद मुझको मालूम नहीं
कभी न पूछो ये शाइर से तुम किसका गुन गाओ हो

1. दोष।

पलकें बन्द अलसायी ज़ुल्फ़ें नर्म सेज पर बिखरी हुई
होटों पर इक मौजे-तबस्सुम[1] सोओ हो या जागो हो

इतने तपाक से मुझसे मिले हो फिर भी ये ग़ैरीयत[2] क्यों
तुम जिसे याद आओ हो बराबर मैं हूँ वही तुम भूलो हो

कभी बना दो हो सपनों को जल्वों से रश्क़े-गुलज़ार
कभी रंगे-रुख़ बनकर तुम याद आते ही उड़ जाओ हो

गाह[3] तरस जाये हैं आँखें सजल रूप के दर्शन को
गाह नींद बन के रातों को नैन-पटों में आओ हो

इस दुनिया ही में है सुने हैं इक दुनिया-ए-महब्बत भी
हम भी उसी जानिब[4] जावें हैं बोलो तुम भी आओ हो

बहुत दिनों में याद किया है बात बनायें क्या उनसे
जीवन-साथी दुख पूछे हैं किसको हमें तुम सौंपो हो

चुपचुप-सी है फ़ज़ा-ए-महब्बत कुछ न कहे है ख़लवते-राज़
नर्म इशारों से आँखों के बात कहाँ पहुँचाओ हो

अभी उसी का इन्तज़ार था और कितना ऐ अह्ले-वफ़ा
चश्मे-करम जब उठने लगी है तो अब तुम शरमाओ हो

ग़म के साज़ से चंचल उँगलियाँ खेल रही हैं रात गये
जिनका सुकूत, सुकूते-अबद[5] है वे परदे क्यों छेड़ो हो

कुछ तो बताओ रंग-रूप भी तुम उसका ऐ अह्ले-नज़र
तुम तो उसको जब देखो हो देखते ही रह जाओ हो

अकसर गहरी सोच में उनको खोया-खोया पावें हैं
अब है **फ़िराक़** का कुछ रोज़ों से जो आलम क्या पूछो हो

55

साग़रे-सुब्ह-चकाँ[6] लाओ कि कुछ रात कटे
नूरे-सय्याल[7] को छलकाओ कि कुछ रात कटे

---

1. मुसकान की लहर। 2. परायापन। 3. कभी। 4. दिशा में। 5. सदैव की शान्ति। 6. रोशनी (सुबह) टपकाता हुआ प्याला। 7. चमकती शराब।

नग़मा-ए-जल्वा-ए-रुख़ गाओ कि कुछ रात कटे
शोला-ए-इश्क़ को भड़काओ कि कुछ रात कटे

भूले-बिसरे हुए ग़मह-ए-हयाते-रफ़्ताँ
तुम भी ऐसे में चले आओ कि कुछ रात कटे

चारसू चर्ख़ पॅ छिटके हुए तारों की शुआओ
रगे-ज़ुल्मात[1] को उकसाओ कि कुछ रात कटे

ओढ़नी उसकी हवाएँ हैं कि तारों भरी रात
किसी घूँघट ही को सरकाओ कि कुछ रात कटे

तुम जुदा होगे तो हो जायेगी ये रात पहाड़
रात की रात ठहर जाओ कि कुछ रात कटे

आँच से जिनकी फ़लक पर दिले-अंजुम है गुदाज़[2]
ग़म के वो साज़ उठा लाओ कि कुछ रात कटे

दौरे-साग़र को बनाये चलो दौरे-अफ़लाक
ग़मे-आफ़ाक़[3] को बहलाओ कि कुछ रात कटे

जैसे तारों की चमक बहती हुई गंगा में
अहूले-ग़म को यूँ ही याद आओ कि कुछ रात कटे

इस ज़माने में कहाँ है कोई रूदादे-नशात
ग़म के अफ़साने कहे जाओ कि कुछ रात कटे

उसकी पलकों से जो रह-रह के छलक जाते थे
उन्हीं अफ़सानों को दोहराओ कि कुछ रात कटे

यादे-अय्याम[4] की पुरवाइयो धीमे-धीमे
'मीर' की कोई ग़ज़ल गाओ कि कुछ रात कटे

दूँ किन अलफ़ाज़ में इस मिस्रा-ए-'मख़दूम' की दाद
'ग़मज़दो तेशों'[5] को चमकाओ कि कुछ रात कटे

आके महफ़िल में **फ़िराक़** आज नहीं नग्मा-सरा
जाके उसको भी बुला लाओ कि कुछ रात कटे

1. अँधेरे की रग। 2. द्रवित। 3. विश्व के दुख। 4. दिनों की यादें। 5. फावड़ों।

56

है अभी महताब बाक़ी और बाक़ी है शराब
और बाक़ी मेरे तेरे दरम्याँ सदहा हिसाब

दिल में यूँ बेदार[1] होते हैं ख़यालाते-ग़ज़ल
आँख मलते जिस तरह उट्ठे कोई मस्ते-शबाब

गेसू-ए-ख़मदार में अशआरे-तर की ठण्डकें
आतशे-रुख़सार में क़ल्बे-तपाँ का इल्तहाब[2]

काश पढ़ सकता किसी सूरत से तू आयाते-इश्क़
अहले-दिल भी तो है ऐ शैख़े-ज़माँ अहले-किताब

चूड़ियाँ बजती हैं दिल में मरहबा बज़्मे-ख़याल
खिलते जाते हैं निगाहों में जबीनों के गुलाब

एक आलम पर नहीं रहती हैं कैफ़ीयाते-इश्क़
गाह रेगिस्ताँ भी दरया गाह दरया भी सराब

कौन रख सकता है इसको साकिनो-जामिद[3] कि ज़ीस्त
इन्क़लाबो - इन्क़लाबो - इन्क़लाबो - इन्क़लाब

ढूँढ़िये क्यों इस्तआरे[4] और तशबीहो[5]-मिसाल
हुस्न तो वो है बतायें जिसको हुस्ने-लाजवाब

हश्त जन्नत की बहारें चन्द पंखड़ियों में बन्द
गुंचा खिलता है तो फ़िरदौसों के खुल जाते हैं बाब[6]

आ रहा है नाज़ से सम्ते-चमन वो ख़ुशख़िराम[7]
दोश[8] पर वो गेसू-ए-शबगूँ[9] के मँडलाते सहाब

अज़मते-तक़दीरे-आदम अहले-मज़हब से न पूछ
जो मशीअत ने न देखे दिल ने वो देखे हैं ख़्वाब

हुस्न वो जो एक कर दे मानी-ए-फ़त्हो-शिकस्त
रह गयी सौ बार झुक-झुककर निगाहे-कामयाब

---

1. जाग्रत। 2. लपट। 3. स्थिर एवं दृढ़। 4. रूपक। 5. उपमा। 6. द्वार-पट। 7. अच्छी चालवाला। 8. कन्धा। 9. रात की तरह केशवाला।

ग़ैब[1] की नज़रें बचा के कुछ चुरा ले वक़्त से
फिर न हाथ आयेगा कुछ हर लमहा है पा-दर-रिकाब[2]

हर नज़र जलवा है हर जलवा नज़र हैरान हूँ
आज किस बैतुलहरम[3] में हो गया हूँ बारयाब[4]

बारहा हाँ बारहा मैंने दमे - फ़िक्रे-सुख़न[5]
छू लिया है उस सुकूँ को जो हो जाने-इज़्तेराब[6]

सर से पा तक हुस्न है साज़े-नुमू[7] राज़े-नुमू
आ रहा है एक कमसिन पर दबे पाँवों शबाब

बज़्मे-फ़ितरत सर-बसर होती है इक बज़्मे-समाअ
वो सुकूते-नीमशब का नग़्मा-ए-चंगो-रबाब

ऐ **फ़िराक़** उठती हैं हैरत की निगाहें बाअदब
अपने दिल की ख़लव . में हो रहा हूँ बारयाब

57

होकर अयाँ[8] वो ख़ुद को छुपाये हुए-से हैं
अहले-नज़र ये चोट भी खाये हुए-से हैं

वो तूर हो कि हश्रे-दिल अफ़सुर्दगाने-इश्क़[9]
हर अंजुमन में आग
लगाये-हुए-से हैं

सुब्हे-अज़ल को यूँ ही ज़रा मिल गयी थी आँख
वो आज तक निगाह
चुराये-हुए-से हैं

हम बदगुमाने-इश्क़ तेरी बज़्मे - नाज़ से
जाकर भी तेरे सामने
आये-हुए-से हैं

---

1. परोक्ष। 2. रिकाब में पैर जा रहा। 3. अल्लाह का घर। 4. प्रवेश-प्राप्त। 5. काव्य-चिन्तन के समय। 6. व्याकुलता की आत्मा। 7. उत्पत्ति का साज। 8. प्रकट। 9. प्रेम में दुखी लोग।

ये क़ुर्बो-बोद[1] भी हैं सरासर फ़रेबे-हुस्न
वो आके भी **फ़िराक़** न आए-हुए-से हैं

1928

58

हाल सुना फ़सानागो लब की फ़ुसूँगरी[2] के भी
क़िस्से सुना उस आँख के जादू-ए-सामरी के भी

काबा-ए-दिल में हैं निशाँ कुछ फ़ने-आज़री[3] के भी
बारगहे-इलाह[4] में जल्वे हैं काफ़िरी के भी

तुर्फ़ा तिलिस्मे-रंगो-बू चेहरे की ताज़गी भी है
कितने अजीब राज़ हैं, ज़ुल्फ़ों की अबतरी के भी

अहले-नज़र है बेपनाह शाने-जमाले-आदमी
गुम हों हवास हूर के होश उड़ें परी के भी

धोके न बन्दगी के खा सजदा-ए-इश्क़ पर न जा
नासिया-ए-नयाज़[5] में जलवे हैं दावरी के भी

हुस्ने-रुख़े-नज़ारासोज़ देख सका न तू जिसे
ढूँढ़ उसी में रंगो-नूर आईना परवरी के भी

तू कि है मुनकिरे-अवाम[6] हैं जो अभी तेरे ग़ुलाम
तेवर उन्हीं में देख आज रोबे-सिकन्दरी के भी

बह्रे-हयात से न डर उससे न ढूँढ़ तू सफ़र
तुझको यही सिखायेगा राज़ शनावरी के भी

पूछ न मुझसे हमनशीं तुर्फ़गी-ए-दिले-ग़मीं
साज़े-सिकन्दरी के भी सोज़े-कलन्दरी के भी

मिस्ले-फ़क़ीरे-बेनवा फिरते हैं जिनको हम लिये
हाँ उन्हीं झोलियों में हैं राज़ तवंगरी के भी

---

1. सामीप्य एवं दूरी। 2. जादूगरी। 3. आज़र की कला (आज़र प्रसिद्ध पैगम्बर हज़रत इब्राहीम के चाचा थे, जो मूर्तिकला में निपुण थे)। 4. ईश्वरीय सभा। 5. भक्ति का मस्तक। 6. जनता को न माननेवाला।

सर भी झुका चुका है इश्क़ हुस्न के पाये-नाज़ पर
नाज़ उठा चुका है हुस्न इश्क़ की ख़ुदसरी के भी

रात तेरी निगाहे-नाज़ कितने फ़साने कह गयी
ग़मज़ा-ए-काफ़िरी के भी अश्वा-ए-दिलबरी के भी

शोले उठे ज़मीन के देख करिश्मे ऐ निगाह
उसके ख़रामे-नाज़ के फ़ितना-ए-सरसरी के भी

पढ़ कभी आयते-शफ़क़ क़ल्बो-नज़र का वास्ता
जल्वा-ए-रंग में रंग पयम्बरी के भी

छेड़ दिया ग़ज़ल में आज मैंने वो नग़्मा-ए-ज़मीं
उठ गये घूँघट ऐ **फ़िराक़** ज़ुहरा-ओ-मुशतरी[1] के भी

59

सज़ा-ए-हुस्न-परस्ती बजा, बजा भी नहीं
कि जुर्मे-इश्क़े-बुताँ हैं बुरा, बुरा भी नहीं

किसी को क्या न मिला ज़िन्दगी में वाय नसीब
हमारे हाथ बस एक दिल रहा, रहा भी नहीं

लिये-दिये भी हैं हम लोग खोये-खोये भी
कि होशे-ग़मज़दगाँ है बजा, बजा भी नहीं

अरे ख़ुदा तो अमीरों का है ख़ुदा वाएज़
जिसे ग़रीबों का कहिए ख़ुदा, ख़ुदा भी नहीं

उधर क़दम भी उठाने दे बद-दिमाग़ी-ए-इश्क़
हम ऐसों पर दरे-जन्नत खुला, खुला भी नहीं

नज़र - फ़रेबी - ए - तहरीर[2] ले उड़ी मुझको
सिरे से नामा-ए-जानाँ[3] पढ़ा, पढ़ा भी नहीं

तमाम शोख़ी-ए-रफ़्तार तेरी राहगुज़र
क़दम का नक़्श कुछ ऐसा उठा, उठा भी नहीं

1. शुक्र व बृहस्पति 2. लिखावट की मोहकता। 3. महबूब का ख़त।

वो जैसे है ही नहीं इस अदा से सामने है
अगर कहूँ कि वो मुझसे खफ़ा, ख़फ़ा भी नहीं

ठहर गये सरे-दुनिया तो बेजगह ठहरे
चलो-चलो कि ये मातम-सरा[1], सरा भी नहीं

अदा, अदा से अदा हो तो हम अदा समझें
नहीं अदा-दर-अदा जो अदा, अदा भी नहीं

हम उसको देख के भी आह किस तरह देखें
नज़ारा-ए-रुख़े-जानाँ हुआ, हुआ भी नहीं

अज़ब ये दौर है या रब कि ख़ुश-जमालों[2] को
वफ़ा, वफ़ा भी नहीं है, जफ़ा, जफ़ा भी नहीं

भला है कौन, बुरा कौन, इस ज़माने में
बुरा, बुरा भी नहीं है, भला, भला भी नहीं

ये वक़्ते-सुब्ह चमन आँसुओं की दुनिया में
सरश्के-ख़न्दा-ए-गुल में छुपा, छुपा भी नहीं

निगाहे-नाज़ से क्या सुन के दिल उदास हुआ
अगर कहें कि कुछ उसने कहा, कहा भी नहीं

चमक उसी की तबो-ताबे-हुस्नो-इश्क़ में है
ज़मीं का दर्द कुछ इतना दबा, दबा भी नहीं

ज़माँ-मकाँ का ये परदा हिजाबे-अकबर[3] है
हज़ार बार ये परदा उठा, उठा भी नहीं

तेरी निगाह से दुनिया को इक शिकायत है
बजा-बजा ये शिकायत बजा, बजा भी नहीं

बस इक निगाह की परछाइयाँ बक़ा-ओ-फ़ना[4]
बक़ा, बक़ा भी नहीं है, फ़ना, फ़ना भी नहीं

जिसे मआमिला-ए-हुस्नो-इश्क़ कहते हैं
हज़ार बार ये झगड़ा चुका, चुका भी नहीं

---

1. शोक मनाने का घर। 2. सुन्दर रूप वालों। 3. विशाल परदा। 4. रहना और मिटना।

वो आँख कहती है ऐसे का क्या ठिकाना है
फ़िराक़ आदमी तो है भला, भला भी नहीं

60

बहुत पहले से उन क़दमों की आहट जान लेते हैं
तुझे ऐ ज़िन्दगी
हम दूर से पहचान लेते हैं

मेरी नज़रें भी ऐसे काफ़िरों की जानो-ईमाँ हैं
निगाहें मिलते ही जो
जान और ईमान लेते हैं

जिसे कहती है दुनिया कामयाबी वाए-नादानी
उसे किन क़ीमतों पर
कामयाब इनसान लेते हैं

निगाहे-बादागूँ[1] यूँ तो तेरी बातों का क्या कहना
तेरी हर बात लेकिन
एहतियातन छान लेते हैं

तबीअत अपनी घबराती है जब सुनसान रातों में
हम ऐसे में तेरी यादों की
चादर तान लेते हैं

खुद अपना फ़ैसला भी इश्क़ में काफ़ी नहीं होता
उसे भी कैसे कर गुज़रें
जो दिल में ठान लेते हैं

हमआहंगी में भी इक चाश्नी है इख़्तलाफ़ों की
मेरी बातें ब-उनवाने-दिगर[2]
वो मान लेते हैं

तेरी मक़बूलियत की वजहे-वाहिद[3] तेरी रम्ज़ीयत[4]
कि उसको मानते ही कब हैं
जिसको जान लेते हैं

---

1. शराबी निगाह। 2. दूसरे शीर्षक के साथ। 3. एकमात्र कारण। 4. रहस्यमयता।

अब इसको कुफ़्र मानें या बलन्दी-ए-नज़र जानें
ख़ुदा-ए-दोजहाँ को देके
हम इनसान लेते हैं

जिसे सूरत बताते हैं पता देती है सीरत का
अबारत देख कर जिस तरह
मा'नी जान लेते हैं

तुझे घाटा न होने देंगे कारोबारे-उलफ़त में
हम अपने सर तेरा ऐ दोस्त
हर नुक़सान लेते हैं

हमारी हर नज़र तुझसे नयी सौगन्ध खाती है
तो तेरी हर नज़र से हम
नया पैमान लेते हैं

रफ़ीके-ज़िन्दगी[1] थी अब अनीसे-वक़्ते-आख़िर[2] है
तेरा ऐ मौत हम ये दूसरा
एहसान लेते हैं

ज़माना वारदाते-क़ल्ब सुनने को तरसता है
इसी से तो सर-आँखों पर
मेरा दीवान लेते हैं

फ़िराक़ अक्सर बदलकर भेस मिलता है कोई क़ाफ़िर
कभी हम जान लेते हैं
कभी पहचान लेते हैं

61

'याद न कर दिले-हज़ीं[3] भूली हुई कहानियाँ'
उठती हुई जवानियाँ हुस्न की शादमानियाँ[4]

उफ़ तेरी पुर्सिशे-करम उफ़ तेरी मेह्रबानियाँ
बढ़ती ही जा रही हैं देख इश्क़ की बदगुमानियाँ

---

1. जीवन-साथी। 2. अन्तिम समय की मददगार। 3. दुखी हृदय। 4. खुशियाँ।

मौज ठहर सकी कहीं सत्ह पॅ हो कि तहनशीं
इश्क़ में बेसुकूँ यूँ ही कटती हैं ज़िन्दगानियाँ

रंगे-बहारे-ज़िन्दगी ख़ून के आँसुओं से है
इश्क़ की गुलफ़शानियाँ इश्क़ की शादमानियाँ

ये भी कोई जहान है ये भी कोई निज़ाम है
आह वो दिल जहाँ नहीं इश्क़ की हुक्मरानियाँ

आज फ़ज़ा की ख़ामुशी कुछ उसे फिर सुना गयी
भूली हुई थी इश्क़ को हुस्न की ख़ुशबयानियाँ

उफ़ ये फ़ज़ा उदास-उदास आह ये मौजे-दूदे-शाम[1]
याद-सी आ के रह गयीं दिल को कई कहानियाँ

इश्क़ के हर नशात में रंग-जराहते-नेहाँ
नश्तरे-नाज़े-हुस्न की मिट न सकीं निशानियाँ

पूछ न किस तरह उड़ा रंगे-सुकूते-सरमदी
इश्क़ की बाज़पुर्स पर हुस्न की बेज़बानियाँ

इससे ज़्यादा और क्या अब कोई नामुराद हो
आज नज़र से गिर चलीं इश्क़ की कामरानियाँ

राज़े-हयात कह गये इश्क़ के कुश्तगाने-ग़म[2]
दर्से-हयात दे गयीं हुस्न की शादमानियाँ

मेरे सुकूते-यास ने रंगे-जहाँ बदल दिया
आहो-फ़ुग़ाँ से कब हुईं इश्क़ की तर्जुमानियाँ

देख ये रंगे-हुस्नो-इश्क़ बाद को रंग लायेगा
कुछ तुझे बदगुमानियाँ कुछ मुझे बदगुमानियाँ

इश्क़ के एतदाल[3] से मिलती हैं सबकी सरहदें
अपने हुदूद ही में हैं बह्‌र की बेकरानियाँ

उमड़ी घटाएँ बिजलियाँ जैसे चमक के रह गयीं
आज तो याद आ गयीं हुस्न की मेह्‌रबानियाँ

---

1. शाम के धुँधलके की लहर। 2. ग़म के मारे। 3. सन्तुलन।

अक्स-सा पड़ के रह गया जैसे तेरी निगाह का
याद-सी आ के रह गयीं भूली हुई कहानियाँ

और ही रंग है **फ़िराक़** अब तो शऊरे-इश्क़ का
अब न वो ख़ुशगुमानियाँ अब न वो बदगुमानियाँ

62

बन्दगी से कभी नहीं मिलती
इस तरह ज़िन्दगी नहीं मिलती

लेने से ताजो-तख़्त मिलता है माँगे से भीक भी नहीं मिलती
ग़ैबदाँ है मगर ख़ुदा को भी नीयते-आदमी नहीं मिलती
है जो इक चीज़ दारे-फ़ानी में वो तो जन्नत में भी नहीं मिलती
रात मिलती है तेरी ज़ुल्फ़ों से पर वो आरास्तगी[1] नहीं मिलती
यूँ तो हर-इक का हुस्न काफ़िर है पर तेरी काफ़िरी नहीं मिलती
बासफ़ा[2] दोस्ती को क्या रोयें बासफ़ा दुशमनी नहीं मिलती
आँख ही आँख हूँ मगर मुझ से नरगिसे-सामरी नहीं मिलती
जब तक ऊँची न हो ज़मीर[3] की लौ आँख की रौशनी नहीं मिलती
सोज़े-ग़म से न हो जो मालामाल दिल को सच्ची ख़ुशी नहीं मिलती
रोने-धोने से हाले-आशिक़ को ज़ुल्फ़ की अबतरी नहीं मिलती
रू-ए-जानाँ कुजा[4] कुजा गुले-ख़ुल्द वो तरो-ताज़गी नहीं मिलती
तुझ में कोई कमी नहीं पाते तुझ में कोई कमी नहीं मिलती
आह वो मुश्कबेज़[5] ज़ुल्फ़े-सियाह जिसकी हमसायगी नहीं मिलती
इश्क़े - आज़ुर्दा[6] बादशाहों को तेरी आज़ुर्दगी नहीं मिलती
ज़ुहदो-सौमो-सलातो-तक़वा[7] से इश्क़ की सादगी नहीं मिलती
रंगे-दीवानगी-ए-आलम से मेरी दीवानगी नहीं मिलती
दोस्तो महज़ तब्आ-ए-मौज़ूँ से दौलते-शाइरी नहीं मिलती

---

1. सजावट। 2. सच्ची। 3. अन्तरात्मा। 4. कहाँ। 5. ख़ुशबूदार। 6. प्रेम से दुखी। 7. परहेज़गारी, रोज़ा-नमाज़ व बुरी बातों से बचने से।

है जो उन रसमसाते होठों में आँख को वो नमी नहीं मिलती
निगहे-लुत्फ़ से जो मिलती है हाय वो ज़िन्दगी नहीं मिलती
यूँ तो मिलने को मिल गया है ख़ुदा पर तेरी दोस्ती नहीं मिलती
मेरी आवाज़ में जो मुज़मर[1] है ऐसी शादी-ग़मी नहीं मिलती

बस वो भरपूर ज़िन्दगी है **फ़िराक़**
जिस में आसूदगी नहीं मिलती

63

रुकी-रुकी-सी शबे-मर्ग[2] ख़त्म पर आयी
वो पौ फटी वो नयी ज़िन्दगी नज़र आयी

ये मोड़ वो है कि परछाइयाँ भी देंगी न साथ
मुसाफ़िरों से कहो उस की रहगुज़र आयी

फ़ज़ा तबस्सुमे - सुब्हे - बहार[3] थी लेकिन
पहुँच के मंज़िले-जानाँ पॅ आँख भर आयी

कहीं ज़मानो-मकाँ में है नाम को भी सकूँ
मगर ये बात महब्बत की बात पर आयी

किसी की बज़्मे-तरब में हयात बटती थी
उमीदवारों में कल मौत भी नज़र आयी

कहाँ हर-एक से इनसानियत का बार उठा
कि ये बला भी तेरे आशिक़ों के सर आयी

दिलों में आज तेरी याद मुद्दतों के बाद
ब-चेहरा-ए-मुतबस्सुम[4] ब-चश्मे-तर[5] आयी

नया नहीं है मुझे मर्गे-नागहाँ[6] का पयाम
हज़ार रंग से अपनी मुझे ख़बर आयी

फ़ज़ा को जैसे कोई राग चीरता जाये
तेरी निगाह दिलों में युँही उतर आयी

---

1. निहित। 2. मौत की रात। 3. बहार की सुबह की हँसी। 4. मुस्कुराते चेहरे के साथ। 5. आँसू भरी आँखों के साथ। 6. आकस्मिक मृत्यु।

ज़रा विसाल के बाद आईना तो देख ऐ दोस्त
तेरे जमाल की दोशीज़गी[1] निखर आयी

तेरा ही अक्स सरश्के-ग़मे-ज़माना में था
निगाह में तेरी तसवीर-सी उतर आयी

अजब नहीं कि चमन-दर-चमन बने हर फूल
कली-कली की सबा जाके गोद भर आयी

शबे-फ़िराक़ उठे दिल में और भी कुछ दर्द
कहूँ ये कैसे तेरी याद रात भर आयी

64

बड़ा करम है ये मुझ पर अभी यहाँ से न जाव
बहुत उदास है ये घर अभी यहाँ से न जाव

तुम आ गये तो शबे-ग़म के बुझ गये आँसू
यहाँ न था कोई दिन भर अभी यहाँ से न जाव

धुआँ-धुआँ-सी ये शामे-अलम[2] फ़ज़ाओं के
बुझे-बुझे से ये तेवर अभी यहाँ से न जाव

हमारी आँखों से चुन लो कि फिर किसी दामों
न मिल सकेंगे ये गौहर[3] अभी यहाँ से न जाव

वो आरज़ूएँ जो वाबस्ता[4] तुमसे हैं उनको
चले हो छोड़ के किस पर अभी यहाँ से न जाव

वफ़ूरे-ग़म[5] से जिन्हें नींद आ गयी थी कभी
वो यादें जाग उठीं सो कर अभी यहाँ से न जाव

बसाओ और बसाओ मुशामे-ग़म[6] को अभी
ये रंगो-बू-ए-गुले-तर अभी यहाँ से न जाव

ये मोजज़ात[7] कहाँ देखने में आते हैं
निसारे-चश्मे-फ़ुसूँगर अभी यहाँ से न जाव

---

1. कुँवारापन। 2. दुःख की शाम। 3. मोती। 4. सम्बन्धित। 5. ग़म की अधिकता। 6. ग़म की खुशबू।
7. चमत्कार।

रुके रहो कि निगहे-नीम-वा से कुछ मैं भी
बना लूँ अपना मुक़द्दर अभी यहाँ से न जाव

तुम्हारे पास ये अन्दाज़ा हो रहा है मुझे
कि मेरा हाल है बेहतर अभी यहाँ से न जाव

अभी तो सोये चराग़ों ने आँख खोली है
अभी तो जागते हैं घर अभी यहाँ से न जाव

बहुत दिनों के पयामे - ख़ुलूसे - बातिन[1] हैं
शिकायतों के ये दफ़्तर अभी यहाँ से न जाव

ये वक़्ते-शाम ये दरमान्दगी[2] ये सन्नाटा
ये ज़ुल्मतों के समन्दर अभी यहाँ से न जाव

रुको-रुको कि पड़ी है अभी तो रात तमाम
बहुत उदास हैं मंज़र अभी यहाँ से न जाव

पसे-ग़ुरूब[3] ही ऐ दोस्त मेरी तनहाई
लगाने आयेगी बिस्तर अभी यहाँ से न जाव

कहाँ वो शहरे-निगाराँ[4] कहाँ ये दारे-मेहन[5]
अब इतनी दूर से आकर अभी यहाँ से न जाव

अभी दरख़्तों के झुरमुट पँ पड़नेवाली हैं
कमन्दे-माहे-मुनव्वर[6] अभी यहाँ से न जाव

निगाहे-साक़ी-ए-शब से जो हाथ आये हैं
खनक रहे हैं वो साग़र अभी यहाँ से न जाव

ये कैफ़े-शब ये धुँधलके ये महकी-महकी हवा
ये सब हैं तुम पै निछावर अभी यहाँ से न जाव

अभी तक़ातुरे-शबनम[7] से ज़ुल्मते-शब की
कुछ और भीग ले चादर अभी यहाँ से न जाव

हमारी रात चली जायेगी तुम्हारे साथ
हमारी रात को लेकर अभी यहाँ से न जाव

---

1. आन्तरिक श्रद्धा के सन्देश। 2. क्लेश। 3. सूर्यास्त के बाद। 4. सुन्दर शहर। 5. दुःखों का घर। 6. चमकते चाँद की डोरी। 7. ओस की बूँदा-बाँदी।

बहुत रुके मेरी ख़ातिर ये सोचता हूँ कि अब
कहूँ मैं तुमसे ये क्योंकर अभी यहाँ से न जाव

ये तीरगी ये ग़ज़ल आँसुओं में डूबी हुई
ये हैं **फ़िराक़** सरासर अभी यहाँ से न जाव

65

बे-ठिकाने है दिले-ग़मगीं ठिकाने की कहो
शामे-हिज्राँ दोस्तो
कुछ उसके आने की कहो

हाँ न पूछो इन गिरफ़्तारे-क़फ़स की ज़िन्दगी
हमसफ़ीराने - चमन[1]
कुछ आशियाने की कहो

उड़ गया है मंज़िले-दुशवार में ग़म का समन्द[2]
गेसू-ए-पुरपेचो-ख़म के
ताज़याने[3] की कहो

बात बनती और बातों से नज़र आती नहीं
उस निगाहे-नाज़ के
बातें बनाने की कहो

दास्ताँ वो थी जिसे दिल बुझते-बुझते कह गया
शम्ए-बज़्मे-ज़िन्दगी के
झिलमिलाने की कहो

दास्ताने-ज़िन्दगीं भी किस क़दर दिलचस्प है
जो अज़ल से छिड़ गया है
उस फ़साने की कहो

ये फ़ुसूने-नीमशब ये ख़्वाब-सामाँ ख़ामुशी
सामरी फ़न आँख के
जादू जगाने की कहो

---

1. चमन के साथी। 2. घोड़ा। 3. कोड़ा।

कोई क्या खायेगा यूँ सच्ची क़सम झूठी क़सम
उस निगाहे-नाज़ के
सौगन्ध खाने की कहो

शाम ही से गोश-बरआवाज़[1] है बज़्मे-सुख़न
कुछ फ़िराक़ अपनी सुनाओ
कुछ ज़माने की कहो।

66

भड़कते शोलों से ठण्डक जो दे वो आग है तू
सदाबहार है तू प्रेम का सुहाग है तू

ख़बर दिलों को नहीं जलते हैं कि बुझते हैं
अरे न आग न पानी है जो वो लाग है तू

सुकूत को भी तो कानों में गूँजता पाया
जो एक कर दे सुना-अनसुना वो राग है तू

क़बा-ए-तंग ने बीसों जगह से लौ दे दी
जफ़क्रे-ता-ब-क़दम[2] एक दबी-सी आग है तू

जुदा हर इक से हमआहंग भी ज़माने से
क़ुबूलियत की जो तसवीर है वो त्याग है तू

मैं तुझको देख रहा हूँ कि कान बजते हैं
है कोई शोल-ए-लरज़ाँ कि कोई राग है तू

कहाँ चमन की बहारें कहाँ ये रंगे-नशात
जो ख़ूने-इश्क़ से खेला गया वो फाग है तू

बहुत दिनों में महब्बत को ये हुआ मालूम
लगाव नाम को जिस में नहीं वो लाग है तू

निगाहो-गोश की पुरकैफ़ तिश्नगी[3] को न पूछ
इक अधखिली-सी कली अधसुना-सा राग है तू

---

1. कानों में ध्वनित। 2. सिर से पैर तक। 3. प्यास।

फ़िराक़ अपने दुखों को भुला के कहना था
सदाबहार है दुनिया सदा सुहाग है तू

67

भुला रक्खा जिन्हें तू ने वो तुझ को याद करते हैं
जहन्नुम झेलते हैं
जन्नतें आबाद करते हैं

बता ऐ आशिक़ी तुझको क़सम शामे-जवानी की
किसी के हिज्र में रातों को
क्यूँ फ़रियाद करते हैं

सबक़-आमोज हैं बरबादियाँ उन की भी ऐ हमदम
हम उनके चाहनेवालों को
अकसर याद करते हैं

कहाँ ले जाती हैं पल मारने में वहशतें उसको
जब अच्छी आँखों वाले
कोई दिल आबाद करते हैं

न पूछो किस तरह कटती हैं ज़िन्दाँ में बहार अपनी
लहू दिल को ये मौसम
हाय अब्रो-बाद करते हैं

क़यामत है क़यामत देखना तुझको नज़र भर के
मगर ये काम हम अब हर्चे
बादाबाद करते हैं

बता दे नज़अ[1] में याद आने वाले ओ जफ़ापरवर
तुझे हम ऐसे नाज़ुक वक़्त में
क्यूँ याद करते हैं

जिगर दिल पर निगाहे-नाज़ तम्हीदे-तग़ाफ़ुल[2] है
कहाँ आबाद करते हैं
कहाँ बरबाद करते हैं

---

1. मरणासन्न दशा। 2. उपेक्षा का प्रारम्भ।

खुदा रक्खे दिले-सोज़ाँ चिराग़े-ख़ाना था अकसर
फ़िराक़ उस दर्द की तसवीर को
हम याद करते हैं

1923

68

भँवर में अज़ल से हैं दिल खोये-खोये महब्बत उभारे
महब्बत डुबोये

सितारे छिपे झिलमिला-झिलमिला के तेरे जागने वाले
रो-रो के सोये

तलब उससे कर कीमिया ज़िन्दगी की जो दर्द और राहत
को बाहम[1] समोये

गले के तेरे हार बन-बन के टूटे बहुत रोने वालों ने
मोती पिरोये

तेरी बेनियाज़ी से कुछ हम भी कहते मगर कौन ए दोस्त
बात अपनी खोये

ज़मीने-महब्बत की क़िस्मत न चमकी मेरी चश्मे-तर ने
सितारे भी बोये

तेरे आहू-ए-नाज़ दश्ते-चमन में कहीं पाये पाये
कहीं खोये खोये

रही राज़ ही वारदाते-महब्बत हँसे तुम भी कुछ
रोने वाले भी रोये

मैं कहता था जगबीती या आपबीती कभी मैं भी रोया
कभी तुम भी रोये

हवा-ए-महब्बत के झोंके न पूछो फ़िराक़ इस हवा में
न जागे न सोये

---

1. परस्पर।

69

मैं हूँ फ़क़ीरे-बेनवा सलतनते-जहाँ न दे
इससे तो अपने दर्द की दौलते-बेकराँ[1] न दे

हुस्न के एतदाल से नज़्मे-जहाँ हैं बरक़रार
गर्दिशे चश्मे-नाज़ को गर्दिशे-आसमाँ न दे

ख़तरा है अहमक़ों से भी ख़दशा है बेतहों से भी
ऐसों को अपने इश्क़ की कैफ़ीयते-निहाँ न दे

हम हैं कि शौहर-ए-ज़माँ फिर भी सुकूने-दिल कहाँ
नामो-नमूद क्या करें हस्ति-ए-बेनिशाँ न दे

ये मेरी कश्ती-ए-हयात ये मेरे दिल की धड़कनें
साहिले-बहर का सुराग़ जुम्बिशे-बादबाँ[2] न दे

ज़िन्दगी-ए-दरोज़ा से करते हैं वज़अ जन्नतें
हमको बहुत है ये जहाँ जन्नते-जाविदाँ न दे

जिन्से-गिराँ बहा है ये इसको ये बेच खायेंगे
अह्ले-हवस को इश्क़ की दौलते-बेकराँ न दे

ग़लग़ला-हाए रंगो-बू दग़दग़ा-हाए आरज़ू
इतने पयामे-नागहाँ जलव-ए-गुलसिताँ न दे

माँग पनाह हुस्न के फ़ितना-ए-बेपनाह से
मौत भी दे न वो निगाह जान की भी अमाँ न दे

शोरे-तरब से बेनियाज़ है ये सुकूने ख़ारो-ख़स
बज़्मे-बहारे-बाग़ को ख़लवते-आशियाँ न दे

दिल को तेरी तलाश है वादि-ए-काएनात में
तुझको वो दे कहाँ सदा तुझको सदा कहाँ न दे

क़ौमों को झूठी ज़िन्दगी दे के ये किसने छीन ली
जान जसद[3] को दे मगर क़ाबिले-इम्तहाँ न दे

---

1. असीम धन। 2. जहाज़ में लगाये गये परदे की गति। 3. शरीर।

अपना मिज़ाज क्या करूँ अपनी पसन्द क्या करूँ
दुश्मने-हज्वगो[1] भी ए दोस्त क़सीदाख़्वाँ[2] न दे

शामे-अबद के नज़्मो-माह बीच में सो गये अगर
मेरे सुकूते-यास को ज़हमते-दास्ताँ न दे

दिन है न दिन न रात रात क्या हो अगर वो हुस्न को
आरिज़े-महचकाँ न दे ख़न्द-ए-ख़ूचकाँ न दे

कोई तो हुस्नो-इश्क़ में फ़र्क़ रहे चमन को तू
नरगिसे-नीमबाज़[3] दे दीद-ए-ख़ूँचकाँ न दे

ज़र्फ़े-पियालानोश को देख के बादा देते हैं
ग़ैर को ये मजाक़े-इश्क़ ये ग़मे-शादमाँ न दे

सोच ले ऐ निगाहे-लुत्फ़ शिद्दते सदम-ए-नशात
कितने पयामे सरखुशी दे भी तो नागहाँ न दे

सारी दोरंगियाँ क़ुबूल आलमे-रंगारंग की
फ़ितना-ए-दुश्मनों की आह शेव-ए-दोस्ताँ न दे

कौन-सी वादियों में आह खो गयीं मिल्लतें क़दीम[4]
कोई सदा न दे जरस गर्द भी कारवाँ न दे

शोल-ए-नूरे महज़ को छू न सकेगी तीरगी
दिल का कँवल है वो कँवल बुझ के भी जो धुवाँ न दे

ख़ालिके-हुस्न[5] होशियार एक जहाँ न हो शिकार
उसकी ज़बीं के हाथ में अबरुओं की कमाँ न दे

जन्नते-वादा के निसार मौत है दौरे-रोज़गार
माँ रहा हूँ ज़िन्दगी तिफ़्ल-तसल्लियाँ न दे

ख़ुद से न मिल सकूँ कभी ख़ुद को न पा सकूँ कहीं
मुझको अगर मेरा पता इश्व-ए-दिलबराँ न दे

तीरगी-ए-**फ़िराक़** को शम्एँ न कर सकेंगी गुम
ग़म की अँधेरी रात को अश्कों की कहकशाँ न दे

---

1. वह कवि जो अपनी कविता में लोगों की निन्दा करता हो (तात्पर्य निन्दा करनेवाला)। 2. प्रशंसा करनेवाला। 3. अधमुँदी आँखें। 4. पुरानी। 5. सौन्दर्य पैदा करनेवाले।

70

ये सबाहत की ज़ौ[1] महचकाँ[2]-महचकाँ
ये पसीने की रौ कहकशाँ[3]-कहकशाँ

इश्क़ था एक दिन दास्ताँ-दास्ताँ
आज क्यों है वही बेज़बाँ-बेज़बाँ

दिल को पाया नहीं मंज़िलों-मंज़िलों
हम पुकार आये हैं कारवाँ-कारवाँ

इश्क़ भी शादमाँ-शादमाँ इन दिनों
हुस्न भी इन दिनों मेह्रबाँ-मेह्रबाँ

है तेरा हुस्ने-दिलकश सरापा सवाल
है तेरी हर अदा चीस्ताँ-चीस्ताँ

दम-बदम शबनमो-शोला की ये लवें
सर से पा तक बदन गुलसिताँ-गुलसिताँ

बैठना नाज़ से अंजुमन-अंजुमन
देखना नाज़ से दास्ताँ-दास्ताँ

महकी महकी फ़ज़ा ख़ुशबू-ए-ज़ुल्फ़ से
पंखड़ी होंट की गुलफ़िशाँ-गुलफ़िशाँ

जिसके साये में इक ज़िन्दगी कट गयी
उम्रे-ज़ुल्फ़े-रसा जाविदाँ-जाविदाँ

ले उड़ी है मुझे बू-ए-ज़ुल्फ़े-सियह
ये खिली चाँदनी बोसताँ[4]-बोसताँ

आज संगम सरासर जू-ए-इश्क़ है
एक दरिया-ए-ग़म बेकराँ-बेकराँ

जिस तरफ़ जाइए मतलए-नूर-नूर
जिस तरफ़ आइए महवशाँ-महवशाँ

---

1. चमक। 2. चन्द्रमा का प्रकाश बिखेरनेवाला। 3. आकाश-गंगा। 4. उपवन।

बू ज़मीं से मुझे आ रही है तेरी
तुझको क्यों ढूँढ़िए आसमाँ-आसमाँ

सच बता मुझको क्या यूँ ही कट जायेगी
ज़िन्दगी इश्क़ की रायगाँ-रायगाँ

रूप की चाँदनी सोज़े-दिल सोज़े-दिल
मौजे-गंगो-जमन साज़े-जाँ[1] साजे-जाँ

अह्दो-पैमाँ कोई हुस्न भी क्या करे
इश्क़ भी है तो कुछ बदगुमाँ-बदगुमाँ

जैसे कौनैन[2] के दिल पॅ हो बोझ-सा
इश्क़ से हुस्न है सरगराँ-सरगराँ

क्यों फ़ज़ाओं की आँखों में थे अश्क-से
वो सिधारे हैं जब शादमाँ-शादमाँ

लब पॅ आयी न वो बात ही हमनशीं[3]
आये क्या-क्या सुख़न दरम्याँ-दरम्याँ

ढूँढ़ते-ढूँढ़ते ढूँढ़ लेंगे तुझे
गो निशाँ है तेरा बेनिशाँ-बेनिशाँ

मेरे दारुल-अमाँ[4] ऐ हरीमे-निगार[5]
हम फिरें क्या यूँ ही बेअमाँ-बेअमाँ

यूँ घुलेगा-घुलेगा तेरे इश्क़ में
रह गया इश्क़ अब उस्तुख़ाँ[6]-उस्तुख़ाँ

हमको सुनना बहरहाल तेरी ख़बर
माजरा-माजरा दास्ताँ-दास्ताँ

उसके तेवर पॅ क़ुर्बान लुत्फ़ो-करम
मेहरबाँ-मेहरबाँ क़हरमाँ-क़हरमाँ

जी में आता है तुझको पुकारा करूँ
रहगुज़र-रहगुज़र आस्ताँ-आस्ताँ

---

1. जीवन-राग। 2. विश्व। 3. साथी। 4. शान्ति की जगह। 5. महबूब के घर की चारदीवारी। 6. हड्डी।

याद आने लगीं फिर अदाएँ तेरी
दिलनशीं-दिलनशीं जाँसिताँ[1]-जाँसिताँ

क्यों तेरे दिल की चिनगारियाँ हो गयीं
सोज़े-दिल सोज़े-दिल सोज़े-जाँ सोज़े-जाँ

साथ है रात की रात वो रश्के-मह
मेज़बाँ-मेज़बाँ मेहमाँ-मेहमाँ

इश्क़ की ज़िन्दगी भी ग़रज़ कट गयी
ग़मज़दा-ग़मज़दा शादमाँ-शादमाँ

अब पड़े अब पड़े उसके माथे पॅ बल
अलहज़र-अलहज़र अलअमाँ-अलअमाँ

इश्क़ खुद अपनी तारीफ़ यूँ कर गया
अहूरमन-अहूरमन ईज़दाँ-ईज़दाँ

कैफ़ो-मस्ती है इमकाँ-दर-इमकाँ **फ़िराक़**
चाँदनी है अभी नौजवाँ-नौजवाँ

71

ये तो नहीं कि ग़म नहीं
हाँ मेरी आँख नम नहीं

तुम भी तो तुम नहीं हो आज हम भी तो आज हम नहीं
नश्शा सँभाले है मुझे बहके हुए क़दम नहीं
क़ादिरे-दोजहाँ[2] है गो इश्क़ के दम में दम नहीं
मौत अगरचे मौत है मौत से ज़ीस्त कम नहीं
किसने कहा ये तुमसे ख़िज़्र आवे-हयात[3] सम[4] नहीं
अब न खुशी की है खुशी ग़म का भी अब तो ग़म नहीं
मेरी नशिस्त है ज़मीं खुल्द नहीं हरम नहीं
और ही है मुक़ामे-दिल दैर नहीं हरम नहीं

---

1. प्राणघातक। 2. दोनों संसार का अधिकारी। 3. अमृत। 4. विष।

क़ीमते-हुस्न दो-जहाँ कोई बड़ी रक़म नहीं
अहृदे-वफ़ा है हुस्ने-यार क़ौल नहीं क़सम नहीं
लेते हैं मोल दो-जहाँ दाम नहीं दिरम नहीं

सौमो-सलात[1] से **फ़िराक़**
मेरे गुनाह कम नहीं

72

ये सुर्मई फ़ज़ाओं[2] की कुछ कुनमुनाहटें
मिलती हैं मुझको पिछले पहर तेरी आहटें

इस कायनाते-ग़म की फ़सुर्दा[3] फ़ज़ाओं में
बिखरा गये हैं आ के वो कुछ मुस्कुराहटें

ऐ जिस्मे-नाज़नीने-निगारे-नज़रनवाज़[4]
सुब्हे-शबे-विसाल तेरी मलगजाहटें

चलती है जब नसीमे-ख़याले-ख़रामे-नाज़[5]
सुनता हूँ दामनों की तेरे सरसराहटें

चश्मे-सियह तबस्सुमे-पिनहाँ लिये हुए
पौ फूटने से क़ब्ल उफ़ुक़ की उदाहटें

जुम्बिश में जैसे शाख़ हो गुलहा-ए-नग़्मा की
इक पैकरे-जमील की ये लहलहाहटें

झोंकों की नज़्र हैं चमने-इन्तज़ारे-दोस्त
वादे-उम्मीदो-बीम की ये सनसनाहटें

हो सामना अगर तो ख़िज़िल हो निगाहे-बर्क़
देखी हैं अज़्व-अज़्व में वो अचपलाहटें

किस देश को सिधार गयीं ऐ जमाले-यार
रंगीं लबों पॅ खेल के कुछ मुस्कुराहटें

---

1. रोज़ा-नमाज़। 2. वायुमण्डल। 3. उदास। 4. नज़र को भानेवाले महबूब का कोमल शरीर। 5. प्रेमिका की हवा जैसी चाल की कल्पना।

साज़े-जमाल की ये नवाहा-ए-सरमदी
जोबन तो वो फ़रिश्ते सुनें गुनगुनाहटें

आज़ुर्दगी-ए-हुस्न भी किस दर्जा शोख़ है
अश्कों में तैरती हुई कुछ मुस्कुराहटें

होने लगा हूँ ख़ुद से क़रीं ऐ शबे-अलम[1]
मैं पा रहा हूँ हिज्र में कुछ अपनी आहटें

मेरी ग़ज़ल की जान समझना उन्हें **फ़िराक़**
शम्ए-ख़याले-यार की ये थरथराहटें

73

राज़ को राज़ ही रक्खा होता
क्या कहना गर ऐसा होता

हुस्न से कब तक पर्दा करते इश्क़ से कब तक पर्दा होता
कम-कम उठतीं तेरी निगाहें अकसर ख़ूने-तमन्ना[2] होता

कटते-कटते रातें होतीं होते-होते सवेरा होता
रात-की-रात कभी मेरा घर तेरा रैन-बसेरा होता

इश्क़ ने मुझसे कमी की वरना मुझ पर तेरा धोका होता
दुनिया-दुनिया-आलम-आलम होता इश्क़ और तनहा होता

दरिया-दरिया सहरा-सहरा रोता ख़ाक़ उड़ाता होता
आज तो दर्दे-हिज्र भी कम है आज तो कोई आया होता

आज तो साज़े-ख़मोश है आलम आज तो उसको पुकारा होता
ये निर्जन वन ये सन्नाटा कोई पत्ता खड़का होता

मैं हूँ दिल है तनहाई है तुम भी जो होते अच्छा होता
मेरी रगे-जाँ दुख जाती है बाल भी तेरा बाँका होता

तू गर अपने हाथ से देता पैमाना पैमाना होता
आँख उठा कर जान गवाँ के हुस्न का आलम देखा होता

1. दुःख की रात। 2. कामना की हत्या।

पर्दादारिए-ग़म भी है शाकी[1] तूने हाल तो पूछा होता
हम जो तुझे कुछ भूल भी जाते दर्दे-महब्बत दूना होता

कुछ तो महब्बत कर के दिखाती कुछ तो ज़माना बदला होता
इससे तो ऐ जागने वालो सोया होता खोया होता

इश्क़ तो चुप है साज़े-महब्बत तेरी नज़र ने छेड़ा होता
कोई कभी कुछ दिल ही दिल में शर्माया पछताया होता
मंज़िल-मंज़िल दिल भटकेगा आज तुम्हीं ने रोका होता

हम भी **फ़िराक़** इनसान थे आख़िर
तर्के-महब्बत से क्या होता

74

रात आधी से ज़्यादा गयी थी
सारा आलम सोता था
नाम तेरा ले-ले कर कोई दर्द का मारा रोता था

चारागरो ये तस्कीं[2] कैसी
मैं भी हूँ इस दुनिया में
उनके ऐसा दर्द कब उट्ठा जिन को बचाना होता था

कुछ का कुछ कह जाता था
मैं फ़ुर्क़त[3] की बेताबी में
सुनने वाले हँस पड़ते थे होश मुझे तब होता था

तर्क़े-महब्बत करने वालो
कौन ऐसा जग जीत लिया
इश्क़ से पहले के दिन सोचो कौन बड़ा सुख होता था

दुनिया दुनिया ग़फ़लत तारी
आलम आलम बेख़बरी
हुस्न का जादू कौन जगाये एक ज़माना सोता था

1. शिकायत करनेवाला। 2. सान्त्वना। 3. जुदाई।

उसके आँसू किसने देखे
उसकी आहें किसने सुनीं
चमन-चमन था हुस्न भी लेकिन दरिया-दरिया रोता था

पिछला पहर था हिज्र की शब का
जागता रब सोता संसार
तारों की छाँव में कोई **फ़िराक़**-सा जैसे मोती पिरोता था

75

रात भी नींद भी कहानी भी
हाय क्या चीज़ है जवानी भी

एक पैग़ामे-ज़िन्दगानी भी
आशिक़ी मर्गे - नागहानी भी

दिल को अपने भी ग़म थे दुनिया में
कुछ बलाएँ थीं आसमानी भी

दिल को शोलों से करती है सेराब
ज़िन्दगी आग भी है पानी भी

तंगना-ए-दिले-मलूल[1] में है
बहरे-हस्ती की बेकरानी भी

इश्क़े-नाकाम की है परछाईं
शादमानी भी कामरानी भी

देख दिल के निगारख़ाने[2] में
जख़्मे-पिनहाँ की है निशानी भी

ख़ल्क़ क्या-क्या मुझे नहीं कहती
कुछ सुनूँ मैं तेरी ज़बानी भी

आये तारीख़े-इश्क़ में सौ बार
मौत के दौरे - दरम्यानी भी

---

1. दुःखी हृदय की सीमा। 2. शोभा-गृह।

अपनी मासूमियों के परदे में
हो गयी वो नज़र सियानी भी

दिले-बदनाम तेरे बारे में
लोग कहते हैं इक कहानी भी

वज़अ[1] करते कोई नयी दुनिया
कि ये दुनिया हुई पुरानी भी

दिल को आदाबे-बन्दगी[2] भी न आय
कर गये लोग हुक्मरानी भी

जौरे-कमकम का शुक्रिया बस है
आपकी इतनी मेहरबानी भी

दिल में इक हूक भी उठी ऐ दोस्त
याद आयी तेरी जवानी भी

सर से पा तक सिपुर्दगी की अदा
एक अन्दाज़े-तुर्कमानी[3] भी

पास रहना किसी का रात की रात
मेहमानी भी मेज़बानी भी

हो न अक्से-जबीने-नाज़ कि है
दिल में इक नूरे-कहकशानी भी

ज़िन्दगी ऐन दीदे-यार **फ़िराक़**
ज़िन्दगी हिज्र की कहानी भी

76

रंजो-राहत वस्लो-फ़ुर्क़त होशो-वहशत क्या नहीं
कौन कहता है कि रहने की जगह दुनिया नहीं

दिल भी कहता है ठहरना हिज्र में दुश्वार है
मैं भी कहता हूँ कि ये अन्दाज़े-ग़म अच्छा नहीं

---

1. निर्माण। 2. सेवाभाव। 3. तुर्कों की अदा।

हैं फ़रेब एहसासे-पिनहाँ के सुकूनो-इज़्तराब
इश्क़ है वो दर्द जो घटता नहीं बढ़ता नहीं

ऐ निगाहे-बेमहाबा[1] तूने ये क्या कर दिया
आज दिल को देखकर मैंने भी पहचाना नहीं

ग़ौर कर इस क़ैफ़ियत पर कुछ समझ ये सोज़ो-साज़
इश्क़ में दिल दर्द हो जाता है दिल दुखता नहीं

ले उड़ी तुझको निगाहे-शौक़ क्या जाने कहाँ
तेरी सूरत पर भी अब तेरा गुमाँ होता नहीं

एक उदासी भी लिये है क्यों निगाहे-नाज़े-यार
ये पयामे-ज़िन्दगी शायद कोई सुनता नहीं

मैं अदम-अन्दर-अदम हूँ मैं जहाँ-अन्दर-जहाँ
एक ही दुनिया हो मेरी ऐ **फ़िराक़** ऐसा नहीं

77

बज़्मे-साक़ी से उठा है कोई यूँ रात रहे
'पा-बदस्ते-दिगरे दस्त-बदस्ते-दिगरे'

डाल कर सम्ते-वतन एक उचटती-सी निगाह
हम सूए-दश्ते-जुनूँ ले के तेरा नाम चले

अक्सर उस आलमे-बेनाम की याद आती है
जिससे मिल जाते हैं दुनिया-ए-महब्बत के सिरे

उफ़ हिजाबाते-दो-आलम[2] कि पहुँचते नहीं हाथ
'पर्दा छोड़ा है वो उसने कि उठाये न उठे'

कारो-बारे-दिले-उश्शाक़[3] अजब धन्धा है
जिस क़दर फ़ायदा हो उतने ही घाटे में रहे

किसी गूँगे का है सपना तो सभा बहरों की
इश्क़ वो क़िस्सा जिसे कौन कहे कौन सुने

---

1. बेझिझक दृष्टि। 2. दोनों आलम के परदे। 3. प्रेमियों के दिल का व्यापार।

इस शहादतगहे-हस्ती[1] में जो डर-डर के जिये
ज़िन्दगी दूर रही मौत भी पल्ले न पड़े

इस नये दौरे-महब्बत के तकाज़े हैं कुछ और
क्यों कोई होशगहे-इश्क़ में दीवाना बने

चश्मे-हैराँ ने तिलिस्माते-जहाँ देख लिया
आज क्या-क्या तेरी नज़रों ने दिये हैं धोके

दास्ताँ इश्क़ की दोहरा गयी तारों भरी रात
कितनी यादों के चराग़ आज जले और बुझे

न मिली पर न मिली कुफ़्र की मंज़िल ऐ वाय
ख़ुद को करते रहे गुमराह ख़ुदा के बन्दे

अर्जुनो-रुस्तमो-चंगेज़ की हिम्मत न पड़ी
काम वो इश्क़ ने अंजाम दिये ज़िन्दा रहे

दोस्त की याद में रोने के तुम औक़ात **फ़िराक़**
मुझसे जो पूछते हो रात गये रात रहे

78

वादे की रात मरहबा आमदे-यार-मेहरबाँ
ज़ुल्फ़े-सियाह शबफ़शाँ आरिज़े-नाज़ महचकाँ

बर्क़े-जमाल में तेरी ख़ुफ़्ता[2] सुकूने-बेकराँ
और मेरा दिले-तपाँ आज भी है तपाँ-तपाँ

शाम भी थी धुवाँ-धुवाँ हुस्न भी था उदास-उदास
याद-सी आके रह गयीं दिल को कई कहानियाँ

छेड़ के दास्ताने-ग़म अहले-वतन के दरम्याँ
हम अभी बीच ही में थे और बदल गयी ज़बाँ

अपनी ग़ज़ल में हम जिसे कहते रहे हैं बारहा
वो तेरी दास्ताँ कहाँ वो तो है ज़ेबे-दास्ताँ

---

1. जीवन के बलिदान-स्थल। 2. सोया हुआ।

कोई न कोई बात है उसके सुकूते-यास में
भूल गया है सब गिले आज तो इश्क़े-बदगुमाँ

रातें कमाल कर गयीं आलमे-कर्बो-दर्द[1] में
दिल को मेरे सुला गयीं तेरी नज़र की लोरियाँ

सरहदे-ग़ैब तक तुझे साफ़ मिलेंगे नक़्शे-पा
पूछ न ये फिरा हूँ मैं तेरे लिए कहाँ-कहाँ

कहते हैं मेरी मौत पर उसको भी छीन ही लिया
इश्क़ को मुद्दतों के बाद एक मिला था तर्जुमाँ[2]

रंग जमा के उठ गयी कितने तमद्दुनों[3] की बज़्म
याद नहीं ज़मीन को भूल चुका है आसमाँ

आर्ज़ियत[4] का सोज़ भी देख तो सोज़े-आर्ज़ी
बीते हुए जुगों से पूछ किसको सबात[5] है यहाँ

कोई नहीं जो साथ दे तेरे हरीमे-राज़ तक
बिखरे हुए महो-नुजूम देते हैं सब तेरा निशाँ

जिसको भी देखिए वही बज़्म में है ग़ज़लसरा
छिड़ गयी दास्ताने-दिल फिर ब-हदीसे-दीगराँ

बीत गये हैं लाख जुग सूए-वतन चले हुए
पहुँची है आदमी की ज़ात चार क़दम कशाँ-कशाँ

पाँव से फ़र्क़े-नाज़ तक बर्क़े-तबस्सुमे-नशात
हुस्ने-चमनफ़रोश को देख जहाँ से गुलसिताँ

दादे-सुख़नवरी मिलीं अबरू-ए-नाज़ उठ गये
है वही दास्ताने-दिल हुस्न भी कह उठे कि हाँ

जैसे खिला हुआ गुलाब चाँद के पास लहलहाय
रात वो दस्ते-नाज़ में जामे-नशाते-अर्ग़वाँ[6]

राज़े-वजूद कुछ न पूछ सुब्हे-अज़ल से आज तक
कितने यक़ीन चल बसे कितने गुज़र गये गुमाँ

---

1. पीड़ा की बेचैनी की हालत। 2. कहनेवाला। 3. संस्कृतियों। 4. क्षणभंगुरता। 5. स्थिरता। 6. लाल।

तुझसे यही कहेंगी क्या गुज़री है मुझ पॅ रात भर
जो मेरी आस्तीं पॅ हैं तेरे ग़मों की सुर्ख़ियाँ

हुस्ने-अज़ल की जल्वागाह आइना-ए-सुकूते-राज़
देख तो है अयाँ-अयाँ पूछ तो है नेहाँ-नेहाँ

दूर बहुत ज़मीन से पहुँची है इक किरन की चोट
नीम-तबस्सुमे-ख़फ़ी रह गयीं पिस के बिजलियाँ

कितने तसव्वुरात के कितने ही वारदात के
लालो-गुहर लुटा गया दिल है कि गंजे-शायगाँ[1]

सीनों में दर्द भर दिया छेड़ के दास्ताने-हुस्न
आज तो काम कर गयी इश्क़ की उम्रे-रायगाँ

आह फ़रेबे-रंगो-बू अपनी शिकस्त आप है
बादे-नज़ारा-ए-बहार बढ़ गयीं और उदासियाँ

ऐ मेरी शामे-इन्तज़ार कौन ये आ गया लिये
ज़ुल्फ़ों में एक शबे-दराज़ आँखों में कुछ कहानियाँ

मुझको **फ़िराक़** याद है पैकरे-रंगो-बू-ए-दोस्त
पाँव से ता-जबीने-नाज़ मेह्रफ़शाँ-वो-महचकाँ

79

वो आँख ज़बान हो गयी है
हर बज़्म की जान हो गयी है

आँखें पड़ती हैं मयकदों की
वो आँख जवान हो गयी है

आईना दिखा दिया ये किसने
दुनिया हैरान हो गयी है

उस नरगिसे-नाज़ में थी जो बात
शाइर की ज़बान हो गयी है

1. बेहतरीन ख़ज़ाना।

अब तो तेरी हर निगाहे-काफ़िर
ईमान की जान हो गयी है।

तरग़ीबे-गुनाह[1] लह्ज़ा-लह्ज़ा[2]
अब रात जवान हो गयी है

तौफ़ीक़े-नज़र से मुश्किले-ज़ीस्त
कितनी आसान हो गयी है

तसवीरे-बशर है नक़्शे-आफ़ाक़
फ़ितरत इनसान हो गयी है

पहले वो निगाह इक किरन थी
अब एक जहान हो गयी है

सुनते हैं कि अब नवा-ए-शाइर
सहरा ही अज़ान हो गयी है

ये किसकी पड़ीं ग़लत निगाहें
हस्ती बुह्तान[3] हो गयी है

इन्साँ को ख़रीदता है इन्साँ
दुनिया भी दुकान हो गयी है

अकसर शबे-हिज्र दोस्त की याद
तनहाई की जान हो गयी है

शिर्कत तेरी बज़्मे-क़िस्सागो[4] में
अफ़साने की जान हो गयी है

जो आज मेरी ज़बान थी कल
दुनिया की ज़बान हो गयी है

इक सानिहा-ए-जहाँ है वो आँख
जिस दिन से ज़बान हो गयी है

रा'नाइ - ए-क़ामते - दिलआरा
मेरा अरमान हो गयी है

---

1. पाप की ओर उकसाना। 2. क्षण-प्रतिक्षण। 3. आरोप। 4. कहानियाँ कहनेवालों की महफ़िल।

दिल में इक वारदाते-पिनहाँ[1]
बेसान-गुमान हो गयी है

सुनता हूँ क़ज़ा-ए-क़हूरमाँ भी
अब तो रहमान हो गयी है

वाएज़ मुझे क्या ख़ुदा से
मेरा ईमान हो गयी है

मेरी तो ये कायनाते-ग़म भी
जानो-ईमान हो गयी है

मेरी हर बात आदमी की
अज़्मती[2] का निशान हो गयी है

यादे-अय्यामे-आशिक़ी जब
अबदीयत[3] इक आन हो गयी है

जो शोख़ नज़र थी दुश्मने-जाँ
वो जान की जान हो गयी है

हर बैत[4] **फ़िराक़** इस ग़ज़ल की
अबरू की कमान हो गयी है

80

शामे-ग़म कुछ उस निगाहे-नाज़ की बातें करो
बेख़ुदी बढ़ती चली है राज़ की बातें करो

ये सुकूते-नाज़ ये दिल की रगों का टूटना
ख़ामुशी में कुछ शिकस्ते-साज़ की बातें करो।

नकहते-ज़ुल्फ़े-परीशाँ[5] दास्ताने-शामे-ग़म
सुब्ह होने तक इसी अन्दाज़ की बातें करो

हर रगे-दिल वज़्द में आती रहे दुखती रहे
यूँ ही उसके जा-वो-बेजा नाज़ की बातें करो

---

1. छिपी हुई घटना। 2. महानता। 3. नित्यता। 4. पंक्ति। 5. बिखरे हुए केशों की सुगन्ध।

जो अदम की जान है जो है पयामे-ज़िन्दगी
उस सुकूते-राज़ उस आवाज़ की बातें करो

इश्क़ रुसवा हो चला बेकैफ़-सा बेज़ार-सा
आज उसकी नर्गिसे-ग़म्माज़[1] की बातें करो

नाम भी लेना है जिसका इक जहाने-रंगो-बू
दोस्तो उस नौ-बहारे-नाज़ की बातें करो

किसलिए उज़्रे-तग़ाफ़ुल किसलिए इल्ज़ामे-इश्क़
आज चर्ख़े-तफ़रक़ा-परदाज़ की बातें करो

कुछ क़फ़स की तीलिओं से छन रहा है नूर-सा
कुछ फ़ज़ा कुछ हसरते-परवाज़[2] की बातें करो

जो हयाते-जाविदाँ है जो है मर्गे-नागहाँ
आज कुछ उस नाज़ उस अन्दाज़ की बातें करो

इश्क़े-बे-पर्वा भी अब कुछ ना-शकेबा[3] हो चला
शोख़ी-ए-हुस्ने-करिश्मासाज़ की बातें करो

जिसकी फ़ुर्कत ने पलट दी इश्क़ की काया **फ़िराक़**
आज उस ईसा-नफ़स दमसाज़ की बातें करो

81

शीराज़ा[4] दिल का यूँ भी परीशाँ किये चलो
बेचाक के भी
जेबे-महब्बत सिये चलो

बादाकशो इस आँख का बस ये पयाम है
दोनों जहाँ की ख़ैर
मनाते पिये चलो

यूँ भी सुना है मौत को कहते हैं ज़िन्दगी
जीने का ख़ैर नाम है
लेकिन जिये चलो

1. चुग़लख़ोर आँखों की। 2. उड़ने की कामना। 3. असन्तुष्ट। 4. क्रम।

शायद यही हयात की मंज़िल का राज़ है
तनहा चलो जहान को
लेकिन लिये चलो

आराम से है कौन सरे-रहगुज़ारे-इश्क़
दिल को मगर
फ़रेबे-सुकूँ भी दिये चलो

ये भी है एक राज़े-सुकूँ इज़्तराब में
चाके-जिगर को
सोज़ने-ग़म[1] से सिये चलो

फ़ुरसत ज़रूरी कामों से पाओ तो रो भी लो
ऐ अह्ले-दिल
ये कारे-अबस[2] भी किये चलो

क्या भाग जाऊँगा मैं कहीं लेके वो दयार
ऐ जाने वालो
साथ मुझे भी लिये चलो

हर गुफ़्तगू हो उससे बजुज़ अर्ज़े-मुद्दआ[3]
बातों में ए **फ़िराक़**
लबों को सिये चलो

82

ठान ली उसने मुँह छिपाने की बच गयी आबरू ज़माने की
आ गयी रात तेरे जाने की अब नहीं सुब्ह मुस्कुराने की
गेसु-ए-यार से जो हो के गयीं वह हवाएँ नहीं अब आने की
फूटती पौ भी पा सकी न अदा ज़ेरे-लब तेरे मुस्कुराने की
हुस्न आया नहीं शबाब पर और आँख पड़ने लगी ज़माने की
सिमट आयी है उसकी आँखों में सारी मस्ती शराबख़ाने की
कहते हो दास्ताने-आदम क्या यह तो तम्हीद है फ़साने की

---

1. ग़म की सूई। 2. व्यर्थ के कार्य। 3. मतलब की बात करना।

दिल भी सीनों में ठहरे-ठहरे हैं कुछ ख़बर भी है उसके आने की
हाय शोलानवाइयाँ मेरी जल गयी शाख़ आशियाने की
क्या है आलामे-रोज़गार ए दोस्त इक अदा तेरे आज़माने की
उफ़ यह एहसासे-बेकसी शबे-ग़म बात अलग है तेरे न आने की
क्या किया उसने मुझसे यह मत पूछ मैंने की जिससे बारहा नेकी
जो मेरे दोस्तों ने मुझसे किया इक हकायत है भूल जाने की
उन लबों ने बतायी है तरकीब हर्फ़[1] को दास्ताँ बनाने की
क्यों तेरे हुस्न ने क़सम खायी अब के बिलकुल न याद आने की
जाते-जाते हर एक लम्हा-ए-उम्र कह गया दास्ताँ ज़माने की
फिर तो दुनिया को भूल बैठा हूँ देर थी कोई याद आने की
चोट खा-खा के गुंचा-ए-गुल को हुई तौफ़ीक़[2] मुस्कुराने की
देख ली तेरी दोस्ती ऐ दोस्त दोस्ती देख ली ज़माने की
यादे-अय्याम रंजो-ग़म में भी थी अदा तेरे याद आने की
तूने सीखी है यह कहाँ से अदा नाज़ से मुँह छुपा के जाने की
तेरी मौहूम[3] दोस्ती के लिए दुश्मनी मोल ली ज़माने की
सई-ए-अम्नो-अमाँ बजा लेकिन कम नहीं शोरिशें ज़माने की

ऐ **फ़िराक़** अब मुशाइरा है शुरू
देर थी आप ही के आने की

83

ख़ुशतर्ज़ इक नज़र मेरे दिल से परच गयी
बन कर मज़ाक़े-ग़म मेरी रग-रग में रच गयी

कल संगे-मुहृतसिब जो सरे-मैकदा गिरा
चोट आयी मेरे गर्दने-मीना तो बच गयी

बाज़ारे-दह्र में कोई शै काम की न थी
इक जिन्से-हुस्न थी जो निगाहों में जच गयी

---

1. शब्द। 2. सामर्थ्य। 3. भ्रमात्मक।

बदनाम रहगुज़ारे-नज़र में हुआ है इश्क़
कुछ हर निगाह कहती हुई झूट-सच गयी

दिल की तहों से फिर उड़े यादों के कुछ गुबार
फिर नोके-ख़ारे-ग़म[1] इन्हें आकर खुरच गयी

आँसू मिज़ह के पास तक आकर पलट गये
कल बाल-बाल आबरू-ए इश्क़[2] बच गयी

शोहरत की ज़द से बच न सके सानिहाते-दिल[3]
हमदम मेरे कलाम की तो धूम मच गयी

यह सोचता हूँ हिज्र में फिर क्या करूँगा मैं
रोने से ऐ **फ़िराक़** जो कुछ रात बच गयी

84

मैंने माना हुस्न में नाज़ो-नज़ाकत चाहिए
क़ौल दिल का है कि महबूबाना सीरत चाहिए

उसको पाकर भी उसे पाने की हसरत चाहिए
वस्ल में भी चाश्नी-ए-दर्दे-फुरक़त[4] चाहिए

हज़रते नासेह, हमें हमदर्दियाँ दरकार हैं
तुम यँ समझे दर्द वालों को नसीहत चाहिए

ऐ मज़ाहिब के खुदा तेरी मशीयत जो भी हो
इश्क़ को दीगर खुदा दीगर मशीयत चाहिए

वरना बज़्मे-नाज़ इक हैरत-कदा बन जायगी
हुस्ने बेपायाँ में अन्दाज़े-किफ़ायत चाहिए

क़ादिरे मुतलक़ ने जो कुछ भी मुक़द्दर कर दिया
वोह मुक़द्दर भी बदल सकता है हिम्मत चाहिए

है सजीलापन रसीलापन कटीलापन वही
साग़रे-मय में तेरी आँखों की नीयत चाहिए

---

1. दुख के काँटे की नोक। 2. प्रेम की मर्यादा। 3. दिल की मुसीबतें। 4. वियोग के दर्द का मज़ा।

आपने मेहरो-मुरव्वत से नवाज़ा हर तरह
शुक्रिया इसका मगर मुझको महब्बत चाहिए

शेख़ साहब सबकी नज़रों में फ़रिश्ते ही सही
हक़ तो यह है आदमी में आदमीयत चाहिए

इस जहाँ को रश्के-जन्नत हम करेंगे एक दिन
जिनका यह ईमाँ नहीं ऐसों को जन्नत चाहिए

एक दुनिया पर फ़रेबे-नाज़ जिसका चल गया
उस नज़र के झूठ में भी कुछ सदाक़त[1] चाहिए

खोल देंगे अहले-दिल-राज़े-अज़ल राज़े-अबद
इक नज़र की गर्दिशे-दौराँ में फ़ुर्सत चाहिए

गो हैं उन मासूम आँखों में हज़ारों ख़ूबियाँ
कुछ शरारत भी मगर हस्बे-ज़रूरत चाहिए

अजनबीयत जिनकी फ़ितरत बेरुख़ी जिनका शआर
कुछ न कुछ ऐसों से भी साहब-सलामत चाहिए

क़ाइदे-क़ानून दुनिया के कहाँ आते हैं काम
अम्रे-दिल में उन निगाहों की सियासत[2] चाहिए

इक सुहानी नरमो-नाज़ुक-सी दमक हो हुस्न में
नग़्म-ए-सुब्हे-बहाराँ की सबाहत चाहिए

इज़्ज़तो-शोहरत सभी कुछ मुझको हासिल है **फ़िराक़**
दोस्त भी मिलने को मिल सकता है क़िस्मत चाहिए

85

उभरते हुस्न को यकसर ग़रूर होने दे
असर से कैफ़े-जवानी[3] के चूर होने दे

दिया है दिल तो इसे बाशऊर होने दे
ग़मे-मजाज़ो-हक़ीक़त से दूर होने दे

---

1. सचाई। 2. राजनीति। 3. यौवन का नशा।

निसारे - शोख़ी - ए - मासूम मुस्कुराए जा
फ़ज़ा को मौजे-शराबे तहूर होने दे

कहाँ ये फ़ुर्सते-काविश निगाहे-जानाँ को
कि अह्ले-ग़म को भी ग़म का शऊर होने दे

सकूते-होश को मरकज़[1] बना महब्बत का
जुनूँ का ग़लग़ला नज़दीकी-दूर होने दे

उठे हिजाब तो मन्सूर की भी याद आये
हो सामना तो यह ग़फ़लत ज़रूर होने दे

अभी कुछ और करिश्मे निगाहे-नाज़ के हैं
जहाने-इश्क़ की ज़ुल्मत को दूर होने दे

ज़माँ-मकाँ से बचा इज़्तराबे-हिजराँ[2] को
यह ग़म भी कुछ ग़मे-दूरी से दूर होने दे

तू आप अपना जहाँ आप अपनी जन्नत है
हरम में क़िस्सा-ए-हूरो-क़सूर होने दे

ग़मो-खुशी से अलग उम्रे-इश्क़ काटे जा
यूँ ही सवाबो-गुनह नाज़ो-नूर होने दे

तमाम वादी-ए-एमन तमाम ज़ौक़े-कलीम
नज़र को सिलसिला-ए-बर्क़ो-तूर होने दे

कभी-कभी तेरे सदक़े सरे-नयाज़ को भी
ब-ज़ोमे-इश्क़ सरे-पुर ग़रूर होने दे

नज़र उठा कभी ग़म के सियाहख़ानों पर
इसी अँधेरे को आँखों का नूर होने दे

छुप इस तरह कि फ़ज़ा सरबसर चमक जाये
इसे न अर्श न काबा न तूर होने दे

तमाम वादी-ए-गुरबत हरीमे-राज़ तमाम
किसी को क्या कोई नज़दीको-दूर होने दे

---

1. केन्द्र। 2. वियोग की उलझन।

तमाम शामे-ग़रीबाँ तमाम सुब्हे-वतन
करिश्मासाज़ी-ए-ज़ुल्मात-ओ-नूर होने दे

फ़रेबे-ज़ब्ते-महब्बत को नाशकेबा कर
सकूने-दिल को ग़मे-नासबूर होने दे

सकूने - ग़म को हमआहंगे - कायनात बना
नज़र को बेख़बर इसके हज़ूर[1] होने दे

गुबारे-इश्क़ सियहकार उड़ा ज़माने में
फ़ज़ा को मतला - ए-सुब्हे-नशूर होने दे

यह क़ैफ़े-इश्क़ तो क्या जानिए कहाँ ले जाए
जो मावराए-ख़ुमारे-सुरूर होने दे

फ़िराक़ दिल का धड़कना नवेदे-महशर[2] है
नफ़स को परदा-ए-आवाज़े-सूर होने दे

86

दुआ सब करते आये हैं दुआ से कुछ हुआ भी हो
दुखी दुनिया में बन्दे अनगिनत कोई ख़ुदा भी हो

यही है हुस्न की ख़ूबी यही है शांने-महबूबी
ज़-सर-ता-पा तग़ाफुल हो कोई जाने-वफ़ा भी हो

कहाँ वह ख़लवतें दिन-रात की और अब यह आलम है
कि जब मिलते हैं दिल कहता है कोई तीसरा भी हो

हयाते-नौ-ब-नौ के आलमे-रंगीं का क्या कहना
ख़ुशी की सर-बसर तसवीर भी हो ग़म नुमा भी हो

तो फिर क्या इश्क़ दुनिया में कहीं का भी न रह जाये
ज़माने से लड़ाई मोल ली तुझसे बुरा भी हो

महब्बत की नज़र चश्मो-चराग़े बज़्म-हस्ती[3] है
जब इतनी .सूरतें हैं कोई सूरत-आश्ना भी हो

---

1. सामने। 2. प्रलय-आगमन की सूचना। 3. जीवन के दीपक की आँख।

फ़िराक़ इन्सान से क्या फ़ैसला हो कुफ़्रो-ईमाँ का
यह हैरत-ख़ेज-दुनिया जब ख़ुदा भी मासिवा[1] भी हो

87

सोज़ो-साज़े-दिली को भूल गयी
ज़िन्दगी आशिक़ी को भूल गयी

ज़िन्दगी राज़े-कुफ़्र को खो बैठी शेवा-ए-आज़री[2] को भूल गयी
तेरी आँखों को देखकर दुनिया जादू-ए-सामरी को भूल गयी

आशिक़ी पा के इक पयामे-हयात[3] आलमे बेख़ुदी को भूल गयी
हैं महब्बत की आँख में आँसू अपनी ख़ुशक़िस्मती को भूल गयी

आदमी आदमी को भूल गया ज़िन्दगी ज़िन्दगी को भूल गयी
या सुबक-रौ नहीं मेरी तख़ईल[4] या तेरी नाजुकी को भूल गयी

ज़ुल्फ़े-शबरंग क्यों मेरी वहशत तीरे-हम-साएगी को भूल गयी
दीनो-दुनिया को कुफ़्रो-ईमाँ को आशिक़ी तो सभी को भूल गयी

ज़िन्दगी बन्दगी के चक्कर में मन्सबे-दावरी[5] को भूल गयी
क्यों महब्बत तेरी नज़र की क़सम आलमे-आगही को भूल गयी

लग गयी चुप ज़बाने-शिकवा को अम्रे-नागुफ़्तनी को भूल गयी
शाने-पैग़म्बरी नहीं पाते शाइरी शाइरी को भूल गयी

इत्तफ़ाक़ात हैं ज़माने के दोस्ती दोस्ती को भूल गयी
यह भी इक इश्क़ का करिश्मा है दुश्मनी दुश्मनी को भूल गयी

तेरी रंगीनी-ए-जमाल का अफ़सोस इश्क़ की सादग़ी को भूल गयी
हस्ती-ओ-नेस्ती को भूल गयी आशिक़ी तो सभी को भूल गयी

तीर-हो-तार शामे-हिज्र **फ़िराक़**
इश्क़ की शोलगी को भूल गयी

---

1. सांसारिक वस्तुएँ। 2. मूर्ति बनाने का तरीक़ा। 3. जीवन का सन्देश। 4. कल्पना। 5. न्याय के अधिकार।

ताज़गी सुब्हे-चमन में तेरे रुख़सारों की
ओस में लौ इन्हीं भीगे हुए अंगारों की

सौंप देता है जिस अन्दाज़ से ख़ुद को वो शोख़
साफ़ घातें इन अदाओं में हैं बटमारों की

मौत ने इश्क़ की रग-रग में सरायत[1] कर के
ज़िन्दगी और बढ़ा दी तेरे बीमारों की

हाय रे हाय तबस्सुम का तेरे सोजो-गुदाज़
जैसे आँसू में नहा जायें लवें तारों की

क्या मेरा हाल महब्बत में बहुत नाज़ुक है
पुरसिशें देर से ख़ामोश हैं ग़मख़्वारों की

लड़खड़ाते हैं तो अफ़लाक को लेते हैं सँभाल
लग्ज़िशें देख मय-ए-इश्क़ के सरशारों की

सुब्ह तक देखिए क्या रंगे-जहाँ हो ऐ दोस्त
शाम से नब्ज़ धुआँ है तेरे बीमारों की

नर्मियाँ जिनकी ख़याले-दिले-शाइर की हरीफ़
उन निगाहों में भी तो काट है तलवारों की

चलती फिरती हुई परछाइयाँ पड़ जाती हैं
दिले अफ़सुर्दा पॅ अब भी तेरे रुख़सारों की

साज़े-दिल गो तुझे टूटे हुए जुग बीत गये
अब भी आती हैं सदाएँ[2] तेरी झंकारों की

ख़म-ब-ख़म गेसु-ए-शबरंग तेरी उम्रदराज़
कोई मीआद नहीं तेरे गिरफ़्तारों की

निगहे-नाज़ उठी औ' बहुत आहिस्ता उठी
हो गयीं फिर भी सिवा गर्दिशें सैयारों[3] की

घर लुटा कर जो तेरे ग़म में हुए ख़ाना-बदोश[4]
मंज़िलें देखती हैं राह उन आवारों की

---

1. प्रवेश। 2. आवाज़ें। 3. ग्रहों। 4. बेघर।

गरमी-ए-हुस्न, पसीने की झलक, बन्द खुले
उभरे सीने में लवें छिटके हुए तारों की

हर अदा या तो है पैग़ाम महब्बत का **फ़िराक़**
या हर अन्दाज़ में झंकार है तलवारों की

89

मज़हबवालों को ये हसरत
कब दुनिया से कुफ़्र[1] मिटेगा
मैं तो बस इतना सोच रहा हूँ कब इन्सान इन्सान बनेगा

यारो बाहम गुँधे हुए हैं
कायनात के बिखरे टुकड़े
एक फूल को जुंबिश[2] दोगे तो इक तारा काँप उठेगा

महकी हुई ठण्डी रातों में
साज़े-तरब पर गीत ख़ुशी के
गाओ लेकिन दुखभरे दिल का सोया हुआ घर जाग उठेगा

सोच रहा हूँ तेरी यादें
कब तक दिल को मला करेंगी
वह भी दिन आनेवाला है जब यह सब कुछ भूल चुकेगा

दस्ते-नाज़नीं[3] को समझाओ
देखो इसको यूँ न उठाओ
भरा-भरा है साग़र दिल का छलक पड़ेगा छलक पड़ेगा

पंखुड़ियों के खिलते ही वो
ले के फुरेरी उड़ जायेंगे
गुंचे में हैं बन्द वो सपने जिनको फूल नहीं देखेगा

दुनिया अपनी मुसीबत में है
या फिर है वो अपनी ख़ुशी में
हम जैसों की राम-कहानी कौन कहेगा कौन सुनेगा

1. पाप। 2. गति। 3. कोमल हाथ।

आनेवाली नस्लों को कुछ
नग़मे देकर उठ जाऊँगा
बार-बार गायेंगे लेकिन जी न भरेगा जी न भरेगा

ख़ुशियाँ तुम तो मनाते होगे
बदली हुई दुनिया में यारो
लेकिन तुमको **फ़िराक़**के-हज़ीं भी याद आयेगा याद आयेगा

90

डरता हूँ कामयाबी-ए-तक़दीर
देखकर
यानी सितम-ज़रीफ़ी-ए-तक़दीर[1]
देखकर

क़ालिब[2] में रूह फूँक दी
या ज़हर भर दिया
मैं मर गया हयात की तसवीर
देखकर

ख़्वाबे-अदम से जागते ही
जी पॅ बन गयी
ज़हराबा-ए-हयात[3] की तासीर
देखकर

ये भी हुआ है अपने
तसव्वुर[4] में होके महव[5]
मैं रह गया हूँ आपकी तसवीर
देखकर

सब मरहले-हयात के तै करके अब
फ़िराक़
बैठा हुआ हूँ मौत में ताख़ीर[6]
देखकर

---

1. भाग्य का अत्याचार। 2. शरीर। 3. जीवन के विष। 4. कल्पना। 5. तल्लीन। 6. विलम्ब।

मंज़ूमात

आधी रात

सियाह पेड़ हैं अब आप अपनी परछाईं
ज़मीं से ता-महो-अंजुम[1] सुकूत[2] के मीनार
जिधर निगाह करें इक अथाह गुमशुदगी
इक-एक करके फ़सुर्दा[3] चराग़ों की पलकें
झपक गयीं—जो खुली हैं, झपकने वाली हैं
झलक रहा है, पड़ा चाँदनी के दर्पन में
रसीले कैफ़[4] भरे मंज़रों का जागता ख़्वाब
फ़लक पॅ तारों को पहली जमाहियाँ आयीं

2

तमोलियों की दुकानें कहीं-कहीं हैं खुली
कुछ ऊँघती हुई बढ़ती है शाहराहों[5] पर
सवारियों के बड़े घुँघरुओं की झंकारें
खड़ा है ओस में चुपचाप हरसिंगार का पेड़
दुल्हन हो जैसे हया[6] की सुगन्ध से बोझल
ये मौजे-नूर[7], ये भरपूर ये खिली हुई रात
कि जैसे खिलता चला जाय इक सफ़ेद कँवल
सिपाहे-रूस हैं अब कितनी दूर बर्लिन से?

---

1. चाँद-तारों तक। 2. शान्ति। 3. बुझे हुए। 4. सुख। 5. आम रास्ता। 6. लज्जा। 7. रोशनी की लहर।

जगा रहा है कोई आधी रात का जादू
छलक रही है खुमे-ग़ैब[1] से शराबे-वजूद[2]
फ़ज़ा-ए-नीमशबी,[3] नर्गिसे-ख़ुमारआलूद[4]
कँवल की चुटकियों में बन्द है नदी का सुहाग

3

ये रस का सेज, ये सुकुमार ये सुकोमल गात
नयन-कमल की झपक, कामरूप का जादू
ये रसमसायी पलक की घनी-घनी परछाईं
फ़लक पॅ बिखरे हुए चाँद और सितारों की
चमकती अँगुलियों से छिड़ के साज़े-फ़ितरत[5] के
तराने जागने वाले हैं—तुम भी जाग उठो

4

शुआ-ए-मेह्र[6] ने यूँ इनको चूम-चूम लिया
नदी के बीच कुमुदनी के फूल खिल उट्ठे
न मुफ़लिसी हो तो कितनी हसीन है दुनिया!
ये झाँय-झाँय-सी रह-रह के एक झींगुर की
हिना की टट्टियों में नर्म सरसराहट-सी
फ़ज़ा के सीने में ख़ामोश सनसनाहट-सी
लटों में रात की देवी की थरथराहट-सी
ये कायनात[7] अब इक नींद ले चुकी होगी

5

ये मह्वे-ख़्वाब[8] हैं रंगीन मछलियाँ तहे-आब
कि हौज़े-सह्न में अब उनकी चशमकें भी नहीं

1-2.अस्तित्व की मदिरा। 3. आधी रात का वातावरण। 4. नींद में डूबी हुई नरगिस। 5. प्रकृति का संगीत। 6. सूर्य की रोशनी। 7. विश्व। 8. आराम कर रही।

ये सरनिगूँ[1] हैं सरे-शाख़ फूल गुड़हल के
कि जैसे बेबुझे अंगारे ठण्डे पड़ जायें
ये चाँदनी है कि उमड़ा हुआ है रस-सागर
इक आदमी है कि इतना दुखी है दुनिया में

6

क़रीब चाँद के मँडला रही है इक चिड़िया
भँवर में नूर के करवट से जैसे नाव चले
कि जैसे सीना-ए-शाइर में कोई ख़्वाब पले
वो ख़्वाब—साँचे में जिसके नयी हयात ढले
वो ख़्वाब—जिससे पुराना निज़ामे-ग़म[2] बदले
कहाँ से आती है मदमालती लता की लपट
कि जैसे सैकड़ों परियाँ गुलाबियाँ छिड़कायँ
कि जैसे सैकड़ों बन-देवियों ने झूले पर
अदा-ए-ख़ास से इक साथ बाल खोल दिये
लगे हैं कान सितारों के जिसकी आहट पर
इस इन्क़लाब की कोई ख़बर नहीं आती
दिले-नुजूम[3] धड़कते हैं कान बजते हैं!

7

ये साँस लेती हुई कायनात ये शबे-माह[4]!
ये पुरसुकूँ[5] ये पुरअसरार[6] ये उदास समाँ!
ये नर्म-नर्म हवाओं के नीलगूँ[7] झोंके
फ़ज़ा की ओट में मुर्दों की गुनगुनाहट है
ये रात मौत की बेरंग मुस्कुराहट है
धुआँ-धुआँ से मनाज़िर[8] तमाम नमदीदा[9]

---

1. झुका हुआ। 2. दुखद व्यवस्था। 3. तारों के दिल। 4. पूर्णमासी की रात्रि। 5. शान्तिमय। 6. रहस्यमय। 7. नीले। 8. दृश्य। 9. भीगे-भीगे।

खुनुक धुँदलके की आँखें भी नीम-ख़ाबीदा[1]
सितारे हैं कि जहाँ पर हैं आँसुओं का क़फ़न
हयात पर्दा-ए-शब में बदलती है पहलू
कुछ और जाग उठा आधी रात का जादू
ज़माना कितना लड़ाई को रह गया होगा
मेरे ख़याल में अब एक बज रहा होगा!

8

गुलों ने चादरे-शबनम से मुँह लपेट लिया
लबों पॅ सो गयी कलियों की मुस्कुराहट भी
ज़रा भी सुंबुले-तर की लटें नहीं हिलतीं
सुकूते-नीमशबी की हदें नहीं हिलतीं
अब इन्क़लाब में शायद ज़्यादा देर नहीं!
गुज़र रहे हैं कई कारवाँ धुँदलके में—
सुकूते-नीमशबी है उन्हीं के पाँव की चाप
कुछ और जाग उठा आधी रात का जादू!

9

नयी ज़मीन नया आसमाँ नयी दुनिया
नये सितारे नयी गरदिशें नये दिन-रात
ज़मीं से ता-ब-फ़लक[2] इन्तज़ार का आलम
फ़ज़ा-ए-ज़र्द में धुँधले गुबार का आलम
हयात मौतनुमा इन्तिशार[3] का आलम
है मौजे-दूद[4] कि धुँदली फ़ज़ा की नब्ज़ें हैं
तमाम ख़स्तगी-ओ-माँदगी, ये दौरे-हयात
थके-थके-से ये तारे थकी-थकी-सी ये रात

---

1. अधसोयी। 2. आसमान तक। 3. विशृंखलता। 4. धुआँ की लहर।

ये सर्द-सर्द ये बे जान फीकी-फीकी चमक
निज़ामे-सानिया[1] की मौत का पसीना है
खुद अपने आप में ये कायनात डूब गयी
खुद अपनी कोख से फिर जगमगा के उभरेगी
बदल के केचुली जिस त़रह नाग लहराये!

10

खुनुक फ़ज़ाओं में रक़्साँ हैं चाँद की किरनें
कि आबगीनों पॅ पड़ती है नर्म-नर्म फुआर
ये मौजे-ग़फ़लते-मासूम ये खुमारे-बदन
ये साँस नींद में डूबी ये आँख मदमाती
अब आओ, मेरे कलेजे से लग के सो जाओ
ये पलकें बन्द करो और मुझमें खो जाओ

परछाइयाँ

ये शाम आइना-ए-नीलगूँ ये नम ये महक
ये मंज़रों की झलक, खेत, बाग़, दरिया, गाँव
वो कुछ सुलगते हुए कुछ सुलगने वाले अलाव
सियाहियों का दबे पाँव आसमाँ से नुज़ूल[2]
लटों को खोल दे जिस तरह शाम की देवी
पुराने वक़्त के बरगद की ये उदास जटायँ
क़रीबो-दूर ये गोधूल की उभरती घटायँ
ये कायनात का ठहराव ये अथाह सुकूत!
ये नीम-तीरा फ़ज़ा रोज़े-गर्म का ताबूत[3]
धुआँ-धुआँ-सी ज़मीं है धुला-धुला-सा-फ़लक

.रो व्यवस्था। 2. प्रकट होना। 3. वह सन्दूक़ जिसमें शव बन्द किया जाता है।

2

ये चाँदनी ये हवाएँ ये शाख़े-गुल की लचक
ये दौरे-बादा ये साज़े-ख़मोश फ़ितरत के
सुनाई देने लगी जगमगाते सीनों में
दिलों के नाज़ुको-शफ़्फ़ाफ़ आबगीनों[1] में
तेरे ख़याल की पड़ती हुई किरन की खनक

3

ये रात छनती हवाओं की सोंधी-सोंधी महक
ये खेल करती हुई चाँदनी की नर्म दमक
सुगन्ध रात की रानी की जब मचलती है
फ़ज़ा में रूहे-तरब करवटें बदलती है
ये रूप, सर से क़दम तक हसीन, जैसे गुनाह
ये आरिज़ों[2] की दमक, ये फ़ुसूने-चश्मे-सियाह
ये धज, न दे जो अजन्ता की सनअतों को पनाह
ये सीना, पड़ ही गयी देवलोक की भी निगाह
ये सरज़मीन, है आकाश की परस्तिशगाह[3]
उतारते हैं तेरी आरती सितारा-ओ-माह
सजल बदन की बयाँ किस तरह हो कैफ़ीयत
सरस्वती के बजाते हुए सितार की गत
जमाले-यार तेरे गुलसिताँ की रह-रह के
जबीने - नाज़ तेरी कहकशाँ की रह - रह के
दिलों में आइना-दर-आइना सुहानी झलक

4

ये छब ये रूप ये जोबन ये सज ये धज ये लहक
चमकते तारों की किरनों की नर्म-नर्म फुआर

---

1. कोमल और साफ़ प्यालों में। 2. गालों। 3. पूजा-स्थल।

ये रसमसाते बदन का उठान और ये उभार!
फ़ज़ा के आइने में जैसे लहलहाये बहार
ये बेक़रार ये बेअख़्तियार जोशे-नुमूद
कि जैसे नूर का फ़व्वारा हो शफ़क़-आलूद[1]
ये जल्वे पैकरे-शबताब[2] के ये बज़्मे-शहूद[3]
ये मस्तियाँ कि मये-साफ़ो-दुर्द सब बे बूद
ख़जिल हो लाले-यमन अज़्व-अज़्व की वो डलक

5

बस इक सितारा-ए-शंगर्फ़[4] की जबीं पॅ झमक
वो चाल जिससे लबालब गुलाबियाँ छलकें
सुकूँ-नुमा ख़मे-अबरू ये अधखुली पलकें
हर-इक निगाह से ऐमन की बिजलियाँ लपकें
ये आँख जिसमें कई आसमाँ दिखाई पड़ें
उड़ा दें होश वो कानों की सादा-सादा लवें
घटाएँ वज़्द में आयें ये गेसुओं की लटक

6

ये कैफ़ो-रंगे-नज़ारा ये बिजलियों की लपक
कि जैसे कृश्न से राधा की आँख इशारे करे
वो शोख़ इशारे कि रब्बानियत[5] भी जाये झपक
जमाल सर से क़दम तक तमाम शोला है
सुकूनो-जुंबिशो-रम तक तमाम शोला है
मगर वो शोला कि आँखों में डाल दे ठण्डक

1. ऊषा की लालिमा में डूबा हुआ। 2. रात का चमकता हुआ शरीर। 3. हसीनों की महफ़िल। 4. सिन्दूर। 5. खुदाई।

7

ये रात! नींद में डूबे हुए-से हैं दीपक
फ़ज़ा में बुझ गये उड़-उड़ के जुगनुओं के शरार
कुछ और तारों की आँखों का बढ़ चला है ख़ुमार
फ़सुर्दा छिटकी हुई चाँदनी का धुँधला गुबार
ये भीगी-भीगी उदाहट ये भीगा-भीगा नूर!
कि जैसे चश्मा-ए-ज़ुलमात में जले काफ़ूर
ये ढलती रात सितारों के क़ल्ब का ये गुदाज़
ख़ुनुक फ़ज़ा में तेरा शबनमी तबस्सुमे-नाज़
झलक जमाल की ताबीरे-ख़्वाबे-आइनासाज़[1]
जहाँ से जिस्म को देखें तमाम नाज़ो-नियाज़
जहाँ निगाह ठहर जाये, राज़ अन्दर राज़
सुकूते-नीमशबी[2], लहलहे बदन का निखार
कि जैसे नींद की वादी में जागता संसार
है बज़्मे-माह कि परछाइयों की बस्ती है
फ़ज़ा की ओट से वो ख़ामुशी बरसती है
कि बूँद-बूँद से पैदा हो गोशो-दिल में खनक

8

किसी ख़याल में है ग़र्क़ चाँदनी की चमक
हवाएँ नींद के खेतों में जैसे आती हों
हयातो-मौत में सरग़ोशियाँ-सी होती हैं
करोरों साल के जामे सितारे नमदीदा
सियाह गेसुओं के साँप नीम ख़्वाबीदा
ये पिछली रात ये रग-रग में नर्म-नर्म कसक

1. दर्पण बनानेवाले के स्वप्न का परिणाम। 2. आधी रात का सन्नाटा।

कार्तिकी पूर्णिमा

सुकूते नीमशबी ने उठा लिया है सितार
फ़लक पॅ जल्वा-ए-अंजुम उसी की है झंकार
ये वक़्त! चर्ख़े-बरीं[1] से ये बारिशे-अनवार[2]
ये रात! चाँद-नगर से शुआओं का यॅं उतार
इसी तरह कभी गंगा फ़लक से उतरी थी
मिली थी शिव की ज़टाओं में पहली जा-ए-क़रार[3]
जहाँनुमा[4] है ये सय्याले-ख़्वाबे-फ़ितरत[5] भी
कि माहताब की देवी है आइना-ब-कनार
ये ठण्डी-ठण्डी हवाएँ ये रसमयी शबे-माह
ये भीगी-भीगी फ़ज़ाएँ, इस अबतरी के निसार
ये थरथरायी लवें आज शब-नमिस्ताँ की
ये कपकपाती भवें रात की ये कैफ़ ख़ुमार
ये ख़ामुशी है सरासर उसी के पाँव की चाप
धुँदलके हैं ग़मे-हस्ती के कारवाँ के गुबार
हवाएँ नींद में हैं और माहे-ताबाँ की
शुआएँ बादा-ए-शबनम[6] को पी के हैं सरशार
खिला हुआ है जो महताब का सफ़ेद गुलाब
छलक रहा है कोई आबगीना-ए-सरशार
ये हरसिंगार का साया ये भीनी-भीनी महक
ये फूल झड़ते हैं या है तरावशे-अनवार[7]
ये रसमसायी हुई अध-खिली कली सरे-शाख़
है रंगो-बू के हिजाबों[8] में लाजवन्ती नार
बहुत ही धीमी है इस माहे-नीम माह[9] की आँच
ये आँच वो है जिसे कहिए कीमिया-आसार
फ़ज़ा में नीम इशारे उरूसे-फ़ितरत[10] के
ख़ुनुक फ़ज़ा की लचक है कि अबरू-ए-ख़मदार[11]

---

1. आकाश। 2. रौशनी की वर्षा। 3. पनाह की जगह। 4. विश्वदर्शी। 5. प्रकृति के स्वप्न की मदिरा। 6. ओस की शराब। 7. रौशनी जाहिर होना। 8. परदों। 9. आधे महीने का चाँद। 10. प्रकृति की दुल्हन। 11. टेढ़ी भवें।

हर-इक बर्ग किसे आइना दिखाता है
झलक रहा है बसद आबो-ताब रू-ए-निगार[1]
ये क़ैफ़े-नीमशबी! इससे क्या कहे शाइर
किसी क़दर जो है ग़ाफ़िल किसी क़दर बेदार
हवाएँ लग़्ज़िशे-मस्ताँ[2] फ़ज़ाएँ मुश्क़-आलूद[3]
बू-ए-परीदा[4] है रम-दीदा[5] आहू-ए-तातार[6]
गुलों के शहर में शबनम की दीपमाला है
है ख़ुशबुओं के चराग़ों की आगे पीछे-क़तार
उजाली रात है या कोई ख़्वाबे-सीमीं[7] है
उतर रहे हैं शुआओं के भेस में असरार[8]
ये जू-ए-शीर[9] पहाड़ों से हो के आती है
सरे-कनारे-कुहिस्ताँ[10] खनक रहे हैं सितार
ये सज ये रूप सिजिल चाँदनी की देवी का
किसी दुल्हन का भी ऐसा रचाव है न सिंगार
पिघल रही है ये ख़ुन्की की आँच से चाँदी
ये ग़ुस्ले-नूर से निखरे हुए गुलो-गुलज़ार
ये गूँजती हुई ख़ामोशी-ए-शबे-आख़िर
जो कह रही है हर-इक नेको-बद[11] से पाँव पसार
है ख़्वाबगाह कि आईना शब-नमिस्ताँ का
कि गहरी नींद में है कायनाते-नक़्शो-निगार
ये नीमशब ये हम-आग़ोशी-ए-ज़मीनो-फ़लक[12]
हर-एक क़तरा-ए-शबनम है आज मह-ब-कनार
फ़लक से ता-ब-ज़मीं[13] मोजिज़े[14] उतरते हैं
ज़मीं से ता-ब-फ़लक शब है जादू-ए-बेदार
सिरे से तपते हुए माथे पड़ गये ठण्डे
हर-इक जबीं पॅ खिले नींद के गुले-बेख़ार
फ़लक पॅ खेत कर आयी है चाँदनी हरसू
उफ़ुक़ से ता-ब-उफ़ुक़ ख़्वाबे-नूर के आसार

---

1. सुन्दर चेहरा। 2. मस्तों की लड़खड़ाहट। 3. कस्तूरी की सुगन्ध से भरा। 4. सुगन्ध का उड़ना। 5. भागी हुई। 6. तातार की हिरन। 7. रुपहला स्वप्न। 8. रहस्य। 9. दूध की नहर। 10. पहाड़ के किनारे। 11. शुभ-अशुभ। 12. ज़मीन और आसमान का मिलना। 13. ज़मीन तक। 14. चमत्कार

ज़मीं से ता-ब-फ़लक दूर तक बहद्दे निगाह
चहार[1] सम्त ये ख़ुनकी-ओ-नूर[2] के कुहसार
ये ख़ुशबुओं का धुआँ मिस्ले-दूदे-काफ़ूरी[3]
ये चाँद-रात ये ठण्डक ये नींद का संसार
फ़ज़ा में जैसे हो इक गूँज एक आहट-सी
सदा है शब के परों की ये अनसुनी झंकार
फ़ज़ा में नग़्मा-ए-महताब के हैं कोमल सुर
जो बाग़ो-राग़ पॅ पड़ती है नर्म-नर्म फुआर
फ़ुसूने-नीमशबी[4] का ये जागता जादू
महे-तमाम शबिस्ताँ का ताला-ए बेदार[5]
उफ़ुक़ से ता-ब-उफ़ुक़ जैसे एक चादरे-नूर
उफ़ुक़ से ता-ब-उफ़ुक़ इक तमव्वुजे-असरार[6]
खड़े हैं अबरक़े-सय्याल[7] के जो ये मीनार
ये हैं जुलूसे-शबे-माह[8] के अलमबरदार[9]
फ़ज़ा-ए नीमशबी[10] है तमाम कहकशाँ[11]
पिघलते जाते हैं हीरों के अनगिनत मीनार
ये रंगो नूर के फ़व्वारे हैं कि रक़्से-नुजूम[12]
फ़ज़ा-ए सर्द में हर सम्त छूटते हैं अनार
भँवर से पड़ते चले दूधिया फ़ज़ाओं में
कि बनते जाते हैं गिरदाबे-नूर[13] सिलसिलावार
गुलों के गिर्द जो पिघली हुई लकीरें हैं
ये चाँदनी की सुबुक[14] उँगलियाँ हैं मीनाकार
ये चन्द्रमा है कि माथे पॅ कृश्न के है तिलक
ये जू-ए-नूर[15] है राधा का जल्वा-ए-अनवार
ये चाँदनी है कि बारीक चादरे-ग़फ़लत[16]
कि गहरी नींद में हैं चारसू[17] दरो-दीवार

---

1. चारों। 2. ठण्डक और रौशनी। 3. कपूर के धुएँ की तरह। 4. आधी रात का जादू। 5. जागता हुआ भाग्य। 6. रहस्यों का मौज़ें मारना। 7. चमकती हुई शराब। 8. चाँदनी रात का जुलूस। 9. झण्डा उठानेवाले। 10. आधी रात का वातावरण। 11. आकाशगंगा। 12. सितारों का नृत्य। 13. रौशनी के भँवर। 14. नाज़ुक। 15. रौशनी की नहर। 16. विस्मय की चादर। 17. चारों तरफ़।

ये झाड़ियों में जो शबनम की झमझमाहट है
किसी के पायलों की है ये नुक़रई[1] झंकार
दयारे-हिन्द की ऐ पूर्णिमा! तेरी आँखें
हैं अह्द-अह्द[2] के देखे हुए चढ़ाव-उतार
हवाएँ हैं तेरे दामन की इक पयामे-सुकूँ
कि सो गये तेरे पहलू में काफ़िरो-दीदार
करोरों साल पुरानी भी हो के तू है नयी
हज़ारों दौरे-फ़लक तेरी ताज़गी पॅ निसार
हज़ारों जुग तेरी पलकों के साये में गुज़रे
बता रहा है मुझे तेरी अँखड़ियों का खुमार
महे-तमाम[3] तेरी आरती का दीपक है
सितारे क्या तेरे मण्डप के हैं ये बन्दनवार
गुनूदगी का ये आलम ये महवीयत ये कैफ़
उजाली रात है इक दास्ताने-ख़्वाब-आसार
खुनुक फ़ज़ाओं में सरगोशियों का आलम है
हर-इक लचकती किरन की ये नर्मी-ए-गुफ़्तार
सुकूते-नाज़ की धीमी दमक ये होटों की लव
हर-एक बात नज़र आ रही है दूर-अज़-कार[4]
दफ़ीना[5] है तेरा सीना हमारे माज़ी[6] का
जो है हमारे लिए एक दौलते-बेदार
हमारी फ़िक्र में फ़न में तेरा भी हिस्सा है
रही है हिन्द की तारीख़ की तू इक किरदार
शऊरे-फ़िक्रो-फ़ने-हिन्द की ये नर्म लचक
ये ठण्डक और सुकूँ, सबमें है तेरी चमकार
ये एतदालो-तवाजुन[7] मिज़ाजे भारत का
तेरे तुफ़ैल[8] मिली ये दुरुस्ती-ए-किरदार
महे-तमाम से अमृत बरस रहा है **फ़िराक़**
छलक रही है फ़ज़ा मिस्ले-सागरे-सरशार[8]

---

1. रजतमयी। 2. युग-युग। 3. पूरा चाँद। 4. असम्भव। 5. गुप्तधन। 6. अतीत। 7. समानता और सन्तुलन। 8. द्वारा। 9. भरे हुए प्याले की तरह।

तराना-ए-इश्क़

भोजपुरी के एक प्रसिद्ध लोकगीत से प्रभावित होकर, उसी अन्दाज़ में यह नज़्म कही गयी है। भोजपुरी लोकगीत की प्रथम पंक्ति :

जलवा चमके उजरी मछरिया रन चमके तर्वार
सभवा में चमके मोरे सइयाँ की पगड़िया सेजिया प बिंदिया हमार

इसी अन्दाज़ में यह नज़्म

जल्वा-ए-गुल को बुलबुल बहुत है शम्अ को गिरया-ए-शाम[1]
बादे-बहारी गुल को बहुत है मुझको तेरा नाम
बिजली चमके काली घटा में जाम में आतिशे-सर्द[2]
चमके राख जोगी की जटा में मुझमें तेरा दर्द
बल न छूटे तेरे बालों से और नय[3] से फ़रियाद
पल भर मन न छूटे कालों से मुझसे तेरी याद
शाख पॅ शोला-ए-गुल की लपक हो चर्ख़[4] पॅ अंजुमो-माह
दुनिया पर सूरज की चमक हो मुझ पर तेरी निगाह

हुस्न की देवी से

ये रंग-रंग जवानी, चमन-चमन पैकर
ये गुंचा-गुंचा तबस्सुम, क़दह-क़दह गुफ़्तार
निगाह फूल, लबे-नाज़ शोला-ए-ऐनी
शबाब मयकदा बरदोश गुलसिताँ ब-कनार

ये है सदा की खनक या तरन्नुमे-सहरी
ये गाम-गाम चराग़ाँ ये गर्मी-ए-रफ़्तार
जमाही लेते हुए भी पियालाज़न हर अज़्व
तमाम नश्शा ज़े-सर-ता-क़दम तमाम ख़ुमार

1. सन्ध्या का रोना। 2. ठण्डी आग। 3. बाँसुरी। 4. आसमान।

बरों में आइना-दर-आइना बहारे-जिनाँ
रगों में रागनियों की मिली-जुली झंकार
तनाव मद-भरे सीने का ये कमर का कटाव
खुतूते-जिस्म सारंगी के हैं खिंचे हुए तार

इन अँखड़ियों में जलें जुर्मे-अव्वलीं के चराग़
लपक गुनाह के शोलों की अबरू-ए-ख़मदार
ये सब सही मगर अल्लाह रे! ये मासूमी
गुनह को भी करें पकीज़ा हुस्न के अतवार

ये अंग-अंग में रस जस नज़र-नज़र में दुआयँ
ये बात-बात में अमृत की हलकी-हलकी फुआर
फ़राज़े-सीना पॅ रख़शिन्दा दो महे-कामिल
वो जिस्म, चाँदनी में जैसे छूटता हो अनार

क़दे-ज़मील है या कामदेव की है कमाँ
नज़र के फूल गुँधे, तीर करते जाते हैं वार
खिला-खिला शफ़क़िस्ताने-सुब्हे-पैकरे-नाज़
ये तह-बतह मू-ए-जुल्फ़े-सियाह अब्रे-बहार

ख़मे-ज़क़न[1] है कि तर्शा हुआ कोई कौंदा
अज़ल के खिलते हुए गुलसिताँ गुले-रुख़सार
उफ़ुक़ से क़नपटियों के पवें-सी फटती हुई
दमकती लौहे-जबीं साफ़ मतला-ए-अनवार

सुडौलपन है ग़ज़ब साअदे-बिलूरीं[2] में
कि ढल के साँचे में शोले को जैसे आये क़रार
लक़ा-ए-नाज़[3] पॅ परछाइयाँ-सी पड़ती हुई
ज़हे ये जलवों की तज्दीद सूरते-तकरार

हर एक अज़्व है आईना-ए-रुख़े-यज़दाँ
बदन है शीशागराने-ग़याब[4] का शहकार
ख़रामे नाज़ वो ऊँची करे जो सत्हे-हयात
निगाहे-नाज़ बढ़ाये जो ज़िन्दगी का वक़ार

---

1. ठोड़ी। 2. काँच-जैसी बाँहें। 3. कोमल शरीर। 4. न दिखाई देनेवाले शिल्पी।

ये चेहरा सुब्हे-बनारस, ये जुल्फ़ शामे-अवध
कमन्दे-पैकरे-नाजुक फ़ज़ा-ए-खुल्दशिकार
ज़े-फ़र्क़-ता-ब क़दम ये तनासुबे-आज़ा[1]
कि बुततराशी-ए-यूनानो-पारसो-हिन्द निसार

लताफ़ते-क़दे-राना रियाज़ते-तख़लीक़
सफ़ा-ए-आरिज़े-तर[2] ज़िन्दगी की आइनादार
वहीं वो खा के पछाड़ें चमन में तोड़े दम
बदन के लोच को देखे अगर नसीमे-बहार

नज़र के सामने है हुस्न आँख ओझल भी
तमाम लज़्ज़ते-दीदारो - हसरते-दीदार
जो सुन सके कोई हर अज़्व बात करता है
नज़र-नज़र है तकल्लुम अदा-अदा गुफ़्तार

इन उँगलियों के इशारे से जल उठे हैं कँवल
है इश्वा-इश्वा ज़ियापाश अदा-अदा गुलनार
गवाहे-दीदा-ए-मुश्ताक़ चेहरा है हर अज़्व
जहाँ से देखिए पैकर तमाम रू-ए-निगार

कशिश है हुस्न की या मर्जा-ए-हुजूमे-निगाह
हर अंग अरसा-ए-तंगस्तो-मर्दुमाँ बिस्यार[3]
शबाब रंग पॅ है बोलता है तूती-ए-नाज़
सदा फड़कती रगों में लहू की ये चहकार

बदन में सर से क़दम तक चटखती हैं कलियाँ
ज़हे-तबस्सुमे-हर-अज़्व रश्के-सुब्हे-बहार
नज़ाकते-ख़ते-गर्दन सुनहरी हल्क़ा-ए-नूर
लताफ़ते-तने-राना फ़ुनून का मेयार

न आइने की ज़रूरत न चश्मे-हैराँ की
बजा-ए-खुद तने-रंगीं है जन्नते-दीदार
बसी किरन है वो आँखों में जिसकी ताब न लायँ
फ़रिश्ते, इश्क़ से जिनको नहीं ज़रा सरो-कार

1. अंग। 2. भीगे हुए गालों की सुन्दरता। 3. आदमियों की तादाद ज़्यादा है और जगह तंग है।

जमाल है कि मुजस्सम खिंची-हुई इक अलाप
निशाने-नग़्मा है एक-एक ख़त्त-जिस्मे-निगार
हिला-मिला के भी जिसको कोई न जान सका
निगाहे-नाज़ वो मानूसे-आलमे-असरार

निगाहे-शोख़ में सदहा मतालिबे-रंगीं
सुकूते-नाज़ में सदहा मआनी-ए-तहदार
ख़ुदा भी सोचे जो शकलों की इस्तिलाहों में
यही नुक़ूशे-बदन होंगे सरमदी[1] अफ़्कार

ख़याल के भी तो लफ़्ज़ों में अर्ज़ो-तूल[2] नहीं
इन्हीं के मिलने से पैदा हुआ ये जिस्मे-निगार
शबे-विसाल कटे फिर भी ये कुँवारापन
तमाम गुंचा-सिफ़त है खिला हुआ गुलज़ार

ये बेख़ुदी-ए-नज़र, ये फ़ुसूनकारी-ए-हुस्न
ये ख़ाबनाकी ये जलवा-ए-जादू-ए-बेदार
सदा-ए-नाज़ में जैसे चमक सितारों की
वो बात करने में आवाज़ का चढ़ाव-उतार

कनार[3] में भी उसे ले के ढूँढ़ते रहिए
सिपुर्दगी के भी पहलू में सद अदा-ए-फ़रार
फ़ज़ाएँ चौंक उठें उसकी जुंबिशे-लब पर
पयामे-सरसरी-ए-हुस्न ज़िन्दगी की पुकार

पयामे-वहदते-इनसानियत वो आँखों में
कि कुफ़्रो-दीन भुला बैठे काफ़िरो-दीदार
ये दीदे-हुस्न के लम्हे-बरस-बरस के हैं दिन
मनाये जायें ब-यकवक़्त जैसे कुल त्योहार

हर-इक निगाह में अन्देशाहाए-दूरो-दराज़
चे-ख़ुशबुवद कि बर आयद बयक करिश्मा-दो-कार
मियाने-दारे-फ़ना हुस्न के तसव्वुर का
है नीम-लम्हा भी इक वक़्फ़ा-ए-बक़ा[4] आसार

---

1. सुरीली। 2. लम्बाई और चौड़ाई। 3. पहलू। 4. अनश्वरता का समय।

वही है हुस्न जो तारीख़ को मआनी दे
वही है इश्क़ जो बन जाये ज़ेवरे-किर्दार
उसी के ज़ेरे-मिज़ह पल रही हैं तहज़ीबें
रिदा-ए-नाज़ तमद्दुन की है अलम-बर्दार

जो दस्ते-नाज़ छुए मर्द की जबीने-ग़मीं
करे वो हर शिकने-कर्ब ज़िन्दगी हमवार
करें न अज़मते औरत का इनसे अन्दाज़ा
तमाम इल्मो-अमल उसकी मामता पॅ निसार

वही तो मानी-ए-मेराज है जो क़दमों पर
झुकाये सर को तो ऊँचा हो मर्द का पिन्दार
ख़ुदा गवाह कि औरत है मलका-ए-आफ़ाक़
ये मेहूरो-माहो-कवाकिब सब उसके बाज़-गुज़ार

उसी को हम तो ख़ुदा की सँवार कहते हैं
वो दिलनवाज़ अदा से नज़र की इक फटकार
जबीं से ता-कफ़े-पा-रूप यूसुफ़िस्ताँ है
वो चेहरे आये नज़र जिस्म है कि शहूरे-निगार

जमाल पलता रहा है शऊरे-यज़दाँ में
नसीबे-इश्क़ की सूरत पकड़ गये अफ़्कार
डरा-डरा-सा हूँ मैं अपनी ख़ुशनसीबी पर
कि उसको छीन न ले मुझसे गुम्बदे दव्वार

सुनाऊँ क्या मैं नदीम ! अपनी दास्ताने-हयात
कि शर्हे-दोज़ख़ो-जन्नत रहे हैं लैलो-नहार
फ़िराक़ हम तो कहेंगे हयात पर ईमाँ
अभी जो ला न सके उसको देख लें इक बार

शामे-अयादत

(अगस्त, 1943 ई. में सिविल अस्पताल, इलाहाबाद में बिस्तरे-अलालत से)

ये कौन मुस्कुराहटों का कारवाँ लिये हुए
शबाबो-शेरो-रंगो-नूर का धुआँ लिये हुए

धुआँ कि बर्क़े-हुस्न का दमकता शोला है कोई
चटीली ज़िन्दगी की शादमानियाँ लिये हुए

लबों से पंखड़ी गुलाब की हयात माँगे है
कँवल-सी आँख सौ निगाहे-मेह्रबाँ लिये हुए

क़दम-क़दम पॅ दे उठी है लौ ज़मीने-रहगुज़र
अदा-अदा में बेशुमार बिजलियाँ लिये हुए

निकलते-बैठते दिनों की आहटें निगाह में
रसीले होठ फ़स्ले-गुल की दास्ताँ लिये हुए

ख़ुतूते-रुख़[1] में जलवागर वफ़ा के नक़्श सर-बसर
दिले-ग़नी में कुल 'हिसाबे-दोस्ताँ' लिये हुए

वो मुस्कुराती आँखें जिनमें रक़्स करती है बहार
शफ़क़ की, गुल की बिजलियों की दास्ताँ लिये हुए

अदा-ए-हुस्न बर्क़पाश शोलाज़न नज़ारासोज़
फ़ज़ा-ए-हुस्न ऊदी-ऊदी बिजलियाँ लिये हुए

जगाने वाले नग़्मा-ए-सहर लबों पॅ मोजज़न[2]
निगाहे नींद लाने वाली लोरियाँ लिये हुए

वो नर्गिसे-सियाह नीमबाज़ मयकदा-बदोश
हज़ार मस्त रातों की जवानियाँ लिये हुए

तग़ाफ़ुलो-ख़ुमार[3] और बेख़ुदी के ओट में
निगाहें इक जहाँ की होशियारियाँ लिये हुए

हरी-भरी रगों में वो चहकता-बोलता लहू
वो सोचता हुआ बदन ख़ुद इक जहाँ लिये हुए

जे-फ़र्क़-ता-क़दम[4] तमाम चेहरा जिस्मे-नाज़नीं
लतीफ़ जगमगाहटों का कारवाँ लिये हुए

'तबस्सुमश तकल्लुमे, तकल्लुमश तरन्नुमे'
नफ़स-नफ़स में थरथराता साज़े-जाँ लिये हुए

---

1. चेहरे की रेखाएँ। 2. लहरें मारता हुआ। 3. उपेक्षा और नशा। 4. सिर से पैर तक।

जबीने-नूर जिस पॅ पड़ रही है नर्म छूट-सी
ख़ुद अपनी जगमगाहटों की कहकशाँ लिये हुए

सितारा-बारो-महचकाँ-ओ-ख़ुरफ़िशाँ जमाले-यार
जहाने-नूर कारवाँ-ब-कारवाँ लिये हुए

वो ज़ुल्फ़े-ख़म-बख़म शमीमे-मस्त से धुआँ-धुआँ
वो रुख़ चमन-चमन बहारे-जाविदाँ लिये हुए

ब-मस्ती-ए-जमाले-कायनात ख़ाबे-कायनात
ब-गरदिशे-निगाह दौरे-आसमाँ लिये हुए

ये कौन आ गया मेरे क़रीब अज़्व-अज़्व में
जवानियाँ, जवानियों की आँधियाँ लिये हुए

ये कौन आँख पड़ रही है मुझ पॅ इतने प्यार से
वो भूली-सी वो याद-सी कहानियाँ लिये हुए

वे किसकी महकी-महकी साँसें ताज़ा कर गयीं दिमाग़
शबों के राज़ नूरे-मह की नर्मियाँ लिये हुए

ये किन निगाहों ने मेरे गले में बाँहें डाल दीं
जहान भर के दुःख दर्द से अमाँ[1] लिये हुए

निगाहे-यार दे गयी मुझे सुकूने-बेकराँ
वो बेकही वफ़ाओं की गवाहियाँ लिये हुए

मुझे जगा रहा है मौत की ग़ुनूदगी[2] से कौन
निगाहों में सुहाग-रात का समाँ लिये हुए

मेरी फ़सुर्दा और बुझी हुई जबीं को छू लिया
ये किस निगाह की किरन ने साज़े-जाँ लिये हुए

सुते-से चेहरे पर हयात रसमसायी, मुस्कुरायी
न जाने कब के आँसुओं की दास्ताँ लिये हुए

तबस्सुमे-सहर है अस्पताल की उदास शाम
ये कौन आ गया नशाते-बेकराँ लिये हुए

---

1. शान्ति। 2. बेहोशी।

तेरे न आने तक अगरचे मेहरबाँ था इक जहाँ
मैं रोके रह गया हूँ सौ ग़मे-निहाँ लिये हुए

ज़मीन मुस्कुरा उठी ये शाम जगमगा उठी
बहार लहलहा उठी शमीमे-जाँ लिये हुए

फ़ज़ा-ए-अस्पताल है कि रंगो-बू की करवटें
तेरे जमाले-लालागूँ[1] की दास्ताँ लिये हुए

फ़िराक़ आज पिछली रात क्यों न मर रहूँ कि अब
हयात ऐसी शामें होंगी फिर कहाँ लिये हुए

2

मगर नहीं कुछ और मसलहत थी उसके आने में
जमालो-दीदे-यार थे नया जहाँ लिये हुए

उसी नये जहाँ में आदमी बनेंगे आदमी
जबीं पॅ शाहकारे-दह्र[2] का निशाँ लिये हुए

उसी नये जहाँ में आदमी बनेंगे देवता
तहारतों[3] का फ़र्क़े-पाक पर निशाँ लिये हुए

ख़ुदाई आदमी की होगी उस नये जहान पर
सितारों के हैं दिल पॅ पेशगोइयाँ लिये हुए

सुलगते दिल शरर-फ़शानो-शोलाबार बर्क़पाश
गुज़रते दिन हयाते-नौ की सुर्ख़ियाँ लिये हुए

तमाम क़ौल और क़सम निगाहे-नाज़े-यार थी
तुलु'-ए-ज़िन्दगी-ए-नौ की दास्ताँ लिये हुए

नया जनम हुआ मेरा कि ज़िन्दगी नयी मिली
जियूँगा शामे-दीद की निशानियाँ लिये हुए

न देखा आँख उठा के अह्दे-नौ के पर्दादारों ने
गुज़र गया ज़माना यादे-रफ़्तगाँ[4] लिये हुए

---

1. लालिमा-भरा सौन्दर्य। 2. संसार की अनुपम कृति। 3. पवित्रता। 4. गुज़रे हुए लोगों की याद।

हम इन्क़लाबियों ने ये जहाँ बचा लिया मगर
अभी है इक जहाँ वो बदगुमानियाँ लिये हुए

3

नये ज़माने में अगर उदास ख़ुद को पाऊँगा
ये शाम याद करके अपने ग़म को भूल जाऊँगा

अयादते-हबीब[1] से वो आज ज़िन्दगी मिली
ख़ुशी भी चौंक-चौंक उठी तो ग़म की आँख खुल गयी

अगरचे डॉक्टर ने मुझको मौत से बचा लिया
पर उसके बाद उस निगाह ने मुझे जिला लिया

निगाहे-यार तुझसे अपनी मंज़िलें मैं पाऊँगा
तुझे जो भूल जाऊँगा तो राह भूल जाऊँगा

4

क़रीब-तर मैं हो चला हूँ दुख की कायनात से
मैं अजनबी नहीं रहा हयात से ममात[2] से

वे दुख सहे कि मुझ पॅ खुल गया है दर्दे-कायनात
है अपने आँसुओं से मुझ पॅ आईना ग़मे-हयात

ये बेक़ुसूर जानदार दर्द झेलते हुए
ये ख़ाको-ख़ूँ के पुतले अपनी जाँ पॅ खेलते हुए

वो ज़ीस्त[3] की कराह जिससे बेक़रार है फ़ज़ा
वो ज़िन्दगी की आह जिससे काँप उठती है फ़ज़ा

कफ़न है आँसुओं का दुख की मारी कायनात पर
हयात क्या इन्हीं हक़ीक़तों से होना बेख़बर

जो आँख जागती रही है आदमी की मौत पर
वो अब्रे-रंगरंग को भी देखती है सादा-तर

---

1. मित्रों के उपचार। 2. मृत्यु। 3. ज़िन्दगी।

सिखा गया है दुख मेरा परायी पीर जानना
निगाहे-यार थी यहाँ भी आज मेरी रहनुमा[1]

यही नहीं कि आज मुझको ज़िन्दगी नयी मिली
हक़ीक़ते-हयात मुझ पॅ सौ तरह से खुल गयी

गवाह है ये शाम और निगाहे-यार है गवाह
ख़याले-मौत को मैं अपने दिल में अब न दूँगा राह

जियूँगा, हाँ जियूँगा! ऐ निगाहे-आश्ना-ए-यार
सदा सुहाग ज़िन्दगी है और जहाँ सदाबहार

5

अभी तो कितने नाशुनीदा[2] नग़्म-ए-हयात हैं
अभी निहाँ दिलों से कितने राज़े-कायनात हैं

अभी तो ज़िन्दगी के नाचशीदा[3] रस हैं सैकड़ों
अभी तो हाथ में हम अह्ले-ग़म के जस हैं सैकड़ों

अभी वो ले रही है मेरी शाइरी में करवटें
अभी चमकने वाली हैं छिपी हुई हक़ीक़तें

अभी तो बह्रो-बर पॅ सो रही हैं मेरी वो सदायँ
समेट लूँ उन्हें तो फिर वो कायनात को जगायँ

अभी तो रूह बन के ज़र्रे-ज़र्रे में समाऊँगा
अभी तो सुब्ह बन के मैं उफ़ुक़ पॅ थरथराऊँगा

अभी तो मेरी शाइरी हक़ीक़तें लुटायेगी
अभी मेरी सदा-ए-दर्द इक जहाँ पॅ छायेगी

अभी तो आदमी असीरे-दाम है गुलाम है
अभी तो ज़िन्दगी सद इन्क़लाब का पयाम है

अभी तमाम ज़ख़्मो-दाग़ है तमद्दुने-जहाँ
अभी रुख़े-बशर पॅ हैं बहीमियत[4] की झाइयाँ

---

1. राह बतानेवाला। 2. जो सुने न गये हों। 3. जो चखे न हों। 4. जंगलीपन, बर्बरता।

अभी मशीय्यतों[1] पॅ फ़त्ह पा सका नहीं बशर
अभी मुक़द्दरों को बस में ला सका नहीं बशर

अभी तो इस दुखी जहाँ में मौत ही का दौर है
अभी तो जिसको ज़िन्दगी कहें वो चीज़ और है

अभी तो ख़ून थूकती है ज़िन्दगी बहार में
अभी तो रोने की सदा है नग़्मा-ए-सितार में

अभी तो उड़ती हैं रुख़े-बहार पर हवाइयाँ
अभी तो दीदनी हैं हर चमन की बे-फ़ज़ाइयाँ

अभी फ़ज़ा-ए-दह्र लेगी करवटों पॅ करवटें
अभी तो सोती हैं हवाओं की वो सनसनाहटें

कि जिनको सुनते ही हुकूमतों के रंगे-रुख़ उड़ें
चपेटें जिनकी सर्कशों की गरदनें मरोड़ दें

अभी तो सीना-ए-बशर में सोते हैं वो ज़लज़ले
कि जिनके जागते ही मौत का भी दिल दहल उठे

अभी तो बत्ने-ग़ैब[2] में है उस सवाल का जवाब
ख़ुदा-ए-ख़ैरो-शर भी ला नहीं सका था जिसकी ताब

अभी तो गोद में हैं देवताओं की वो माहो-साल
जो देंगे बढ़ के बर्क़े-तूर से हयात को जलाल

अभी रंगे-जहाँ में ज़िन्दगी मचलने वाली है
अभी हयात की नयी शराब ढलने वाली है

अभी छुरी सितम की डूबकर उछलने वाली है
अभी तो हसरत इक जहान की निकलने वाली है

अभी तो घन-गरज सुनाई देगी इन्क़लाब की
अभी तो गोश-बर-सदा है बज़्म आफ़ताब की

अभी तो पूँजीवाद को जहान से मिटाना है
अभी तो सामराजों को सज़ा-ए-मौत पाना है

1. ईश्वर की इच्छा। 2. भेद के गर्भ में, छिपा हुआ।

अभी तो दाँत पीसती है मौत शहरयारों[1] की
अभी तो ख़ूँ उतर रहा है आँखों में सितारों की

अभी तो इश्तराकियत[2] के झण्डे गड़ने वाले हैं
अभी तो जड़ से कुश्तो-ख़ूँ के नज़्म उखड़ने वाले हैं

अभी किसानो-कामगार राज होने वाला है
अभी बहुत जहाँ में कामकाज होने वाला है

मगर अभी तो ज़िन्दगी मुसीबतों का नाम है
अभी तो नींद मौत की मेरे लिए हराम है

ये सब पयाम इक निगाह में वो आँख दे गयी
बयक नज़र कहाँ-कहाँ मुझे वो आँख ले गयी

जुगनू

बीस बरस के उस नौजवान के जज़्बात, जिसकी माँ
उसी दिन मर गयी जिस दिन वह पैदा हुआ

ये मस्त-मस्त घटा ये भरी-भरी बरसात
तमाम हद्दे-नज़र तक घुलावटों का समाँ!
फ़ज़ा-ए-शाम में डोरे-से पड़ते जाते हैं
जिधर निगाह करें कुछ धुआँ-सा उठता है
दहक उठा है तरावत की आँच से आकाश
ज़े-फ़र्श-ता-फ़लक अँगड़ाइयों का आलम है
ये मद भरी हुई पुर्वाइयाँ सनकती हुई
झिंझोड़ती है हरी डालियों को सर्द हवा
ये शाख़सार के झूलों में पेंग पड़ते हुए
ये लाखों पत्तियों का नाचना ये रक़्से-नबात[3]

1. राजाओं। 2. समाजवाद। 3. वनस्पतियों का नाच।

ये बेख़ुदी-ए-मसर्रत ये वालहाना रक़्स
ये ताल-सम ये छमाछम—कि कान बजते हैं
हवा के दोश पॅ कुछ ऊदी-ऊदी शक्लों की
नशे में चूर-सी परछाइयाँ थिरकती हुई
उफ़ुक़ पॅ डूबते दिन की झपकती हैं आँखें
ख़मोश सोज़े-दरूँ[1] से सुलग रही है ये शाम!

मेरे मकान के आगे है एक सह्ने-वसीअ[2]
कभी वो हँसती नज़र आती है कभी वो उदास
उसी के बीच में है एक पेड़ पीपल का
सुना है मैंने बुज़ुर्गों से ये कि उम्र इसकी
जो कुछ न होगी तो होगी कोई छियानवे साल
छिड़ी थी हिन्द में जब पहली जंगे-आज़ादी
जिसे दबाने के बाद उसको ग़द्र कहने लगे
ये अह्ले-हिन्द भी होते हैं किस क़दर मासूम[3]!
वो दारो-गीर वो आज़ादी-ए-वतन की जंग
वतन से थी कि ग़नीमे-वतन[4] से ग़द्दारी
बिफर गये थे हमारे वतन के पीरो-जवाँ[5]
दयारे-हिन्द में रन पड़ गया था चार तरफ़
उसी ज़माने में, कहते हैं, मेरे दादा ने
अब अरज़े-हिन्द सिंची ख़ून से 'सपूतों' के
मियाने-सह्न लगाया था ला के इक पौदा
जो आबो-आतशो-ख़ाको-हवा से पलता हुआ
ख़ुद अपने क़द से बजोशे-नुमूँ निकलता हुआ
फ़ुसूने-रूहे-नबाती रगों में चलता हुआ
निगाहे-शौक़ के साँचों में रोज़ ढलता हुआ

सुना है रावियों से दीदनी[6] थी उसकी उठान
हर-इक के देखते ही देखते चढ़ा पर्वान

1. हृदय की जलन। 2. विशाल दालान। 3. निश्छल। 4. देश के दुश्मन। 5. बूढ़े-जवान। 6. देखने योग्य।

वही है आज ये छतनार पेड़ पीपल का
वो टहनियों के कमण्डल लिये, जटाधारी
ज़माना देखे हुए है ये पेड़ बचपन से
रही है इसके लिए दाख़िली कशिश मुझमें
रहा हूँ देखता चुपचाप देर तक उसको
मैं खो गया हूँ कई बार इस नज़ारे में
वो उसकी गहरी जड़ें थीं कि ज़िन्दगी की जड़ें
पसे-सुकूने-शजर कोई दिल धड़कता था
मैं देखता था कभी इसमें ज़िन्दगी का उभार
मैं देखता था उसे हस्ती-ए-बशर की तरह
कभी उदास, कभी शादमा, कभी गम्भीर!

फ़ज़ा का सुरमई रंग और हो चला गहरा
धुला-धुला-सा फ़लक है धुआँ-धुआँ-सी है शाम
है झुटपुटा की कोई अज़दहा है मायले-ख़्वाब
सुकूते-शाम में दरमान्दगी[1] का आलम है
रुकी-रुकी-सी किसी सोच में है मौज़े-सबा
रुकी-रुकी-सी सफ़ें मलगजी घटाओं की
उतार पर है सरे-सह्न रक़्स पीपल का
वो कुछ नहीं है अब इक जुंबिशे-ख़फ़ी के सिवा
ख़ुद अपनी कैफ़ियते-नीलगूँ में हर लह्ज़ा
ये शाम डूबती जाती है छिपती जाती है
हिजाबे-वक़्त सिरे से है बेहिसो-हरकत
रुकी-रुकी दिले-फ़ितरत की धड़कनें यकलख़्त
ये रंगे-शाम कि गर्दिश ही आसमाँ में नहीं
बस एक वक़्फ़ा-ए-तारीक, लम्हा-ए-शह्ला
समा में जुंबिशे-मुबहम-सी कुछ हुई, फ़ौरन
तुली घटा के तले भीगे-भीगे पत्तों से
हरी-हरी कई चिंगारियाँ-सी फूट पड़ीं
कि जैसे खुलती-झपकती हों बेशुमार आँखें
अजब ये आँख-मिचौली थी नूरो-ज़ुलमत[2] की

1. थकन। 2. अँधेरा-रोशनी।

सुहानी नर्म लवें देते अनगिनत जुगनू
घनी सियाह ख़ुनुक पत्तियों के झरमुट से
मिसाले-चादरे-शबताब जगमगाने लगे
कि थरथराते हुए आँसुओं से साग़रे-शाम
छलक-छलक पड़े जैसे बग़ैर सान-गुमान
बतूने-शाम[1] में इन ज़िन्दा क़ुमक़ुमों की चमक
किसी की सोयी हुई याद को जगाती थी–
वो बेपनाह घटा वो भरी-भरी बरसात
वो सीन देख के आँखें मेरी भर आती थीं

मेरी हयात ने देखीं हैं बीस बरसातें
मेरे जनम ही के दिन मर गयी थी माँ मेरी
वो माँ कि शक्ल भी जिस माँ की मैं न देख सका
जो आँख भर के मुझे देख भी सकी न, वो माँ
मैं वो पिसर हूँ जो समझा नहीं कि माँ क्या है
मुझे खिलाइयों और दाइयों ने पाला था
वो मुझसे कहती थीं जब घिर के आती थी बरसात
जब आसमान में हरसू[2] घटाएँ छाती थीं
बवक़्ते-शाम जब उड़ते थे हर तरफ़ जुगनू
दिये दिखाते हैं ये भूली भटकी रूहों को!
मज़ा भी आता था मुझको कुछ उनकी बातों में
मैं उनकी बातों में रह-रह के खो भी जाता था
पर उसके साथ ही दिल में कसक-सी होती थी
कभी-कभी ये कसक हूक बन के उठती थी

यतीम[3] दिल को मेरे ये ख़याल होता था
ये शाम मुझको बना देती काश ! इक जुगनू
तो माँ की भटकी हुई रूह को दिखाता राह
कहाँ-कहाँ वो बिचारी भटक रही होगी!
कहाँ-कहाँ मेरी ख़ातिर भटक रही होगी!
ये सोच कर मेरी हालत अजीब हो जाती

1. शाम के बीच में। 2. चारों तरफ़। 3. अनाथ।

पलक की ओट में जुगनू चमकने लगते थे
कभी-कभी तो मेरी हिचकियाँ-सी बँध जातीं
कि माँ के पास किसी तरह मैं पहुँच जाऊँ
और उसको राह दिखाता हुआ मैं घर लाऊँ
दिखाऊँ अपने खिलौने दिखाऊँ अपनी किताब
कहूँ कि पढ़ के सुना तू मेरी किताब मुझे
फिर उसके बाद दिखाऊँ उसे मैं वो कापी
कि टेढ़ी-मेढ़ी लकीरें बनी थीं कुछ जिसमें
ये हर्फ़ थे जिन्हें लिखा था मैंने पहले-पहल
दिखाऊँ फिर उसे आँगन में वो गुलाब की बेल
सुना है जिसको उसी ने कभी लगाया था
ये जब की बात है जब मेरी उम्र ही क्या थी
नज़र से गुज़री थीं कुल चार-पाँच बरसातें!

गुज़र रहे थे महो-साल और मौसम पर
हमारे शहर में आती थी घिर के जब बरसात
जब आसमान में उड़ते थे हर तरफ़ जुगनू
हवा की मौजे-रवाँ पर दिये जलाये हुए
फ़ज़ा में रात गये जब दरख़्त पीपल का
हज़ारों जुगनुओं से कोहे-तूर[1] बनता था
हज़ारों वादी-ए-ऐमन थीं जिसकी शाख़ों में
ये देखकर मेरे दिल में ये हूक उठती थी
कि मैं भी होता इन्हीं जुगनुओं में इक जुगनू
तो माँ की भटकी हुई रूह को दिखाता राह
वो माँ, मैं जिसकी महब्बत के फूल चुन न सका
वो माँ, मैं जिसकी महब्बत के बोल सुन न सका
वो माँ, कि भींच के जिसको कभी मैं सो न सका
मैं जिसके आँचलों में मुँह छिपा के रो न सका
वो माँ, कि घुटनों से जिसके कभी लिपट न सका
वो माँ, कि सीने से जिसके कभी चिमट न सका

1. रोशनी का पहाड़।

हुमक के गोद में जिसकी कभी मैं चढ़ न सका
मैं ज़ेरे-साया-ए-उम्मीद[1] जिसके बढ़ न सका
वो माँ, मैं जिससे शरारत की दाद पा न सका
मैं जिसके हाथों महब्बत की मार खा न सका
सँवारा जिसने न मेरे झंडूले बालों को
बसा सकी न जो होठों से मेरे गालों को
जो मेरी आँखों में आँखें कभी न डाल सकी
न अपने हाथों से मुझको कभी उछाल सकी
वो माँ, जो कोई कहानी मुझे सुना न सकी
मुझे सुलाने की जो लोरियाँ भी गा न सकी
वो माँ, जो दूध भी अपना मुझे पिला न सकी
वो माँ, जो हाथ से अपने मुझे खिला न सकी
वो माँ, गले से जो अपने मुझे लगा न सकी
वो माँ, जो देखते ही मुझको मुस्कुरा न सकी
कभी जो मुझसे मिठाई छिपा के रख न सकी
कभी जो मुझसे दही भी बचा के रख न सकी
मैं जिसके हाथ में कुछ देखकर डहक न सका
पटक-पटक के कभी पाँव मैं ठुनक न सका
कभी न खींचा शरारत से जिसका आँचल भी
रचा सकी न मेरी आँखों में जो काजल भी
वो माँ, जो मेरे लिए तितलियाँ पकड़ न सकी
जो भागते हुए बाज़ू मेरे जकड़ न सकी
बढ़ाया प्यार कभी करके प्यार में न कमी
जो मुँह बना के किसी दिन न मुझसे रूठ सकी
जो ये भी कह न सकी—जा न बोलूँगी तुझसे!
जो एक बार ख़फ़ा भी न हो सकी मुझसे
वो जिसको जूठा लगा मुँह कभी दिखा न सका
कसाफ़तों[2] पॅ मेरी जिसको प्यार आ न सका
जो मिट्टी खाने पॅ मुझको कभी न पीट सकी
न हाथ थाम के मुझको कभी घसीट सकी
वो माँ, जो गुफ़्तुगू की रौ में सुन के मेरी बड़
कभी जो प्यार से मुझको न कह सकी—धामड़!

---

1. आशा की छाया में। 2. गन्दगी।

शरारतों से मेरी जो कभी उलझ न सकी
हिमाक़तों का मेरी फ़लसफ़ा[1] समझ न सकी
वो माँ, जिसे कभी चौंकाने को मैं लुक न सका
मैं राह छेंकने को जिसके आगे रुक न सका
जो अपने हाथ से वह रूप मेरा भर न सकी
जो अपनी आँखों को आईना मेरा कर न सकी
गले में डाली न बाँहों की फूलमाला भी
न दिल में लौहे-जबीं[2] से किया उजाला भी
वो माँ, कभी जो मुझे बद्धियाँ पिन्हा न सकी
कभी मुझे नये कपड़ों से जो सजा न सकी
वो माँ, न जिससे लड़कपन के झूठ बोल सका
न जिसके दिल के दर इन कुंजियों से खोल सका
वो माँ, मैं पैसे भी जिसके कभी चुरा न सका
सज़ा से बचने को झूठी क़सम भी खा न सका
वो माँ कि आयते-रहमत है जिसकी चीने-जबीं
वो माँ कि 'हाँ' से भी होती है बढ़के जिसकी 'नहीं'
दमे-इताब जो बनती फ़रिश्ता रहमत का
जो राग छेड़ती झुँझला के भी महब्बत का
वो माँ, कि घुड़कियाँ भी जिसकी गीत बन जायें
वो माँ, कि झिड़कियाँ भी जिसकी फूल बरसायें
वो माँ, हम उससे जो दम भर को दुश्मनी कर लें
तो ये न कह सके—अब आओ दोस्ती कर लें
कभी जो सुन न सकी मेरी तूतली बातें
जो दे सकी न कभी थप्पड़ों की सौग़ातें
वो माँ, बहुत-से खिलौने जो मुझको दे न सकी
ख़िराजे-सरखुशी-ए-सरमदी[3] जो ले न सकी
वो माँ, लड़ाई न जिससे कभी मैं ठान सका
वो माँ, मैं जिस पॅ कभी मुट्ठियाँ न तान सका
वो मेरी माँ, कभी मैं जिसकी पीठ पर न चढ़ा
वो मेरी माँ, कभी कुछ जिसके कान में न कहा

1. दर्शन। 2. ललाट। 3. हमेशा रहनेवाली मस्ती का लगाव।

वो माँ, कभी जो मुझे करधनी पिन्हा न सकी
जो ताल हाथ से देकर मुझे नचा न सकी
जो मेरे हाथ से इक दिन दवा भी पी न सकी
कि मुझको ज़िन्दगी देने में जान ही दे दी
वो माँ, न देख सका ज़िन्दगी में जिसकी चाह
उसी की भटकी हुई रूह को दिखाता राह!

ये सोच-सोच के आँखें मेरी भर आती थीं
तो जा के सूने बिछौने पॅ लेट रहता था
किसी से घर में न राज़ अपने दिल के कहता था
यतीम थी मेरी दुनिया यतीम मेरी हयात
यतीम शामो-सहर थी यतीम थे शबो-रोज़
यतीम मेरी पढ़ाई थी मेरे खेल यतीम
यतीम मेरी मसर्रत थी मेरा ग़म भी यतीम
यतीम आँसुओं से तकिया भीग जाता था
किसी से घर में न कहता था अपने दिल के भेद
हर-इक से दूर अकेला उदास रहता था
किसी शमायले-नादीदा[1] को मैं तकता था
मैं एक वहशते-बेनाम से हुड़कता था

गुज़र रहे थे महो-साल और मौसम पर
इसी तरह कई बरसात आयीं और गयीं
मैं रफ़्ता-रफ़्ता पहुँचने लगा बसिन्ने-शऊर
तो जुगनुओं की हक़ीक़त समझ में आने लगी
अब उन खिलाइयों और दाइयों की बातों पर
मेरा यक़ीं न रहा मुझ पॅ हो गया ज़ाहिर
कि भटकी रूहों को जुगनू नहीं दिखाते चराग़
वो मन-गढ़त-सी कहानी थी इक फ़साना था
वो बेपढ़ी-लिखी कुछ औरतों की थी बकवास
भटकती रूहों को जुगनू नहीं दिखाते चराग़
ये खुल गया—मेरे बहलाने को थीं ये बातें
मेरा यक़ीं न रहा इन फ़ुज़ूल क़िस्सों पर—

1. अनदेखी आकृति।

गारे शहर में आती हैं अब भी बरसातें
हमारे शहर पॅ अब भी घटाएँ छाती हैं
गोज़ भीगी हुई सुरमई फ़ज़ाओं में
खुतूते-नूर[1] बनाती हैं जुगनुओं की सफ़ें
ज़ा-ए-तीरा[2] में उड़ती हुई ये क़न्दीलें
मगर मैं जान चुका हूँ इसे बड़ा होकर
कसी की रूह को जुगनू नहीं दिखाते राह
कहा गया था जो बचपन में मुझसे झूठ था सब!
नगर कभी-कभी हसरत से दिल में कहता हूँ
ये जानते हुए, जुगनू नहीं दिखाते चराग़
केसी की भटकी हुई रूह को—मगर फिर भी
वो झूठ ही सही कितना हसीन झूठ था वो
गो मुझसे छीन लिया उम्र के तक़ाज़े ने
मैं क्या बताऊँ वो कितनी हसीन दुनिया थी
जो बढ़ती उम्र के हाथों ने छीन ली मुझसे
समझ सके कोई ऐ काश ! अहदे-तिफ़ली[3] को
जहान देखना मिट्टी के एक रेज़े को
नुमूदे-लाला-ए-खुदरौ[4] में देखना जन्नत
करे नज़ारा-ए-कौनेन[5] इक घिरौंदे में
उठा के रख ले खुदाई को जो हथेली पर
करे दवाम को जो क़ैद एक लमहे में
सुना? वो क़ादिरे-मुतलक़[6] है एक नन्हीं-सी जान
खुदा भी सजदे में झुक जाये सामने उसके

ये अक़्लो-फ़हम[7] बड़ी चीज़ है मुझे तसलीम[8]
मगर लगा नहीं सकते हम इसका अन्दाज़ा
कि आदमी को ये पड़ती हैं जिस क़दर महँगी
इक-एक कर के वो तिफ़ली के हर ख़याल की मौत
बुलूग़े-सिन में वो सदमे नये ख़यालों के
नये ख़याल का धक्का नये ख़यालों की टीस

---

1. रोशनी की लकीरें। 2. अँधेरा वातावरण। 3. बाल्यकाल। 4. आप से ही उगनेवाले फूलों का बढ़ना-फैलना। 5. विश्व-दर्शन। 6. परमशक्ति, ईश्वर। 7. बुद्धि-ज्ञान। 8. स्वीकार।

नये तसव्वुरों का क़र्ब,[1] अलअमाँ,[2] कि हयात
तमाम ज़ख़्मे-निहाँ[3] है तमाम नशतर है
ये चोट खा के सँभलना मुहाल होता है
सुकूत रात का जिस वक़्त छेड़ता है सितार
कभी-कभी तेरी पायल की आती है झंकार
तो मेरी आँखों से आँसू बरसने लगते हैं
मैं जुगनू बन के तो तुझ तक पहुँच नहीं सकता
जो तुझसे हो सके ऐ मा! तो वो तरीक़ा बता
तू जिसको पाले वो काग़ज़ उछाल दूँ कैसे
ये नज़्म मैं तेरे क़दमों में डाल दूँ कैसे

नवा-ए-दर्द[4] से कुछ जी तो हो गया हलका
मगर जब आती है बरसात क्या करूँ इसको
जब आसमान पॅ उड़ते हैं हर तरफ़ जुगनू
शराबे-नूर लिये सब्ज़ आबगीनों[5] में
कँवल जलाते हुए जुलमतों के सीनों में
जब उनकी ताबिशे-बेसाख़्ता से पीपल का
दरख़्त सरवे-चरागाँ को मात करता है
न जाने किसलिए आँखें मेरी भर आती हैं!

हिंडोला

दयारे-हिन्द था गहवारा, याद है हमदम?
बहुत ज़माना हुआ—किसके-किसके बचपन का
इसी ज़मीन पॅ खेला है राम का बचपन
इसी ज़मीन पॅ उन नन्हे-नन्हे हाथों ने
किसी समय में धनुष-बान को सँभाला था
इसी दयार ने देखी है कृष्ण की लीला

1. यातना। 2. खुदा पनाह दे। 3. छिपा घाव। 4. दर्द की आवाज़। 5. प्यालों।

यहीं घिरोंदों में सीता, सुलोचना, राधा
किसी ज़माने में गुड़ियों से खेलती होंगी
यही ज़मीं यही दरिया, पहाड़, जंगल, बाग़
यही हवाएँ यही सुब्हो-शाम! सूरज, चाँद
यहाँ घटाएँ यही बर्क़ो-रादो-क़ौसेक़ुज़ह[1]
यहीं के गीत, रवायात, मौसमों के जुलूस
हुआ ज़माना कि सिद्धार्थ के थे गहवारे
इन्हीं में आँख खुली थी अशोके-आज़म की
इन्हीं नज़ारों में बचपन कटा था विक्रम का
सुना है भर्तृहरी भी इन्हीं से खेला था
भरत, अगस्त, कपिल, व्यास, पाशी, कौटल्या
जनक, वसिष्ठ, मनू, वाल्मीकि, विश्वामित्र
कनाद, गौतमो-रामानुजो-कुमारिल भट्ट
मोहनजोडारो-हड़प्पा के और अजन्ता के
बनाने वाले यहीं बल्लमों से खेले थे
इसी हिंडोले में भवभूति-कालीदास कभी
हुमक-हुमक के जो तुतलाये-गुनगुनाये थे
सरस्वती ने ज़बानों को उनकी चूमा था
यहीं के चाँद व सूरज खिलौने थे उनके
इन्हीं फ़ज़ाओं में बचपन पला था ख़ुसरो का
इसी ज़मीं से उठे तानसेन और अकबर
रहीमो - नानको - चैतन्य और चिश्ती ने
इन्हीं फ़ज़ाओं में बचपन के दिन गुज़ारे थे
इस ज़मीं पॅ कभी शाहज़ाद - ए - ख़ुर्रम
ज़रा-सी दिल-शिकनी पर जो रो दिया होगा
भर आया था दिले-नाज़ुक तो क्या अजब उसने
उन आँसुओं में झलक ताज की भी देखी हो
अहल्याबाई, दमन, पद्मिनी - ओ -रज़िया ने
यहीं के पेड़ों की शाख़ों में डाले थे झूले

1. बिजली, बादल और इन्द्रधनुष।

इसी फ़ज़ा में बढ़ायी थी पेंग बचपन की
इन्हीं नज़ारों में सावन के गीत गाये थे
इसी ज़मीन पॅ घुटनों के बल चले होंगे
मलिक मुहम्मदो-रसखान और तुलसीदास
इन्हीं फ़ज़ाओं में गूँजी थी तोतली बोली
कबीरदास, टकाराम, सूरो - मीरा की
इसी हिंडोले में विद्यापती का कण्ठ खुला
इसी ज़मीन के थे लाल मीरो - ग़ालिब भी
ठुमक-ठुमक के चले थे घरों में, आँगन में
अनीसो-हाली-ओ-इक़बाल और वारिसशाह
यहीं की ख़ाक से उभरे थे प्रेमचन्द, टैगोर
यहीं से उट्ठे थे तहज़ीबे-हिन्द के मेमार[1]
इसी ज़मीन ने देखा था बालपन उनका
यहीं दिखायी थीं इन सबने बाल-लीलाएँ
यहीं हर-एक के बचपन ने तरबियत[2] पायी
यहीं हर-एक के जीवन का बालकाण्ड खुला
यहीं से उठते बगूलों के साथ दौड़े हैं
यहीं की मस्त घटाओं के साथ झूमे हैं
यहीं की मदभरी बरसात में नहाये हैं
लिपट के कीचड़ो-पानी से बचपने उनके
इसी ज़मीन से उट्ठे वो देश के सावन्त
उड़ा दिया था जिन्हें कम्पनी ने तोपों से
इसी ज़मीन से उट्ठी हैं अनगिनत नसलें
पले हैं हिन्द-हिंडोले में अनगिनत बच्चे
मुझ ऐसे कितने ही गुमनाम बच्चे खेले हैं
मुझ ऐसे कितने ही गुमनाम मर्दो-ज़न[3] उट्ठे
इसी ज़मीं से, इसी में सिपुर्दे-ख़ाक हुए
ज़मीने-हिन्द अब़ आरामगाह है उनकी
इस अर्ज़े-पाक से उट्ठीं बहुत-सी तहज़ीबें
यहीं तुलूअ हुईं और यहीं ग़ुरूब हुईं

---

1. भारत की सभ्यता के रचयिता। 2. प्रशिक्षण। 3. स्त्री-पुरुष।

इसी ज़मीन से उभरे कई उलूमो-फ़ुनून[1]
फ़राज़े-कोहे-हिमाला, ये रौदे-गंगो-जमन
और इनकी गोद में परवर्दा कारवानों ने
यहीं रुमूज़े-ख़रामे-सुकूँ-नुमा[2] सीखे
नसीमे-सुब्हे-तमद्दुन ने भैरवी छेड़ी
यहीं वतन के तरानों की वो पवें फूटीं
वो बेक़रार सुकूँ - ज़ा[3] तरन्नुमे - सह्री
वो कपकपाते हुए सोज़ो-साज़ के शोले
इन्हीं फ़ज़ाओं में अँगड़ाइयाँ जो ले के उठे
लबों से जिनके चराग़ाँ हुई थी बज़्मे-हयात
जिन्होंने हिन्द की तहज़ीब को, ज़माना हुआ
बहुत से ज़ावियों से आइना दिखाया था
इसी ज़मीं पॅ ढली है मेरी हयात की शाम
इसी ज़मीं पॅ वो सुब्ह मुस्कुरायी है
तमाम शोला-ओ-शबनम[4] मेरी हयात की सुब्ह-
सुनाऊँ आज कहानी मैं अपने बचपन की—
दिलो-दिमाग़ की कलियाँ अभी न चटकी थीं
हमेशा खेलता रहता था भाई-बहनों में
हमारे साथ मुहल्ले की लड़कियाँ - लड़के
मचाये रखते थे बालक, उधम हरेक घड़ी
लहूतरंग उछल-फाँद का ये आलम था
मुहल्ले सर पॅ उठाये फिरे जिधर गुज़रे
हमारे चहचहे और शोर गूँजते रहते
चहार-सम्त मुहल्ले के गोशे-गोशे में
फ़ज़ा में आज भी लारैब[5] गूँजते होंगे !
अगरचे[6] दूसरे बच्चों की तरह था मैं भी
बज़ाहिर औरों के बचपन-सा था मेरा बचपन
ये सब सही मेरे बचपन की शख़्सियत भी थी एक
वो शख़्सियत कि बहुत शोख़ जिसके थे ख़दो-ख़ाल[7]
अदा-अदा में कोई शाने-इन्फ़िरादी थी

1. ज्ञान-कला। 2. धीमे-धीमे चलने की शान्तिमयता का रहस्य। 3. शान्तिमय। 4. आग व ओस। 5. बेशक, प्रशंसा-वाचक। 6. यद्यपि। 7. नख-शिख।

ग़रज़ कुछ और ही लच्छन थे मेरे बचपन के
मुझे था छोटे-बड़ों से बहुत शदीद लगाव
हर-एक पर मैं छिड़कता था अपनी नन्ही-सी जाँ
दिल उमड़ आता था ऐसा कि जो ये चाहता था
उठा के रख लूँ कलेजे में अपनी दुनिया को
मुझे है याद अभी तक कि खेल-कूद में भी
कुछ ऐसे वक़्फ़े पुरअसरार[1] आ ही जाते थे
कि जिनमें सोचने लगता था कुछ मेरा बचपन
कई मआनी-ए-बेलफ़्ज[2] छूने लगते थे
बतूने-ग़ैब[3] से मेरे शऊरे-असग़र[4] को
हर-एक मंज़रे-मानूस, घर का हर गोशा
किसी तरह की हो घर में सजी हुई कोई चीज़
मेरे मुहल्ले की गलियाँ, मकाँ, दरो-दीवार
चबूतरे, कुएँ, कुछ पेड़, झाड़ियाँ, बेलें
वो फेरी वाले कई उनके भाँति-भाँति के बोल
वो जाने-बूझे मनाज़िर वो आसमानो-ज़मीं
बदलते वक़्त का आईना गर्मी-ओ-ख़ुन्की
गुरूबे-मेहर[5] में रंगों का जागता जादू
शफ़क़ के शीशमहल में गुदाज़े-पिनहाँ से
जवाहरों की चटानें-सी कुछ पिघलती हुई
शजर-हजर[6] की वो कुछ सोचती हुई दुनिया
सुहानी रात का मानूस रम्ज़ियत[7] का फ़ुसूँ[8]
अलस्सबाह[9] उफ़ुक़ की वो थरथराती भवें
किसी का झाँकना आहिस्ता फूटती पव से
वो दोपहर का समय दर्जा-ए तपिश[10] का चढ़ाव
थकी-थकी-सी फ़ज़ा में वो ज़िन्दगी का उतार
हवा की बंसियाँ बँसवाड़ियों में बजती हुई
वो दिन कि बढ़ते हुए साये सेह-पहर का सुकूँ
सुकूत शाम का जब दोनों वक़्त मिलते हैं

---

1. रहस्यमय। 2. बिना अर्थों के शब्द। 3. अन्तर्याम के बीच से। 4. लघु विवेक। 5. सूर्यास्त। 6. पेड़-पत्थर। 7. रहस्यमयता। 8. जादू। 9. प्रातः। 10. तापमान।

ग़रज़ झलकते हुए सरसरी मनाज़िर पर
मुझे गुमान परिस्तानियत का होता था
हर-एक चीज़ की वो ख़ाबनाक अस्लीयत
मेरे शऊर के चिल्मन से झाँकता था कोई
लिये रुबूबीयते-कायनात[1] का एहसास
हर-एक जल्वे में ग़ैबो-शहूद[2] का वो मिलाप
हर-एक नज़ारा इक आईनाख़ाना-ए-हैरत
हर-एक मंज़रे-मानूस एक हैरत-ज़ार
कहीं रहूँ कहीं खेलूँ कहीं पढ़ूँ लिक्खूँ
मेरे शऊर पॅ मँडलाते थे मनाज़िरे-दह्‍र
मैं अकसर उनके तसव्वुर में डूब जाता था
वफ़ूरे-जज़्बा से हो जाती थी मिजह पुरनम
मुझे यक़ीन है उन उनसुरी[3] मनाज़िर से
कि आम बच्चों से लेता था मैं ज़्यादा असर
किसी समय मेरी तिफ़्ली[4] रही न बेपर्वा
न छू सकी मेरी तिफ़्ली को ग़फ़लते-तिफ़्ली
ये खेल-कूद के लमहों में होता था एहसास
दुआएँ देता हो जैसे मुझे सुकूते-दवाम
कि जैसे हाथ अबद[5] रख दे दोशे-तिफ़्ली पर
हर-एक लम्हा के रख़नों से झाँकती सदियाँ
कहानियाँ जो सुनूँ उनमें डूब जाता था
कि आदमी के लिए आदमी की जग-बीती
से बढ़ के कौन-सी शै और हो ही सकती है
इन्हीं फ़सानों में पिनहाँ थे ज़िन्दगी के रुमूज़
इन्हीं फ़सानों में खुलते थे राज़हाए-हयात
उन्हीं फ़सानों में मिलती थीं ज़ीस्त की क़दरें
रुमूज़े-बेशबहा ठेठ आदमीयत के
कहानियाँ थीं कि सद दर्सगाहे-रिक़्क़ते-क़ल्ब[6]
हर-इक कहानी में शाइस्तगीए-ग़म[7] का सबक़
वो उनसुर[8] आँसुओं का दास्ताने इन्साँ में

---

1. विश्व-प्रभुत्व। 2. प्रत्यक्ष-परोक्ष। 3. भौतिक। 4. बचपन। 5. अनन्तकाल। 6. दिलों को तड़पानेवाले पाठ। 7. दुःख की शालीनता। 8. तत्त्व।

वो नल-दमन की कथा सरगुज़श्ते-सावित्री[1]
शकुन्तला की कहानी भरत की क़ुर्बानी
वो मर्गे-भीष्मपितामह वो सेज तीरों की
वो पाँचों पाण्डवों की स्वर्गयात्रा की कथा
वतन से रुख़सते-सिद्धार्थ राम का बनवास
वफ़ा के बाद भी सीता की वो जिलावतनी
वो रातों-रात श्रीकृष्ण को उठाये हुए
बला की क़ैद से वसुदेव का निकल जाना
वो अन्धकार वो बारिश, बढ़ी हुई जमुना
ग़म-आफ़रीन[2] कहानी वो हीर-राँझा की
शऊरे-हिन्द के बचपन की यादगारे-अज़ीम
कि ऐसे-वैसे तख़य्युल की साँस उखड़ जाये
कई मुहय्यरे-इदराक[3] देवमालाएँ
हितोपदेश के क़िस्से, कथा सरित-सागर
करोड़ों सीनों में वो गूँजता हुआ आल्हा
मैं पूछता हूँ किसी और मुल्कवालों से
कहानियों की ये दौलत ये बेबहा दौलत
फ़साने देख लो उनके, नज़र भी आती है
मैं पूछता हूँ कि गहवारे और क़ौमों के
बसे हुए हैं कहीं ऐसी दास्तानों से ?
कहानियाँ जो मैं सुनता था अपने बचपन में
मेरे लिए वो न थीं महज़ बाइसे-तफ़रीह[4]
फ़सानों से मेरे बचपन ने सोचना सीखा
फ़सानों से मुझे संजीदगी के दर्स मिले
फ़सानों में नज़र आती थी मुझ को ये दुनिया
ग़मो-ख़ुशी में रची प्यार में बसायी हुई
फ़सानों से मेरे दिल ने धुलावटें पायीं
यही नहीं कि मशाहीर[5] ही के अफ़साने
ज़रा-सी उम्र में करते हों मुझको मुतअस्सिर[6]
मुहल्ले-टोले के गुमनाम आदमीयों के

1. सावित्री की कहानी। 2. दुखभरी। 3. चेतना को अचम्भे में डालनेवाली। 4. मनोरंजन का साधन। 5. मशहूर लोगों। 6. प्रभावित।

कुछ ऐसे सुनने में आते थे वाक़िआते-हयात
जो यूँ तो होते थे फ़र्सूदा और मामूली
मगर थे आईने एख़लास और महब्बत के
ये चन्द आयी-गयी बातें, ऐसी बातें थीं
कि जिनकी ओट चमकता था दर्दे-इन्सानी
ये वारदात नहीं रश्मिये हयात के हैं
ग़रज कि ये हैं मेरे बचपने की तस्वीरें
नदीम ! और भी कुछ ख़त्तो-ख़ाल हैं इनके
ये मेरी माँ का है कहना कि जब मैं बच्चा था
मैं ऐसे आदमी की गोद में न जाता था
जो बद-क़वारा[1] हो, ऐबी हो या हो बद-सूरत
मुझे भी याद है नौ-दस बरस ही का मैं था
तो मुझ पॅ करता था जादू-सा हुस्ने-इन्सानी
कुछ ऐसा होता था महसूस जब मैं देखता था
शिगुफ़्ता रंग, तरो-ताज़ा रूप वालों का
कि उनकी आँच मेरी हड्डियाँ गला देगी
इक आज़माइशे-जाँ[2] थी कि था शऊरे-जमाल[3]
और उसकी नश्तरियत उसकी उस्तुख़ाँ-सोज़ी[4]
ग़मो-नशात, लगावट, महब्बतो-नफ़रत
इक इन्तिशार, सुक़ूँ, इज़्तिराब, प्यार, इताब[5]
वो बेपनाह ज़की-उल-हिसी[6], वो हिल्मो-ग़ुरूर[7]
कभी-कभी वो भरे घर में हिस्से-तनहाई
वो वहशतें मेरी माहौले-ख़ुशगवार में भी
मेरी सरिश्त[8] में ज़िद्दैन[9] के कई जोड़े
शुरू ही से थे मौजूद आबो-ताब के साथ
मेरे मिज़ाज में पिनहाँ थी एक जदल्लीयत[10]
रगों में छूटते रहते थे बेशुमार अनार
नदीम ! ये हैं मेरे बालपन के कुछ आसार
वफ़ूरो-शिद्दते-जज़्बात का ये आलम था
कि कौंदे जस्त करें दिल के आबगीने में

1. बुरी आदतवाला। 2. आत्म-परीक्षा। 3. सौन्दर्य-ज्ञान। 4. हड्डियों की जलन। 5. क्रोध। 6. तीव्र इन्द्रिय-बोध। 7. सहनशीलता व घमण्ड। 8. स्वभाव। 9. भौतिकता। 10. द्वन्द्व।

वो बचपना जिसे बर्दाश्त अपनी मुश्किल हो
वो बचपना जो ख़ुद अपने पॅ त्यौरियाँ-सी चढ़ाय
नदीम ! ज़िक्रे-जवानी से काँप जाता हूँ
जवानी आयी दबे पाँव और यूँ आयी
कि उसके आते ही बिगड़ा बना-बनाया खेल
वो ख़्वाहिशात के जज़्बात के उमड़ते हुए
वो हौंकते हुए, बेनाम आग के तूफ़ाँ
वो फूटता हुआ ज्वालामुखी जवानी का
रगों में उठती हुई आँधियों के वो झटके
कि जो तवाज़ुने-हस्ती[1] झिंझोड़ कर रख दें
वो ज़लज़ले कि पहाड़ों के पैर उखड़ जायें
बुलूग़ियत[2] की वो टीसें वो कर्बे-नश्वो-नुमा[3]
और ऐसे में मुझे ब्याहा गया—भला किससे
जो हो न सकती थी हरगिज़ मेरी शरीके-हयात
हम एक दूसरे के वास्ते बने ही न थे
सियाह हो गयी दुनिया मेरी निगाहों में
वो जिसको कहते हैं शादी-ए-ख़ाना-आबादी
मेरे लिए हुई शादी-ए-ख़ाना-बर्बादी
मेरे लिए वो बनी बेवगी जवानी की
लुटा सुहाग मेरी ज़िन्दगी का मांडव में
नदीम ! खा गयी मुझको नज़र जवानी की
बला-ए-जान मुझे हो गया शऊरे-ज़माल
तलाशे-शोल-ए-उलफ़त से ये हुआ हासिल
कि नफ़रतों का अगनकुण्ड बन गयी हस्ती
वो हल्क़ो सीना-ओ-रग-रग में बेपनाह चुभन
नदीम[4] ! मैंने निगल ली हो जैसे नागफनी
ज़े-इश्क़-ज़ादमो-इश्क़म बकिश्त ज़ारो-दरेग़
ख़बर न बुर्द ब रुस्तम कसे कि सुहराबम
न पूछ आलमे-कामो-दहन नदीम ! मेरे
समर हयात का जब राख बन गया मुँह में
मैं चलती-फिरती चिता बन गया जवानी की

---

1. जीवन-सन्तुलन। 2. जवानी। 3. विकास पाने की पीड़ा। 4. साथी, मित्र।

मैं काँधा देता रहा अपने जीते मुर्दे को
ये सोचता था कि अब क्या करूँ किधर जाऊँ
बहुत से और मसाएब भी मुझ पॅ टूट पड़े
मैं ढूँढ़ने लगा हर सम्त सच्ची-झूठी पनाह
तलाशे-हुस्न-में, शेरो-अदब में, दोस्ती में
रुँधी सदा से महब्बत की भीक माँगी है !
नये सिरे से समझना पड़ा है दुनिया को
बड़े जतन से सँभाला है मैंने ख़ुद को नदीम !
मुझे सँभलने में चालीस साल गुज़रे हैं
मेरी हयात तो विषपान की कथा है नदीम !
मैं ज़हर पी के ज़माने को दे सका अमृत
न पूछ मैंने जो ज़हराबा-ए-हयात[1] पिया
कोई उतार ले उसको तो हड्डियाँ उड़ जायँ
मगर हूँ दिल से मैं इसके लिए सिपास-गुज़ार[2]
लरज़ते हाथों से दामन ख़ुलूस का न छुटा
बचा के रक्खी है मैंने अमानते-तिफ़ली[3]
उसे न छीन सकी मुझसे दस्ते-बुर्दे-शबाब
ब-कौले-शाइरे-मुल्के-फरंग, हर बच्चा
ख़ुद अपने अह्‌दे-जवानी का बाप होता है !
ये कम नहीं है कि तिफ़्ली-ए-रफ़्ता छोड़ गयी
दिले-हजीं में कई छोटे-छोटे नक़्शे-क़दम
मेरी अना की रगों में पड़े हुए हैं अभी
न जाने कितने बहुत नर्म उँगलियों के निशाँ
हनोज़ वक़्त के बेदर्द हाथ कर न सके
हयाते-रफ़्ता[4] की ज़िन्दा निशानियों को फ़ना
ज़माना छीन सकेगा न मेरी फ़ितरत से
मेरी सफ़ा मेरी तहतुश्शऊर की इस्मत
तख़य्युलात की दोशीज़गी-ए-रद्दे-अमल
जवान हो के भी बेलौस तिफ़्लवश[5] जज़बात
सयाना होने पॅ भी ये जिबिल्लतें[6] मेरी
ये सरख़ुशी - ओ - ग़मे - बे - रिया ये क़ल्बे-गुदाज़

---

1. जीवन-विष। 2. अभिनन्दन करनेवाला। 3. बचपन की अमानत। 4. बीते जीवन। 5. बच्चों की तरह के। 6. आदतें।

बग़ैर बैर के अनबन, ग़रज़ से पाक तपाक
ग़रज़ से पाक ये आँसू, ग़रज़ से पाक हँसी
ये दश्ते-दहूर में हमदर्दियों का सर-चश्मा
क़ुबूलियत का ये जज़्बा ये कायनातो-हयात
इस अर्ज़े-पाक पॅ ईमान ये हम-आहंगी
हर आदमी से हर-इक ख़ूबो-ज़िश्त[1] से ये लगाव
ये माँ की गोद का एहसास सब मनाज़िर में
क़रीबो-दूर ज़मीं में ये बू-ए-वतनीयत
निज़ामे-शम्सो-क़मर में पयामे-हिफ़्ज़े-हयात
बचश्मे-शामो-सहर, मामता की शबनम-सी
ये साज़े दिल में मेरे नग़्मा-ए-अनलकौनैन
हर इज़्तिराब में रूहे-सुकूने-बे-पायाँ
ज़माना-ए-गुज़राँ में दवाम का सरगम
ये बज़्मे-जश्नो-हयातो-ममात सजती हुई
किसी की याद की शहनाइयाँ-सी बजती हुई
ये रम्ज़ियत के अनासिर, शऊरे-पुख़्ता में
फ़लक पॅ वज्द में लाती है जो फ़रिश्तों को
वो शायरी भी बुलूग़े-मिज़ाजे-तिफ़्ली है
ये नश्तरीयते-हस्ती ये उसकी शेरीयत
ये पत्ती-पत्ती पॅ गुलज़ारे-ज़िन्दगी के किसी
लतीफ़ नूर की परछाइयाँ-सी पड़ती हुई
बहम ये हैरतो - मानूसियत की सरगोशी[2]
बशर की ज़ात की मुहरे-उलूहियत-ब-जबीं
अबद के दिल में जड़ें मारता हुआ सब्ज़ा
ग़मे-जहाँ मुझे आँखें दिखा नहीं सकता
कि आँखें देखे हुए हूँ मैं अपने बचपन की
मेरे लहू में अभी तक सुनाई देती है
सुकूते-हुस्न में भी घुँघरुओं की झंकारें
ये और बात कि मैं उस पॅ कान दे न सकूँ
इसी वदीअते-तिफ़्ली[3] का अब सहारा है !

---

1. भले-बुरे। 2. कानाफूसी। 3. बचपन की धरोहर।

यही हैं मरहमे-काफ़ूर दिल के ज़ख़्मों पर
इन्हीं को रखना है महफ़ूज़[1] ता-दमे-आख़िर
ज़मीने-हिन्द है गहवारा आज भी हमदम
अगर हिसाब करें दस करोड़ बच्चों का
ये बच्चे हिन्द की सबसे बड़ी अमानत हैं
हर एक बच्चे में है सद जहाने-इम्कानात
मगर वतन का हलो-अक़्द जिनके हाथ में है
निज़ामे-ज़िन्दगी-ए हिन्द जिनके बस में है
रवैया देख के उनका ये कहना पड़ता है
किसे पड़ी है कि समझे वो इस अमानत को
किसे पड़ी है कि बच्चों की ज़िन्दगी को बचाय
ख़राब होने से, मिटने से, सूख जाने से
बचाये कौन? इन आज़ुर्द[2] होनहारों को
वो ज़िन्दगी जिसे ये दे रहे हैं भारत को
करोड़ों बच्चों के मिटने का एक अलमीया[3] है
चुराये जाते हैं बच्चे अभी घरों से यहाँ
कि जिस्म तोड़ दिये जायें उनके, ताकि मिले
चुराने वालों को ख़ैरात माघ मेले की
जो इस अज़ाब से बच जायँ तो गले पड़ जायँ
वो लानतें कि हमारे करोड़ों बच्चों की
नदीम ! ख़ैर से मिट्टी ख़राब हो जाये
वो मुफ़्लिसी की ख़ुशी छीन ले वो-बेरंगी
उदासियों से भरी ज़िन्दगी की बे-रंगी
वो यासियात न जिसको छुए शुआ-ए-उमीद
वो आँखें देखती हैं हर तरफ़ जो बे-नूरी
वो टकटकी कि जो पथरा के रह गयी हो नदीम
वो बे-दिली की हँसी छीन ले जो होंटों से
वो दुख कि जिससे सितारों की आँख भर आये
वो गन्दगी वो कराफ़त मरज़-ज़दा पैयकर
वो बच्चे छिन गये हों जिनसे बचपने उनके

---

1. सुरक्षित। 2. पीड़ित। 3. दुःखान्त।

हमीं ने घोंट दिया जिनके बचपने का गला
जो खाते-पीते घरों के हैं बच्चे उनको भी क्या
समाज फूलने-फलने के दे सकी साधन
वो साँस लेते हैं तहज़ीब-कुश फ़ज़ाओं में
हम उनको देते हैं बेजान और ग़लत तालीम
मिलेगा इल्मे-जहालत-नुमा से क्या उनको
निकल के मद्रिसों और यूनिवर्सिटीयों से
ये बदनसीब न घर के, न घाट के होंगे !
मैं पूछता हूँ—ये तालीम है कि मक्कारी
करोड़ों ज़िन्दगियों से ये बे-पनाह दग़ा
निसाब ऐसा कि मेहनत करें अगर उस पर
बजाय इल्म जहालत का इक्तिसाब करें
ये उलटा दर्से-अदब ये सड़ी हुई तालीम
दिमाग़ की हो ग़िज़ा, या ग़िज़ा-ए-जिस्मानी
हर-इक तरह की ग़िज़ा में यहाँ मिलावट है
वो जिसको बच्चों को तालीम कह के देते हैं
वो दर्स उलटी छुरी है गले पॅ बचपन के
ज़मीने - हिन्द हिंडोला नहीं है बच्चों का
करोड़ों बच्चों का ये देश अब जनाज़ा है
हम इन्क़िलाब के ख़तरों से ख़ूब वाक़िफ़ हैं
कुछ और रोज़ यहीं रह गये जो लैलो-निहार
तो मोल लेना पड़ेगा हमें ये ख़तरा भी
कि बच्चे क़ौम की सबसे बड़ी अमानत हैं !

धरती की करवट

सूरज, चाँद, अँगड़ाई लेंगे
तारे अपनी गत बदलेंगे
पर्वत, सागर, लहरायेंगे
जब ये धरती करवट लेगी

हल, कुदाल, फावड़े, बसूले
उठे हथौड़े बोल पड़ेंगे
नया जनम है आज़ादी का
देश के राजा देश-निवासी

परजा ही है देश का राजा
घर की चटाई राजसिंहासन
सब की टोपी राजमुकुट है
फूस का घर भी राजमहल है

जनम-जनम का पाप कटेगा
अब तक किसका राज रहा है?
× × × ×
× × × ×

बागी, रागी, रतन-पारखी
कलाकार, ज्ञानी, विज्ञानी
पत्रकार, लेखक, लासानी
चित्रकार, शाइर सैलानी

वीर, सूरमा, धर्मी, दानी
आठों गाँठ कुमैत जवानी
जिसकी छबि नहिं जाय बखानी
'गिरा अनयन नयन बिनु बानी'

लेकिन कब तक ये मनमानी
यारो ! दुनिया आनी-जानी
किस बिरते पर तत्ता-पानी
अब न चलेगी आनाकानी
× × × ×

तोड़ा धरती का सन्नाटा
किसने ? हम मज़दूरों ने
डंका बजा दिया आदम का
किसने ? हम मज़दूरों ने !

दुनिया की अन्धी नगरी में
जगमग दीप जलाया, किसने ?
जग में रंगारंग चमाचम
ये बाज़ार सजाया, किसने ?

ओट में छिपी हुई तहज़ीबों
का घूँघट सरकाया किसने
शर्मीली तक़दीर की देवी
का आँचल ढलकाया किसने

कामचोर सपनों की काया
में शोला भड़काया किसने
बदन-चोर इस प्रकृति-कामिनी
का सीना धड़काया किसने

परत-परत को इस धरती के
साथी खोल दिया है किसने
छिपे दफ़ीने पर क़ुदरत के
धावा बोल दिया है किसने

जीवन के समुद्र-मन्थन में
हमने भँवर क्या डाले हैं
भू-सागर से इन हाथों ने
क्या-क्या रत्न निकाले हैं

बन-उपवन के हर काँटे से
हँसता फूल खिलाया किसने
पत्थर के पथरीले दिल को
तप-तप कर पिघलाया किसने

इस ऊसर-बंजर धरती पर
धन का ढेर लगाया किसने
इस भू की प्यासी दुनिया में
हुन-पर-हुन बरसाया किसने

× × × ×

नभ-चुम्बी शिखरों पर साथी
हम बेखटके चढ़ जाते थे
जहाँ मौत जाते हुए झिझके
ताल ठोंककर बढ़ आते थे

आकाशों के, पातालों के
दिल का चोर निकाला किसने
ख़ाली था भरकर छलकाया
इस जीवन का प्याला किसने

× × × ×
× × × ×

जिस क़िस्मत की सार ग़ज़ब थी
उसका पंजा मोड़ दिया है

दृहर की हर तख़रीबी क़ूवत
को साँचे में ढाल लिया है
क़ुदरत के चैलेंज का हमने
कल्ला-तोड़ जवाब दिया है

ख़ून-पसीने के हिलोर में
तदबीरें मुँह देख रही हैं
इस लहराते आईने में
तक़दीरें मुँह देख रही हैं

अपने कस-बल से सीनों में
तूफ़ानों को बन्द किया है
सधे हुए सौ-सौ हाथों से
भूचालों को थाम लिया है

लाख जतन से जीवन खेती
मुरझाने से किसने रोका
सूरज की इस अग्नि-गेंद को
किसने उछाला लोका किसने

कई बार रहती दुनिया की
आयी को हम टाल चुके हैं
कई बार तक़दीरें-जहाँ की
आँखों में आँखें डाल चुके हैं
× × × ×

चाँद औ सूरज की किरनों से
चादर बुन कर रख देते हैं
इसी हथौड़े की ज़र्बों से
लोहा धुन कर रख देते हैं

करके बराबर रख देते हैं
ऊबड़-खाबड़, पेचो-ख़म
कड़े कोस नर्मा देते हैं
अपने धरती तोड़ क़दम

ज़रा ठेस लगते ही साथी
नींद की दुनिया जाग उठती है
ठुकरा दें जिस पड़ी शिला को
बन के अहल्या जाग उठती है

यूँ गुदगुदा दिया है हमने
संग का पहलू फड़क रहा है
यूँ उकसाया है जड़ता को
पत्थर का दिल धड़क रहा है
× × × ×

इन हाथों की गुलकारी में
सुब्हे-बहार साँस लेती है
हमने दबा दी हैं वो आँचें
मिट्टी लौ पर लौ देती है
× × × ×

इस धरती को छू कर हमने
चाँद-सितारों को छेड़ा है
करके बसर काँटों पर साथी
हमने बहारों को छेड़ा है

अक्सर इस धरती की छींटें
देवलोक पर पड़ जाती हैं
आज उसी दुनिया की आँखें
इन्द्रपुरी से लड़ जाती हैं

अपने इरादों के उठान में
रूहे-तमद्दुन की बरनाई
इन्हीं हथौड़ों के सरगम में
तारीख़ों ने ली अँगड़ाई
× × × ×

जीवन की काली रातों का
धरती जहाँ पता देती है
गाती हुई मशीनों की लय
वहाँ चराग़ जला देती है

रेलों की घनगरज, जहाज़ों
का वो सागरफाड़ बहाव
साफ़ मण्डलाकार फ़ज़ा में
तय्यारों का निडर चढ़ाव

नदियों का मुँह मोड़ दिया है
वीराना लहराता है
रेगिस्तानों में अब पानी
गगन खेलता जाता है
× × × ×

कर्मयोग की महाशक्ति को
हमने अपने साथ लिया है
इस जीवन के शेषनाग को,
इन हाथों ने नाथ लिया है
× × × ×

सर्वोदय के सुख-सपने में
कौन पुकार रहा है साथी !
जीवन सागर नयी दिशा में
ठाठें मार रहा है साथी
× × × ×

ज़र्रा - ज़र्रा जाग उठेगा
क़तरा - क़तरा जाग उठेगा
पत्ता - पत्ता जाग उठेगा
बूटा - बूटा जाग उठेगा

कोना-कोना जाग उठेगा
चप्पा-चप्पा जाग उठेगा
तप्पा-तप्पा जाग उठेगा
क़स्बा-क़स्बा जाग उठेगा

सूबा-सूबा जाग उठेगा
दरिया-दरिया जाग उठेगा
सहरा-सहरा जाग उठेगा
जीवन-सपना जाग उठेगा

अन्य रचनाएँ

तज़्मीनात (क़लम-बन्दी)

(इन 'तज़्मीनों' में मशहूर शेरों पर तीन मिस्रे लगाये गये हैं।)

नसीमे-खुल्द को भी इस तरह चलना नहीं आया
ख़रामे-कौसरो-तसनीम[1] में अन्दाज़ कब वो था
हर-इक का उसके आगे दावा-ए-रफ़्तार है बेजा
'**वली** उस गौहरे-काने-नमक का वाह क्या कहना
मेरे घर इस तरह आवे है जूँ सीने में राज़ आवे।'

—'वली' दक्कनी

साक़ी की नज़र में एक हैं सब, तफ़रीक़[2] उसका ईमान नहीं
अपने हों या बेगाने हों तरजीहों[3] का इमकान नहीं
अह्ले-मयख़ाना में इम्तयाज़, उसके शायाने-शान नहीं
'ले जाम लबालब भर देना, फिर साक़ी को कुछ ध्यान नहीं
ये साग़र पहुँचे दोस्त तलक या हाथ लपक ले दुश्मन का'

—'नज़ीर' अकबराबादी

जलवे-ब-जलवे माहे-मुनव्वर[4] के बज़्म में
मयख़ार[5] थे शरीक बराबर के बज़्म में
ख़ास एहतेमामे-वादाकशीं[6] करके बज़्म में
'साक़ी ने सबको जाम दिये भर के बज़्म में
साग़र जो हमने माँगा तो शीशा हिला दिया'

—'नज़ीर' अकबराबादी

---

1. स्वर्ग की दो नदियों के बहाव। 2. विभेद। 3. प्रधानता, प्राथमिकता। 4. चमकते चाँद। 5. शराब पीनेवाले। 6. शराब पीने के लिए विशेष आयोजन।

ली तारों ने बार-बार झपकी
लेकिन मेरी नींद ने कमी की
दिल में इक हूक-सी उठा की
'झपकी नहीं आँख **मुसहफ़ी** की
ऐ हिज्र की शब गवाह रहना'

—'मुसहफ़ी' लखनवी

यूँ कोई जान से गुज़रता है
आह ऐसा भी कोई करता है
दिल में नश्तर-सा इक उतरता है
'**मीर** अमदन भी कोई मरता है
जान है तो जहान है प्यारे'

—मीर तक़ी 'मीर'

न तबस्सुम[1] का कारख़ाना है
न तकल्लुम[2] का कारख़ाना है
न तरन्नुम का कारख़ाना है
'ये तवह्हुम[3] का कारख़ाना है
माँ वही है जो एतबार किया'

—मीर तक़ी 'मीर'

कितने इल्ज़ाम अपने सर लायी
ज़िन्दगी, ज़िन्दगी से शरमायी
थी जो इक शख़्स से शनासायी
'हो गयी शह्र - शह्र रुसवाई
ऐ मेरी मौत तू भली आयी'

—मीर तक़ी 'मीर'

कैसे कटें इलाही ये रात और ये दिन
क्यों कर रहेंगे उस बिन, क्यों कर जियेंगे उस बिन
इस ज़िन्दगी का या रब ! शायद हो कोई ज़ामिन
'हम तौरे-इश्क़ से तो वाक़िफ़ नहीं हैं लेकिन
सीने में कोई जैसे दिल को मला करे है'

—मीर तक़ी 'मीर'

---

1. मुस्कान। 2. वार्तालाप। 3. अन्धविश्वास।

गुज़र जाते हैं आ के दिन और रात
शबो-रोज़[1] गरदिश में है कायनात
चमन में उठायी थी कल एक बात
'कहा मैंने कितना है कुल को सबात[2]
कली ने ये सुन के तबस्सुम किया'

—मीर तक़ी 'मीर'

ये तज़करा-ए-ख़ातिरे-नाशाद[3] है **सौदा**
ये गरदिशे-दौराँ[4] भी इक उफ़्ताद[5] है **सौदा**
दौरे-मये-सरजोश से फ़रयाद है **सौदा**
'कैफ़ीयते-चश्म इसकी मुझे याद है **सौदा**
साग़र को मेरे हाथ से लेना कि चला मैं'

—मिर्ज़ा रफ़ी 'सौदा'

अब उस दिले-हज़ी[6] में खुशियाँ न मस्तियाँ हैं
अब मेरी ज़िन्दगी में बस ग़म-परस्तियाँ हैं
यादों में बसने वाली यारों की हस्तियाँ हैं
'वो सूरतें इलाही किस देस बस्तियाँ हैं
अब जिनके देखने को आँखें तरस्तियाँ हैं'

—मिर्ज़ा रफ़ी 'सौदा'

अब किसी से नहीं सवाल मेरा
जी ही रहता है कुछ निढाल मेरा
मैं कहीं हूँ, कहीं ख़याल मेरा
'इन दिनों कुछ अजब है हाल मेरा
देखता कुछ हूँ ध्यान में कुछ है'

—ख़्वाजा मीर 'दर्द'

आने वाली है सदा अब उठते जाव
मयकदा खुद हमसे कहता था कि आव
आज तक था मयकदा अपना पड़ाव
'साक़िया याँ लग उठा है चल-चलाव
जब तलक बस चल सके साग़र चले'

—ख़्वाजा मीर 'दर्द'

---

1. दिन-रात। 2. ठहराव, अस्तित्व। 3. दुखी स्वभाव की चर्चा। 4. समय-चक्र। 5. विपद। 6. दुखी हृदय।

गुलिस्ताँ ही में हम जीते गुलिस्ताँ ही में हम मरते
गुलिस्ताँ ही के हम होते गुलिस्ताँ ही का दम भरते
चमन के रह के दौरे-आसमाँ से भी नहीं डरते
'ये हसरत रह गयी क्या-क्या मजों से ज़िन्दगी करते
अगर होता चमन अपना, गुल अपना, बाग़बाँ अपना'

—मज़्हर 'जानजानाँ'

चमन में आ गया था मैं कहाँ से
यहाँ अब तक रहा अम्नो-अमाँ[1] से
चमन वाले हैं अब तो बदगुमाँ से
'कुछ अनबन हो चली है बाग़बाँ से
मुझे निकला ही समझो गुलसिताँ से'

—मीर 'मजरूह'

कहता था रोज़ अपना दुखड़ा
नामुमकिन हो गया था सोना
कल तक उसका था ये रवैया
'फिर छेड़ा **हसन** ने अपना क़िस्सा
बस आज की शब भी सो चुके हम'

—मीर 'हसन'

अपने सर मोल ये ले ली है मुसीबत कैसी
हो गयी बैठे-बिठाये ये महब्बत कैसी
आह! ये कैसी लगावट थी ये चाहत कैसी
'ज़ुल्फ़ में फँस के **फ़ुसूँ** अब है ये वह्शत कैसी
साँप जब काट चुका, सीखने मन्तर बैठे'

—'फ़ुसूँ' अज़ीमाबादी

चमन में गुल खिलाने के सिवा किस काम तू आयी
ख़बर तुझको कहाँ है ज़िन्दगी में रंज भी, दुख भी
हम ऐसे बेदिलों से आ के तू बेफ़ायदा उलझी
'न छेड़ ऐ नक्हते-बादे-बहारी[2]! राह लग अपनी
तुझे अठखेलियाँ सूझी हैं हम बेज़ार बैठे हैं'

—इन्शाअल्लाह खाँ 'इन्शा'

---

1. सुख-शान्ति। 2. बहार की हवाओं की ख़ुशबू।

जगह नहीं मेरे दिल में चमन के फूलों की
कि गुलसिताँ है जगह गुलरुखों[1] के झूलों की
ये गर्दो-बाद[2] कहाँ है, वहाँ बगूलों की
'जुनूँ-पसन्द मुझे छाँव है बबूलों की
अजब बहार है इन ज़र्द-ज़र्द फूलों की'

—'नासिख़' लखनवी

अपनी जगह तमाम सफ़आरा-ए-बज़्म[3] थे
चंगो-रबाबो-नग़्मा के क्या-क्या समाँ बँधे
अलक़िस्सा[4], दौरे-जश्नो-तरब[5] ख़त्म हो गये
'आये भी लोग बैठे भी, उठ भी खड़े हुए
मैं जा[6] ही ढूँढ़ता तेरी महफ़िल में रह गया'

—ख़्वाजा 'आतश'

बाक़ी नहीं शबाब, पर अब भी कभी-कभी
हस्ती ख़यालो-ख़्वाब, पर अब भी कभी-कभी
हस्ती है इक सुराब[7], पर अब भी कभी-कभी
'ग़ालिब छुटी शराब, पर अब भी कभी-कभी
पीता हूँ रोज़े-अब्रो-शबे-माहे-ताब[8] में'

—मिर्ज़ा 'ग़ालिब'

मेरी आँखें देख के ये रंग हैराँ हो गयीं
कितनी शम्एँ बज़्मे-गुलशन में फ़रोज़ाँ[9] हो गयीं
कुछ तो मिट्टी में मिलीं कुछ फिर दुरख़्शाँ[10] हो गयीं
'सब कहाँ कुछ लाला-ओ-गुल में नुमायाँ हो गयीं
ख़ाक में क्या सूरतें होंगी कि पिनहाँ[11] हो गयीं'

—मिर्ज़ा 'ग़ालिब'

1. फूलों की तरह चेहरा रखनेवाले, हसीनों। 2. धूल और हवा। 3. सभा को सजानेवाले। 4. संक्षेप में। 5. उत्सव और सुख का दौर। 6. जगह। 7. धोखा। 8. बादलों से घिरे हुए दिन और चाँदनी रात। 9. प्रकाशमान। 10. रौशन। 11. लुप्त।

ख़ाबे-गराने-इशरते-लज़्ज़तकशी से जाग
नादान सोज़े-जलवा-हक़ तो है ऐसी लाग
फ़िरदौस जिसको देख के चिल्ला उठे कि भाग
'ताअत में ता रहे न मयो-अंगबीं की लाग
दोज़ख़ में डाल दी कोई लेकर बहिश्त को'

—**मिर्ज़ा 'ग़ालिब'**

है क्या नज़र-फ़रेब[1] ख़यालात का जमाल[2]
शाइर की तरह देख ख़यालों के खत्तो-ख़ाल
ख़्वाबो - ख़याल दोनों हैं क्या हिज्र, क्या विसाल
'है आदमी बज़ाते-ख़ुद[3] इक महशरे-ख़याल
हम अंजुमन समझते हैं, ख़िलवत ही क्यों न हो'

—**मिर्ज़ा 'ग़ालिब'**

इस महफ़िले-हयात में रौनक़ भी थी कभी
आया वो इन्क़लाब हवा ही बदल गयी
अपनी फ़सुर्दगी-ए-निहाँ[4] से बुझी-बुझी
'दाग़े-**फ़िराक़** सुहबते-शब की जली हुई
इक शम्अ रह गयी थी सो वो भी ख़मोश है'

—**मिर्ज़ा 'ग़ालिब'**

वो **शेफ़्ता** कि आँख न सू-ए-बुताँ[5] उठी
वो **शेफ़्ता** कि ज़िद मय-ओ-नग़्मा से जिनको थी
वो **शेफ़्ता** कि तकिया न ये छोड़ते कभी
'वो **शेफ़्ता** कि धूम थी हज़रत के ज़ुहृद[6] की
मत पूछिए कि रात मुझे किसके घर मिले'

—**नव्वाब मुस्तफ़ा ख़ाँ 'शेफ़्ता'**

बाद मेरे कहीं रहने का बहाना कर ले
कोई घर जिसमें बसर जाके शबाना कर ले
ऐसी हालत में जो करता है ज़माना, कर ले
'तू कहाँ जायेगी कुछ अपना ठिकाना कर ले
हम तो कल ख़्वाबे अदम में शबे-हिज्राँ[7] होंगे'

—**मोमिन ख़ाँ 'मोमिन'**

---

1. निगाहों को धोखा देनेवाला। 2. सौन्दर्य। 3. अपने-आप में। 4. आन्तरिक दुख। 5. माशूक़ों की तरफ़। 6. परहेज़गारी, निस्पृहता। 7. वियोग की रातें।

एक दिन कूच ज़माने ही से कर जायेंगे
जानिबे-मुल्के-अदम[1] ख़ाक-ब-सर जायेंगे
जान ही से ग़मे-फ़ुरसत में गुज़र जायेंगे
'अब तो घबरा के ये कहते हैं कि मर जायेंगे
मर के भी चैन न पाया तो किधर जायेंगे'

—शेख़ इब्राहीम 'ज़ौक़'

अरे! आता रहा आड़े बड़ी मुद्दत से ये चर्चा
जभी तक चीज़ है जब तक कि ये पर्दा नहीं उठता
इसी पर्दे ने ता-इमरोज़[2] काबे का भरम रक्खा
'ख़ुदा के वास्ते ज़ाहिद उठा पर्दा न काबे का
कहीं ऐसा न हो याँ भी वही काफ़िर सनम निकले'

—बहादुरशाह 'ज़फ़र'

अयाँ[3] में ढूँढ़ आया और निहाँ[4] में
यही थी फ़िक्र बज़्मे-दोस्ताँ[5] में
यही धुन थी दयारे-दुश्मनाँ[6] में
'कोई महरम[7] नहीं मिलता जहाँ में
मुझे कहना है कुछ अपनी ज़बाँ में'

—ख़ाजा अलताफ़ हुसैन 'हाली'

हर चश्मे-हुस्नबीं[8] की वहाँ तक नज़र कहाँ
हर क़ल्बे-बेक़रार को उसकी ख़बर कहाँ
देखा निगाहे-शौक़ ने उसको मगर कहाँ
'है जुस्तुजू[9] कि ख़ूब से है ख़ूबतर कहाँ
अब ठहरती है देखिए जाकर नज़र कहाँ'

—ख़ाजा अल्ताफ़ हुसैन 'हाली'

---

1. मृत्यु-देश की ओर। 2. आज तक। 3. खुले। 4. छिपे। 5. मित्रों की सभा। 6. शत्रुओं की नगरी। 7. राज़दार। 8. सौन्दर्य-परख आँखें। 9. तलाश।

क़िस्सा-ए-जौर यारे-जानी का
वाक़िया मेरी बे-ज़बानी का
माजरा उसकी जाँ-सतानी का
'हाल सब मेरी सख़्त-जानी का
बाढ़ कहती है मुड़ के ख़ंजर से'

—पं. रतननाथ 'सरशार'

हम मिट गये तो वक़्फ़े-अलम[1] इक जहाँ है अब
हम उठ गये तो हर तरफ़ आहो-फ़ुग़ाँ[2] है अब
अब हम नहीं तो ग़मज़दा हर क़ल्बो-जाँ है अब
'हम मर गये तो पुरसिशे-नामो-निशाँ[3] है अब
इसकी तलाश कर कि महब्बत कहाँ है अब'

—'दाग़' देहल्वी

रहा जो ये कुश्तो-ख़ूँ[4] का मंज़र रहेगी दुनिया भी रंग लाकर
हुए हैं जो वार ये बराबर ये सीना-ए-वक़्त में हैं नश्तर
ज़माना खुद इन्तक़ाम[5] लेगा मिटेंगे अह्ले-सितम[6] सरासर
'क़रीब है यारो! रोज़े-महशर, छुपेगा कुश्तों का ख़ून क्यों कर
जो चुप रहेगी ज़बाने-ख़ंजर, लहू पुकारेगा आस्तीं का'

—'अमीर' मीनाई

ये इश्क़ का सहरा है ऐ दिल, याँ आलमे-वज़्द बराबर है
जो ज़र्रा हवा में उड़ता है इक हालो-क़ाल का दफ़्तर है
मीनारे-गुबारे-पेचीदा क्या हिम्मत-अफ़्ज़ा मंज़र है
'हर चंद बगूला मुज़्तर है, इक जोश तो उसके अन्दर है
इक वज़्द तो है, इक रक्स तो है, बेताब सही, बरबाद सही'

—'अकबर' इलाहाबादी

1. दुख भोगने में व्यस्त। 2. रोना-पीटना। 3. नेकियों और अच्छाइयों की चर्चा। 4. मार-काट। 5. बदला। 6. अत्याचार करनेवाले।

इसी से जौरे-पिनहाँ-ओ-अयाँ से मना करते थे
सितमरानी-ए-नाज़े-दिलबराँ[1] से मना करते थे
तुम्हें ख़ूँरेज़ी-ए-दिलदादगाँ[2] से मना करते थे
'इसी दिन को तो क़त्ले-आशिक़ाँ से मना करते थे
अकेले फिर रहे हो युसुफ़े-बे-कारवाँ होकर'

—ख़्वाजा 'वज़ीर'

मेरी कहीं सुब्ह है कहीं शाम
यकसाँ हैं, इशरतें कि आलाम
रह जाऊँ जहाँ वहीं है आराम
'घर-बार से क्या फ़क़ीर को काम
क्या लीजिए छोड़े घर का नाम'

—पं. दयाशंकर 'नसीम'

ज़रा-सी बात पॅ हो जाती है मिज़ह[3] पुरनम[4]
ज़रा-सी भूल से उतरे दिलों में नश्तरे-ग़म[5]
ख़फ़ीफ़[6] इशारे भी बन-बन गये हैं तेग़े-सितम
'ख़याले-ख़ातिरे-अहबाब[7] चाहिए हरदम
अनीस ठेस न लग जाये आबगीनों[8] को'

—मीर 'अनीस'

हम कभी अपने नशेमन में थे शादो-आबाद
हमवतन थे गुलो-लाला-ओ-सर्व-ओ-शमशाद
एत्तफ़ाक़ाते-ज़माना[9] से पड़ी ये उफ़्ताद
'था कभी वो भी असीराने-क़फ़स का सैयाद
अब तो इक फूल को मुहताज है, गुलशन कैसा?'

—तअश्शुक़ 'लखनवी'

---

1. महबूब की अदाओं के अत्याचार। 2. दिल देनेवालों की ख़ूँरेज़ी। 3. पलक। 4. भीगना। 5. दुख के भाले। 6. हल्के। 7. दोस्तों की ख़ातिर का ख़्याल। 8. शीशे का बर्तन, आशिक़ का दिल। 9. समय-संयोग।

बेकसों पर मेह्रबाँ कुछ चर्ख़े-गर्दां हो गया
गो न कोई बर-सरे-क़ब्र[1] अश्क-अफ़्शाँ[2] हो गया
आसमाँ पुरसाने-हाले-करमपुरसाँ[3] हो गया
'कुछ न कुछ गोरे-ग़रीबाँ[4] पर भी सामाँ हो गया
चार तारे चर्ख़ से टूटे चराग़ाँ हो गया'

—**'तअश्शुक़' लखनवी**

मुझे समझते हैं सब यूँ तो एक दीवाना
नसीब सबको नहीं हिम्मते, ये मरदाना
वो इक निगाह थी अपनी जगह इक अफ़साना
'मुझी को नाज़ से देखा जला जो परवाना
तुम एक बज़्म में मरदुम-शिनास[5] बैठे हो!'

—**'तअश्शुक़' लखनवी**

यहाँ तो बस अमल[6] ही में है ख़ुशकामी-ओ-ख़ुशनामी
नहीं करते जो कुछ ऐसों की क़िस्मत में है नाकामी
जो चूके सामने की चीज़ भी उनको नहीं मिलती
'ये बज़्मे-मय है याँ कोताह-दस्ती[7] में है महरूमी[8]
जो बढ़कर ख़ुद उठा ले हाथ में मीना उसी का है'

—**'शाद' अज़ीमाबादी**

पूछते हो मुझसे क्या वजहे-मलाल
बेरुख़ी पर है तुले अह्ले-जमाल
हम सुनायें भी तो किसको अपना हाल
'वो तो वो तस्वीर भी उनकी **जलाल**
कहती है तुम बात के क़ाबिल नहीं'

—**'जलाल' लखनवी**

---

1. क़ब्र के ऊपर। 2. आँसू बहाना। 3. मजबूरों का हाल पूछनेवाला। 4. ग़रीबों की क़ब्र। 5. आदमी पहचाननेवाला। 6. क्रिया। 7. हतोत्साह। 8. असफलता।

हर गुंचे में चुटकियाँ बजाती
दामन से हज़ारों गुल खिलाती
ख़ाबीदा ज़मीन को जगाती
'इठलाती, लजाती, मुस्कुराती
किस नाज़ से है बहार आयी'

—ज्वालाप्रसाद 'बर्क़'

पशेमाँ[1] हो के भी मुझको नहीं होती पशेमानी
परीशाँ हो के भी मुझको नहीं होती परीशानी
कि हर अफ़साना-ए-ख़ुशफ़हमी-ए-उल्फ़त है तूलानी[2]
'ज़माने भर में रुसवा[3] हूँ मगर, ऐ वाय! नादानी
समझता हूँ कि राज़े-इश्क़ मेरे राज़दाँ तक है'

—अल्लामा 'इक़बाल'

अब न वो गुल है न वो गुलशन न वो अह्ले-चमन
अब है सन्नाटा जहाँ जमता था रंगे-अंजुमन
नज़्रे-दौराँ हो गयी ऐ दिल! वो बज़्मे-फ़िक्रो-फ़न
'अब न वो सुहबत न वो जलसे न वो लुत्फ़े-सुख़न
ख़्वाब था जो कुछ कि देखा जो सुना अफ़साना था'

—मौलाना 'शिब्ली'

इस गुलामी में कुछ आसार हैं बरबादी के
मानी ही क्या हैं गुलामों के ग़मो-शादी के
नग़्माँ-ए-साज़ के नाले किसी फ़रियादी के
'दिल में इस तरह से अरमान है आज़ादी के
जैसे गंगा में झलकती है चमक तारों की'

—चकबस्त 'लखनवी'

1. लज्जित। 2. लम्बा, सविस्तार। 3. बदनाम।

तवज्जुह इधर मेरे हमराज़ देना
सहारा मुझे मेरे दमसाज़ देना
कुछ इस वक़्त भी कोई अंदाज़ देना
'ग़ज़ल उसने छेड़ी मुझे साज़ देना
ज़रा उम्रे-रफ़्ता को आवाज़ देना'

—'सफ़ी' लखनवी

हस्ती अज़ीज़ की भी गिनते हैं हस्तियों में
हुश्यारियों में गुज़री अपनी न मस्तियों में
ढूँढ़ा किया हूँ सत्हे-हस्ती की बस्तियों में
'उम्रे-अज़ीज़ गुज़री हसरत-परस्तियों में
ऐसी भी ज़िन्दगी का या रब! हिसाब होगा'

—'अज़ीज़' लखनवी

हिकायत फ़र्दे-वाहिद[1] की कहाँ मालूम होती है
सरासर ये तो तारीख़े-जहाँ मालूम होती है
ये हर इनसान का अपना बयाँ मालूम होती है
'कहानी मेरी रूदादे-जहाँ[2] मालूम होती है
जो सुनता है उसी की दास्ताँ मालूम होती है'

—'सीमाब' अकबराबादी

पिनहाँ थी जो हर-इक नज़र से, यारो! वो शय और ही थी
आँखों को भी क्या नज़र आये, दिल ही अगर कर जाय कमी
जिसको किसी ने भी नहीं देखा, देखने की थी चीज़ वही
'तारा टूटते सबने देखा ये नहीं देखा एक ने भी
किसकी आँख से आँसू टपका किसका सहारा टूट गया'

—'आरज़ू' लखनवी

तोड़ने से टूटती हैं ग़म की ज़ंजीरें कहीं
अपने बस की हैं भला ख़्वाबों की ताबीरें कहीं
खुल के हँसती-बोलती हैं दिल की तस्वीरें कहीं
'वस्ल की बनती हैं इन बातों से तदबीरें कहीं
आरज़ूओं से फिरा करती हैं तक़दीरें कहीं!'

—'हसरत' मोहानी

1. एक व्यक्ति। 2. संसार की कहानी।

हक़ीक़त आँख ओझल और झगड़ा कुफ़्रो-ईमाँ का
इसी के वास्ते जिसको किसी ने भी नहीं देखा
समझकर बात असली ठीक ही शाइर ने फ़रमाया
'हिजाबे-नाज़े-बेजा'[1] **यास** 'जिस दिन बीच में आया
उसी दिन से लड़ाई ठन गयी शेख़ो-बरहमन में'

—मिर्ज़ा 'यास' 'यगाना' चंगेज़ी

अजब समाँ था निगाहों में था अजब मंज़र
हर-एक मोड़ पॅ गुमराहियों का ख़ौफ़ो-ख़तर
न हम कभी के मुसलमाँ न हम कोई काफ़र
'ठिठक गये हरमो-दैर[2] के दोराहे पर
ख़िलाफ़ जा न सके शाहराहे-फ़ितरत के'

—मिर्ज़ा 'यास' 'यगाना' चंगेज़ी

वो बज़्मे-तरब, नग़्मा-ए-मुद्दई-होश
उठती हुई साक़ी की नज़र मयकदा बरदोश
लो रात गयी, बात गयी, हो रहो ख़ामोश!
'हर शाम हुई सुब्ह को इक ख़्वाबे-फ़रामोश
दुनिया यही दुनिया है तो क्या याद रहेगी'

—मिर्ज़ा 'यास' 'यगाना' चंगेज़ी

ज़िन्दगी ख़त्म हुई शह्रे-ख़मोशा[3] को चलो
जो अमानत थी ज़मीं की, वो ज़मीं को सौंपो
उम्र भर हिज्र में जागे थे अब आराम करो
'नासिरी क़ब्र पॅ इबरत[4] के लिए लिखवा दो
तूल[5] खींचा है यहाँ तक शबे-तन्हाई ने'

—प्रो. मेहदी हसन 'नासिरी'

---

1. महबूब का अनुचित परदा करना। 2. काबा और बुतख़ाना। 3. अर्थात्—क़ब्र। 4. सीख। 5. विस्तार।

ज़िक्र था शोख़ी-ओ-शरारत का
फ़ितना-खेज़ाने-सर्वो-क़ामत का
नाज़ो-अन्दाज़ो-शानो-शौकत का
'ज़िक्र जब छिड़ गया क़यामत का
बात पहुँची तेरी जवानी तक'

—'फ़ानी' बदायूनी

कहते हैं आकाश के तारे
खायें क़सम दिन के उजयारे
पलकें भी करती हैं इशारे
'क्यों काजल दे काहे सँवारे
ये नैना बिन काजल कारे'

—लोकगीत

नाखुश हो तो खुश भी हो लो
और दुआएँ दो जीवन को
आख़िर कब तक ये लीला हो
'कहत कबीर सुनो भाई साधो
मौत गुरू जग चेला'

—कबीरदास

फ़लक ने किसे तीर मारा नहीं है
जिगर किसका याँ पारा-पारा नहीं है
क़ज़ा पर किसी का इजारा नहीं है
'ज़माने की गर्दिश से चारा नहीं है
ज़माना हमारा-तुम्हारा नहीं है'

—'इबरत' गोरखपुरी

क्या ग़मो-रंजो-मुसीबत से नहीं हम वाक़िफ़
क्या सितमरानी-ए-क़िस्मत से नहीं हम वाक़िफ़
फिर भी असरारे-मशीअत[1] से नहीं हम वाक़िफ़
'ज़िन्दगानी की हक़ीक़त से नहीं हम वाक़िफ़
मौत का नाम जो सुनते हैं तो मर जाते हैं'

—'इबरत' गोरखपुरी

1. ईश्वर के भेद, मर्म।

मुझको ऐ जोशे-जुनूँ! बस यही आता है ख़याल
फ़र्क़ बालों में ये किस वजूह से है, बाल तो बाल
मुझ पॅ इस ख़ूबी-ए-तक़दीर का खुलता नहीं हाल
'एक वो बाल है जो है सरो-गर्दन पॅ वबाल
एक वो बाल हैं जो ता-ब-कमर जाते हैं'

—'इबरत' गोरखपुरी

हो आयी है बता दे मुझे तू कहाँ-कहाँ
क्या हर जगह है एक-ही-सा रंगे-बोस्ताँ
हर बाग़ में नहीं है यहाँ एक ही समाँ
'क्या ढूँढ़ती है मेरे गुलिस्ताँ में ऐ ख़िज़ाँ!
तू जानती है सब कि चमन में बहार है'

—'इबरत' गोरखपुरी

कल जो ज़रा निकल गया घर से मैं इज़्तराब में
कहती थी शोख़ी-ए-बयाँ हुस्न के इस ख़िताब में
रह गया मैं तो दम-ब-खुद कुछ न कहा जवाब में
'बोले वो देखकर मुझे यों शबे-माहताब में
देखो कहीं पकड़ न ले चाँदनी रात चोर को'

—'इबरत' गोरखपुरी

हातिफ़ ने ये कल मुझे ख़बर दी
हालत कब आज है जो कल थी
अन्दाज़ा नहीं है ग़ैब को भी
'इस दौर में ज़िन्दगी बशर की
बीमार की रात हो गयी है'

—'फ़िराक़' गोरखपुरी

तू मुअत्तर कर गयी ये सरज़मीं, ऐ बू-ए-दोस्त!
ये कसक इसमें कहाँ से आ गयी, ऐ ख़ू-ए-दोस्त!
उठते हैं शोले पयापय ऐ जमाले-रू-ए-दोस्त!
'दिल दुखे रोये हैं शायद इस जगह, ऐ कू-ए-दोस्त!
ख़ाक का इतना चमक जाना ज़रा दुश्वार था!'

—'फ़िराक़' गोरखपुरी

वो जगमगाती शुआएँ निगाहे-जानाँ की
फ़ज़ा में आतिशे-सय्याल-सी[1] छलकती हुई
दिलों में रक़्स-कुनाँ आयते-हयात उतरी
'किसी की बज़्मे-तरब में हयात बटती थी
उमीदवारों में कल मौत भी नज़र आयी!'

—'फ़िराक़' गोरखपुरी

कोई किसी की बात न पूछे इस दुनिया की रस्म यही है
एक दूसरे से बेगाना, जहाँ जाव, नफ़सी-नफ़सी है
जिस दरे-दिल को खड़कायेंगे, देखेंगे ज़ंजीर लगी है
'सबको अपने-अपने दुख हैं, सबको अपनी-अपनी पड़ी है
ऐ दिले-ग़मगीं! तेरी कहानी कौन सुनेगा किसको सुनायें?'

—फ़िराक़' गोरखपुरी

मैं देखता हूँ ठहरी हुई कायनात है
गर्दिश नहीं सपह्र[2] में, क्या आज बात है
बस मैं हूँ और रब्बे-दो-आलम की ज़ात है
'अब दौरे-आसमाँ है न दौरे-हयात है
ऐ दर्दे-हिज्र, तू ही बता कितनी रात है'

—'फ़िराक़' गोरखपुरी

हम वक़्त के सीने में इक शम्अ जला जायें
सोयी हुई राहों के ज़र्रों को जगा जायें
कुछ रंग उड़ा जायें कुछ रंग जमा जायें
इस दश्त को नग़्मों से गुलज़ार बना जायें
'जिस सम्त से गुज़रें हम कुछ फूल खिला जायें'

—'फ़िराक़' गोरखपुरी

---

1. शराब की तरह। 2. आकाश।

दोहे

नया घाव है प्रेम का जो चमके दिन-रात।
होनहार बिरवान के चिकने-चिकने पात॥

आँखें छत से लग गयीं ऐसे पड़े बीमार।
वो आँखें जब से फिरीं भूले लैलो-नहार[1]॥

यही जगत की रीत है यही जगत की नीत।
मन के हारे हार है मन के जीते जीत॥

मैं यूँ मालामाल हूँ जैसे ज्ञान से वेद।
मेरे घर आया कोई जैसे मन में भेद॥

जो न मिटे ऐसा नहीं कोई भी संजोग।
होता आया है सदा मिलन के बाद वियोग॥

जग के आँसू बन गये निज नयनों के नीर।
अब तो अपनी पीर भी जैसे परायी पीर॥

पिया मिलन हो जायगा सबको देर-सबेर।
ऐ राही अनगिनत हैं प्रेम-बाट में फेर॥

तुम छूटे तो छुट गये जनम-जनम के मीत।
तुम रूठे रूठा जगत मानी जगत की रीत॥

धरती में क्या शक्ति है मन में करो विचार।
बड़े-बड़े जब पग धरें डगमगायँ सौ बार॥

---

1. रात-दिन।

इस धरती से जो लड़े क्यों न हार वो जाय।
नद्दी गिर को काट के धरती ही में समाय॥

कहाँ कमर सीधी करे कहाँ ठिकाना पाय।
तेरा घर जो छोड़ दे दर-दर ठोकर खाय॥

जगत-धुदलके में वही चित्रकार कहलाय।
कोहरे को जो काट कर अनुपम चित्र बनाय॥

शीशमहल है ये जगत देख ऊँच या नीच।
मुखड़े आते हैं नज़र दीवारों के बीच॥

बन में पंछी जिस तरह भूल जाय निज नीड़।
हम बालक सम खो गये थी वो जीवन-भीड़॥

याद तेरी एकान्त में यूँ छूती है विचार।
जैसे लहर समीर की छुए गात सुकुमार॥

रूप नगर में जा बसे जो चाहे विश्राम।
मुखड़ों की वाँ सुबह है केशों की वाँ शाम॥

मैंने छेड़ा था कहीं दुखते दिल का साज़[1]।
गूँज रही है आज तक दर्द भरी आवाज़॥

दूर तीरथों में बसे वो है कैसा राम॥
मन-मन्दिर की यात्रा मूरख चारों धाम॥

वेद, पुरान और शास्त्र को मिली न उसकी थाह।
मुझसे जो कुछ कह गयी इक बच्चे की निगाह॥

रेखा तेरे रूप की सकल ज्ञान-विज्ञान।
जीवन के हर साँस की यहीं टूटती तान॥

बिन खिड़की बिन द्वार के चार तरफ़ है भीत।
इन गलियों में हम कहाँ गायें तेरे गीत॥

मूरख तेरी समझ में आये समय का घेर।
वहाँ नहीं अँधेर है भले लगे कुछ देर॥

---

1. बाजा।

नमक भी कितना पाक है घर-घर में भी लोन।
आँसू की हर बूँद में सागर में भी लोन॥

दीप धरा पर फूल के गगन पर अंजुमो-माह[1]।
सब पर सूरज की किरन मुझ पर तेरी निगाह॥

कोमल-कोमल जड़-कणों से पहाड़ कट जाय।
तरल नदी की चोट से पत्थर भी फट जाय॥

कलाकार को चाहिए केवल तेरा ध्यान।
कविता का उपहार है एक मृदुल मुस्कान॥

पल भर का ये साथ है जनम-जनम का साथ।
क्यों मैंने कैसी कही? साजन लाना हाथ॥

विश्व एक है ये नियम कभी न ऐ मन भूल।
इक तारा थर्रा उठा जब तोड़ा इक फूल॥

क्या छोटा कैसा बड़ा धोका तुझे महान।
क्या निर्बल, कैसा सबल भरम मान-अपमान॥

तेरा दर्शन जो करे सो अवाक् हो जाय।
गूँगे का सपना हुआ समझ-समझ पछताय॥

मूल, फूल, फल, पात हैं गुप्त और अज्ञात।
मूल, फूल, फल, पात को नहीं चाहिए ख्यात॥

निर्धन-निर्बल के लिए धन-बल का क्या काम।
निर्धन के धन राम हैं निर्बल के बल राम॥

एक दिल अपने पास है आ जाये जिस काम।
लाया हूँ बाज़ार में बिक जाये जिस दाम॥

पिया मिलन की याद में मलते रहिए हाथ।
प्रिय की प्यारी बात सब गयी प्रिया के साथ॥

चंचल जिस जानिब[2] चले टेढ़ी-चाल दिखाय।
मंन की नाव समुद्र में आड़े-तिरछे जाय॥

---

1. तारे और चाँद। 2. दिशा में।

बुझा हुआ दिल भी कभी जान चुका है लाग।
राख समझ न कुरेदिए दबी हुई हैं आग॥

निर्धन कवि के पास क्या कुछ पीड़ा, कुछ प्रीत।
कुछ अनदेखे स्वप्न हैं दर्द भरे कुछ गीत॥

समझो तो क्या चीज़ है दर्द भरे ये गान।
अमर हुई है ज़िन्दगी करके ये विषपान॥

मैं ऐसी बातें करूँ जो हर दिल में समायँ।
सत्य समझ कर भी जिन्हें दुबधे में पड़ जायँ॥

शब्दों की धुन है कोई या बजते हैं कान।
या दिल में हैं गूँजते भूले-बिसरे गान॥

पाप-पुन्य की जंग[1] है जीवन जिसका नाम।
जारी है हर हृदय में देव-दनुज संग्राम॥

वो सुकुमार सुगन्ध है हिलते ही निकले प्रान।
हर करवट इक मौत है हरेक साँस इक बान॥

आँसू की वो बूँद जो पलक ओट रह जाय।
उससे कहीं बहुमूल्य है जो आँसू बह जाय॥

बन असीम विस्तार का मन है वो मैदान।
बिन-पानी बिन हवा के उठे जहाँ तूफ़ान॥

सुनी अनसुनी एक है गले कान भी सोय।
सब रामायन सुन गये सीता किसकी जोय?॥

वो मन उड़ती धूल है जो मन डावाँडोल।
अपने में रहकर तपे तो हीरा अनमोल॥

पिया दरस हो जायगा सुन मेरे दो बोल।
सर की आँखें बन्द कर मन की आँखें खोल॥

जिनके मन में भेद है उनमें ही ये सूझ।
औरों के मन भेद को वही सकेंगे बूझ॥

धरती को जीता मगर ज़र्रे[2] से गये हार।
सागर एक छलाँग का क़तरा अपरमपार॥

---

1. युद्ध। 2. कण।

अश्आर (नश्तरे-सुख़न)

(चन्द ऐसी ग़ज़लों के अश्आर जो यहाँ शामिल नहीं हो सकीं)

अभी फ़ितरत से होना है नुमायाँ शाने-इन्सानी
अभी हर चीज़ में महसूस होती है कमी अपनी

शाम के साये घुले हों जिस तरह आवाज़ में
ठण्डकें जैसी खनकती हों गले के साज़ में

बेज़रर[1] है **फ़िराक़** की गाली
उसकी गाली, फ़क़ीर की गाली

शाख़े-गुल जिस तरह हवा से मुड़े
याद है तेरे रूठने की अदा

हुस्न-परस्ती पाक मुहब्बत बन जाती है जब कोई
वस्ल[2] की जिस्मानी लज़्ज़त[3] से रूहानी कैफ़ीयत[4] ले

हमसे क्या हो सका महब्बत में
ख़ैर, तुमने तो बेवफ़ाई की

---

1. अहानिकारक। 2. मिलन। 3. शारीरिक आनन्द। 4. आत्मिक भावना।

दुनिया को बदलने का तसलीम[1] तेरा दावा
हम फिर भी ये कहते हैं दुनिया वही दुनिया है

गरज कि काट दिये ज़िन्दगी के दिन ऐ दोस्त
वो तेरी याद में हों या तुझे भुलाने में

दिल-दुखे रोये है शायद इस जगह ए कूए-दोस्त[2]
ख़ाक का इतना चमक जाना ज़रा दुश्वार था

ख़ाक में चोट दबी थी यॅं न जाने कब की
रगे-पैमाना लहू देने लगी ऐ साक़ी!

इन फ़ुसूँ-सामाँ[3] निगाहे-आसमाँ[4] की देर थी
इस भरी दुनिया में हम तनहा नज़र आने लगे

शबे-हिज्र थी यूँ तो मगर पिछली रात को
वो दर्द उठा **फ़िराक़** कि मैं मुस्कुरा दिया

ये ज़िन्दगी के कड़े कोस याद आता है
तेरी निगाहे-करम का घना-घना साया

जो उलझी थी कभी आदम के हाथों
वो गुत्थी आज भी सुलझा रहा हूँ

जहाँ में थी बस इक अफ़वाह तेरे जल्वों की
चराग़े-दैरो-हरम[5] झिलमिलाये हैं क्या-क्या

तअज्जुब क्या, तेरे आगे जो हम कुछ चुप-से रहते हैं
हमारे दरमियाँ ऐ दोस्त! लाखों ख़्वाब हाइल[6] हैं

तुम मुख़ातिब भी हो करीब भी हो
तुमको देखें कि तुमसे बात करें

---

1. स्वीकार। 2. मित्र की गली। 3. जादू-भरी। 4. आकाश की दृष्टि। 5. काबे एवं बुतख़ाने के दीपक।
6. रुकावट।

कौन ये ले रहा है अँगड़ाई
आसमानों को नींद आती है

कोई आया, न आयेगा लेकिन
क्या करें गर न इन्तज़ार करें

चुप हो गये तेरे रोने वाले
दुनिया का ख़याल आ गया है

या इश्क़ नहीं करते या लोग हैं बे-परवा
क्यों इश्क़ में अब कोई बदनाम नहीं होता

उसका सरापा हमसे पूछो
चेहरा ही चेहरा, पाँव से सर तक

विसाल उससे मैं चाहूँ कहाँ मेरी क़िस्मत
ये रो रहा हूँ कि क्यों उसको मैंने देखा था

तुमसे आज़ुर्दा[1] **फ़िराक़** आज बहुत आये नज़र
कुछ तो लाज़िम था तुम्हें उनकी बुज़ुर्गी का ख़याल

इश्क़ में सच ही का रोना है
झूठे नहीं तुम, झूठे नहीं हम

इस पुर्सिशे-करम पॅ तो आँसू निकल पड़े
क्या तू वही ख़ुलूसे-सरापा है आज भी

तेरे गेसू-ए-पुरख़म से खेल भी न सकें
उन उँगलियों से सितारों को छेड़ सकता हूँ

आज आँखों में काट ले शबे-हिज्र
ज़िन्दगानी पड़ी है सो लेना

---

1. रुष्ट।

वो आलम और ही है जिसमें मीठी नींद आ जाये
ग़मो-शादी में सोने के लिए रातें नहीं होतीं

टूटा है फ़लक से एक तारा
या टूटा है आसरा किसी का

तू याद आये तेरे जौरो-सितम लेकिन न याद आयें
महब्बत में ये मासूमी बड़ी मुश्क़िल से आती है

रमता-जोगी बहता पानी
इश्क़ भी मंज़िल छोड़ रहा है

ये जाहो-इज़्ज़त, ये नामो-शुहरत, है छाँव बस एक चलती-फिरती
बहुत न मग़रूर[1] हो जाइएगा **फ़िराक़** साहब, **फ़िराक़** साहब

जिनकी तामीर इश्क़ करता है
कौन रहता है उन मकानों में

तेरा विसाल बड़ी चीज़ है मगर ऐ दोस्त
विसाल को मेरी दुनिया-ए-आरज़ू न बना

शिव का विष-पान तो सुना होगा
मैं भी ऐ दोस्त, पी गया आँसू

ज़िन्दगी तो गयी शबाब के साथ
ज़िन्दगी का खुमार बाक़ी है

हमने किये हैं गुनाह को सिज़्दे, सिद्क़ो-हुज़ूरी-ए-क़ल्ब[2] के साथ
बड़ी रयाज़त की तब जाके, नमाज़े-गुनह के इमाम हुए

जीती-जागती दुनिया में भी
चलते-फिरते मुर्दे देखे

---

1. अभिमानी। 2. हृदय की सच्चाई।

अभी जबीने-बशर मुन्तज़र-सी[1] हो जैसे
कि आदमी अभी फ़ितरत का शाहकार नहीं

रयाजे-दहर में झूठी हँसी भी हमने देखी है
गुलिस्ताँ दर बग़ल हर गुंचा-ए-ख़न्दाँ[2] नहीं होता

फ़िराक़ इक-इक से बढ़कर चारासाज़े-दर्द[3] हैं लेकिन
ये दुनिया है यहाँ हर दर्द का दरमाँ नहीं होता

अब न तुम वो रहे न हम वो रहे
इत्तेफ़ाक़ात हैं ज़माने के

देख रफ़्तारे-इन्क़लाब **फ़िराक़**
कितनी आहिस्ता और कितनी तेज़

न अपने आप बदली है न अपने आप बदलेगी
ये दुनिया है, तू दुनिया को बदल दे, देखता क्या है

तारीकियाँ चमक गयीं आवाज़े-दर्द से
मेरी ग़ज़ल से रात की जुल्फ़ें सँवर गयीं

समा सका न कहीं जब नशाते-लामहदूद[4]
तो उसको हुस्न ने दो मुट्ठियों में बन्द किया

ग़मे-**फ़िराक़** तो उस दिन ग़मे-**फ़िराक़** हुआ
कि उनको प्यार किया मैंने जिनसे प्यार नहीं

जब-जब इसे सोचा है दिल थाम लिया मैंने
इन्सान के हाथों से इन्सान पॅ जो गुज़री

तू एक था मेरे अशआर में हज़ार हुआ
इस इक चराग़ से कितने चराग़ जल उट्ठे

---

1. प्रतीक्षा में। 2. हँसता हुआ गुंचा। 3. दर्द की दवा करनेवाले। 4. असीम प्रसन्नता।

शिकवा किया सितम का तो नमदीदा हो गये
तुम तो ज़रा-सी बात पॅ संजीदा[1] हो गये

उम्र में मुझसे बड़े मेरे मुआसिर[2], ऐ **फ़िराक़**
मरते दम उर्दू ग़ज़ल को मेरे ज़िम्मे कर गये

ख़ुद को अहूल उनकी अमानत का जो साबित कर सकूँ
तो ये समझूँगा वसीयत उनकी पूरी हो गयी

फ़िराक़ अब अहूले-दुनिया से विदा-ए-आख़िरी ले लो
वे देखो, शाइराने-रफ़्ता इस्तक़बाल[3] को आये

तुम हो पसमाँदगाने-दौरे-**फ़िराक़**
बख़्श दो! सब कहा-सुना मेरा

याद रखना कि था तुम्हीं-सा कोई
बज़्मे-हस्ती में दर्द की तस्वीर

किसको रोता है उम्र भर कोई
आदमी जल्द भूल जाता है

कुछ ऐसी भी गुज़री हैं तेरे हिज्र[4] में रातें
दिल दर्द से ख़ाली हो मगर नींद न आये

फ़रेबे-रंगो-बू खाकर चमन से हाथ धो बैठे
तेरे वहशी तो कब के ले उड़े होते गुलिस्ताँ को

दर्दे-दिल क्या है खुला आज तेरे लड़ने पर
तुझसे इतनी थी महब्बत मुझे मालूम न था

मुझको ख़राब कर गयीं नीम-निगाहियाँ[5] तेरी
मुझसे हयातो-मौत भी आँखें चुरा के रह गयीं

---

1. गम्भीर। 2. समकालीन। 3. अभ्यर्थना। 4. विरह। 5. अधखुली आँखें।

गुज़रे हैं इश्क़ नाम के ऐ दोस्त इक बुज़ुर्ग
हम लोग भी फ़क़ीर उसी सिलसिले के हैं

और कुछ इश्क़ में नहीं मक़दूर[1]
क्या करें हम भी रो के रह जायें

तेरा दीदार[2] फ़िक्रे-शेर के वक़्त
आज बिगड़ी बनी-बनायी बात

ख़ुद अपने जीते मुर्दे को तुझे देना पड़े काँधा
गराँ इस दर्जा बारे-इनफ़रादीयत न हो जाये

कुछ दर्द दे गया हूँ ज़माने को ऐ **फ़िराक़**
यह सोच कर कि बाद को ये याद आयेंगे

इक उतरता हुआ ख़्वाबे-सीमीं[3]
चाँद से चाँदनी का सफ़र है

है ये तेरा ख़याल या कोई और
रास्ता रोक कर खड़ा है कौन

रगे-जाँ से नाज़ुक हैं ख़त उस बदन के
इलाही ये किसकी क़लम-कारियाँ हैं

इनका शजरा आफ़ताबों से भी ऊँचा है बहुत
आपसे मिलिए, जनाबे इश्क़ आली ख़ान्दाँ

तेरी वो नर्म दोशीज़ा-निगाही दिल नहीं भूला
पड़ी जब-जब नज़र तेरी निगाहे-अव्वलीं[4] निकली

झिलमिल झिलमिल तारों ने भी पायल की झंकार सुनी थी
चली गयी कल छमछम करती पिया मिलन की रात कहाँ

---

1. बस में। 2. दर्शन। 3. रुपहला स्वप्न। 4. पहली नज़र।

तुझे तो हाथ लगाया है बारहा लेकिन
तेरे ख़याल को छूते हुए मैं डरता हूँ

थे ख़ज़ाने भरे दो-आलम के
एक आँसू जो मोल ले न सके

तेरा पैमाना जब टूटा न आवाज़े-शिकस्त[1] आयी
वह टूटा इस तरह जैसे किसी का आसरा टूटे

जागे हैं **फ़िराक़** आज ग़मे-हिज्र में ता-सुब्ह
आहिस्ता चले आओ अभी आँख लगी है

शाम के झुटपुटे में यूँ तेरा ख़याल दिल में आय
जैसे जबीने-चर्ख़[2] पर कोई सितारा जगमगाय

ऐ मौत आके हमको ख़ामोश कर गयी तू
सदियों दिलों के अन्दर हम गूँजते रहेंगे

सुनो मुझसे असरारे-आलम[3] कि मैंने
सुकूते-लबे-नाज़[4] से बात की है

महब्बत को हँसी-खेल आज तूने कह दिया नादाँ
ख़बर है कुछ महब्बत की? बड़ी तकलीफ़ होती है!

इश्क़ के कुछ लम्हों की क़ीमत उजले-उजले आँसू हैं
हुस्न से जो कुछ भी पाया था कौड़ी-कौड़ी अदा किया

कभी पिछली रात को यक-ब-यक जो हवाए-सर्द इधर आ गयी
मुझे ख़ुद भी हो न सकी ख़बर तेरी याद आँसू बहा गयी

हवाए-जवानी के झोंके न पूछो
फ़िराक़ इस हवा में न जागे न सोये

---

1. टूटने की ध्वनि। 2. आकाश के ललाट। 3. जगत् के भेद। 4. महबूब के ख़ामोश होठों।

शरीके-बज़्म हो कर यों उचट कर बैठना तेरा
खटकती है तेरी मौजूदगी में भी कमी तेरी

फ़रेबे-अहदे-महब्बत की सादगी की क़सम
वो झूट बोल कि सच को भी प्यार आ जाये

हम भी मुसाफ़िर तुम भी मुसाफ़िर
साथ चलें तो अच्छा हो

सो रही हैं हक़ीक़तें हर सू
बोलो आहिस्ता और आहिस्ता

वो जिन्हें याद करके रोता हूँ
कभी मुझको भी याद करते हैं?

दमक रहेगी मेरी सन्दली जबीनों[1] पर
मुझे ज़वाल[2] नहीं हुस्न का सुहाग हूँ मैं

मोती के दो थाल सजाये आज हमारी आँखों ने
तुम जाने किस देश सिधारे भेजें ये सौग़ात कहाँ

हर लिया है किसी ने सीता को
ज़िन्दगी है कि राम का बनवास

फ़ज़ा तबस्सुमे-सुब्हे-बहार थी लेकिन
पहुँच के मंज़िले-जानाँ पॅ आँख भर आयी

खुदा को भूल गया हूँ बना के सौ काबे
बुतों को तोड़ के रक्खी बिनाए-बुतख़ाना[3]

मेरे अशआरे-दिलकश को जगह दे अपने पहलू में
कि ये नग़मे तेरे सच्चे रफ़ीक़े-ज़िन्दगी होंगे

---

1. गोरे माथों पर। 2. गिरावट। 3. मन्दिर की नींव।

महब्बत में मेरी तनहाइयों के हैं कई उनवाँ[1]
तेरा आना तेरा मिलना तेरा उठना तेरा जाना

पूछते हो कौन हूँ कोई बता दे तुमको काश
शाइरे-आज़म **फ़िराक़े** - ख़ातिमुलमुतग़ज़्ज़लीन[2]

□□□

---

1. शीर्षक। 2. महाकवि फ़िराक़ जो ग़ज़ल कहनेवालों में अन्तिम हैं।